"十四五"职业教育国家规划教材

高等职业教育
市场营销专业
新形态一体化
系列教材

市场调查与分析
（第三版）

赵　轶 / 编著

清华大学出版社
北京

内 容 简 介

本书贯彻《国家职业教育改革实施方案》，以及教育部、财政部《关于实施中国特色高水平高职学校和专业建设计划的意见》《关于组织开展"十三五"职业教育国家规划教材建设工作的通知》等，与行业领先企业合作，在融入新技术、新工艺、新规范的基础上，借鉴德国"学习领域"课程理论，搭建起"工作过程导向"特征的"理实一体"框架，为经管类专业课程"模块化"建设作出了探索。

本书设计了 10 项概括性学习任务，包括市场调查活动认知、市场调查活动准备、市场调查方案设计、市场调查方法选择(一)、市场调查方法选择(二)、市场调查抽样设计、市场调查问卷设计、市场调查资料处理、市场发展趋势预测、市场调查报告编写与跟进。

本书完整编述了市场调查职业一般工作活动，适合应用型本科、高职院校、继续教育经济管理类专业教学使用，也可作为在职人员参加职业培训、工作实践的指导用书。

图书在版编目(CIP)数据

市场调查与分析/赵轶编著.—3 版.—北京：清华大学出版社，2021.10(2025.1重印)
高等职业教育市场营销专业新形态一体化系列教材
ISBN 978-7-302-58741-5

Ⅰ.①市…　Ⅱ.①赵…　Ⅲ.①市场调查—高等职业教育—教材 ②市场分析—高等职业教育—教材
Ⅳ.①F713.52

中国版本图书馆 CIP 数据核字(2021)第 140464 号

责任编辑：吴梦佳
封面设计：傅瑞学
责任校对：李　梅
责任印制：沈　露

出版发行：清华大学出版社
　　　　网　　　址：https://www.tup.com.cn，https://www.wqxuetang.com
　　　　地　　　址：北京清华大学学研大厦 A 座　　邮　　编：100084
　　　　社 总 机：010-83470000　　　　　　　　邮　　购：010-62786544
　　　　投稿与读者服务：010-62776969，c-service@tup.tsinghua.edu.cn
　　　　质量反馈：010-62772015，zhiliang@tup.tsinghua.edu.cn
　　　　课件下载：https://www.tup.com.cn，010-83470410
印 装 者：三河市少明印务有限公司
经　　销：全国新华书店
开　　本：185mm×260mm　　印　张：15.25　　　　字　　数：367 千字
版　　次：2011 年 8 月第 1 版　　2021 年 10 月第 3 版　　印　　次：2025 年 1 月第 7 次印刷
定　　价：49.00 元

产品编号：089490-02

大数据、云计算、区块链、人工智能等前沿技术扑面而来,企业进行市场调查的手段、模式、理念也被重新审视而拓展到前所未有的维度。可以讲,进入新时代,新技术对企业的数据驱驭能力提出了新的挑战,也为企业获得更为深刻、全方位的洞察能力提供了前所未有的空间与潜力。基于此,我们深感市场调查与分析课程改革的必要性和迫切性。

职业教育教材要体现国家意志,服务国家发展战略。作为首批56所中国特色高水平高职学校项目建设成果,本书切实贯彻党的二十大"推进职普融通、产教融合、科教融汇,优化职业教育类型定位"精神,将高职教育"实施科教兴国战略,强化现代化建设人才支撑"作为建设的重要发力点。同时,服务"加快发展数字经济,促进数字经济和实体经济深度融合"要求,以市场调查职业工作任务为内容框架的基本逻辑,突出思想性、体现时代性,充分反映中国特色社会主义人才培养新要求。

本书在整体设计与定位方面具有以下特点。

1. 遵循职业成长规律,知识传授与技能培养并重

党的二十大"优化职业教育类型定位"进一步明确了高职教育的身份定位。高职教育培养的学生是中小企业一线业务人员或基层管理者,市场调查与分析课程重心必须下移。即注重基层、注重实务、注重技术技能。教材内容开发不能机械照搬本科,必须从市场调查职业实际分析出发,厘清高职毕业生入职对应职业工作岗位任务,有针对性地进行内容归纳设计。

2. 坚持"双元"合作开发,产教融合与协同育人并行

以智慧营销产业学院为依托,积极引入行业指导、企业参与,注重吸收市场调查行业企业技术人员、能工巧匠等深度参与教材编写。紧跟调查产业发展趋势和行业人才需求,及时将行业发展的新技术、新工艺、新规范纳入教材内容,反映典型岗位(群)职业能力要求。

3. 注重学生职业素养培养,专业课程与思政元素同向同行

围绕"中国式现代化"大目标,教材注重纳入二十大报告精神及其中的"新时代十年撒伟大变革""人与自然和谐共生""推进文化自信"等思政元素,与市场调查与分析活动高度融合,进而打造饱蕴中国风格、中国气派的本土市场调查体系和学术话语体系,增强用中国市场运作管理理论推进中国式现代化的自觉自信。由思想到行动,全面实现学生素养由内到外得到培养与升华,形成正确的世界观、人生观和价值观。

4. 围绕"互联网＋职业教育",教学创新与示范引领并举

围绕党的二十大"加快发展数字经济,促进数字经济和实体经济深度融合"任务,深化教学改革和"互联网＋职业教育"发展需求,积极探索"互联网＋职业教育"新规律,促进市场调查数字技术与教学深度融合。充分发挥中国特色高水平高职学校项目建设示范带动作用,以职业教育国家教学标准为基本遵循,切实针对生源多样化特点,注重满足分类施教、因材施教需要。

5. 配套丰富数字化资源,有效支持线上线下混合教学

教材注重数字化教学资源配套。本书配套指导性资源有课程标准、教学计划;内容性资源有课前阅读、思政园地二维码视频、PPT课件、题库、电子教案、课后习题答案、试题等;生成性资源有同步实训成果、学生自我总结成果等。

本教材由中国特色高水平高职学校项目建设成员赵轶主编,产业学院专业人士辛宇、韩建东、苏徐等多位人士参与了课程开发、教材框架研讨以及内容的确定。编写过程中,我们参阅了国内外一些专家学者的研究成果及相关文献,多家咨询服务企业为课程开发、横向课题的研究提供条件,在此一并表示衷心的感谢。

作为一种探索,尽管我们力求完美,但由于对市场调查职业活动的认识、理解和分析难免存在偏差,书中不免存在疏漏之处,敬请读者不吝赐教。

编　者

Contents

目录

048 任务 3 市场调查方案设计

072 任务 4 市场调查方法选择(一)

158 任务 8 市场调查资料处理

183 任务 9 市场发展趋势预测

207　任务 10　市场调查报告编写与跟进

232　参考文献

任务 ① 市场调查活动认知

学习目标

知识目标
1. 理解市场调查的含义。
2. 认识市场调查的类型。
3. 认识市场调查的起源与发展。
4. 认知市场调查工作的内容。

能力目标
1. 能体会市场调查的意义。
2. 能说明不同市场调查类型的差异。
3. 能结合实际认识市场调查职业。

思政目标
1. 树立调查求真相的观念。
2. 体会我国企业家精神,激发爱国情怀。
3. 认识数据分析的重要性,坚持实事求是的态度。

任务解析

根据市场调查职业工作活动顺序和职业能力分担原则,"市场调查活动认知"任务可以分解为以下子任务。

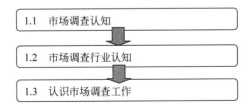

1.1　市场调查认知

1.2　市场调查行业认知

1.3　认识市场调查工作

课前阅读

跨境电商行业正在飞速发展,不断有新卖家加入这个行业。然而,很多卖家在开始时很茫然:不知道什么样的产品适合,不知道哪个市场可以发展。为此,必须首先学会市场调查和市场定位。卖家要关注市场国的总体物价水平和销售产品所属行业的价格水平。终端零售价格非常重要,只有了解了终端零售价格才有可能清楚海外消费者处于怎样的购物环境中,最终才能更好地给产品定价。而因地域、文化等因素的差别,海外消费者的购物喜好与国内消费者相比,也会存在差异。所以,调研过程中卖家还要了解海外消费者的喜好。那么,如何进行市场调查和市场定位呢?具体可以通过以下途径调查。

(1)去国外考察。去欧美国家,注意不要去亚洲国家,亚洲国家的习惯和文化背景与我国是相似的,而且卖家的主要市场国大部分在欧美,俄罗斯消费者的喜好和欧美也是相似的。

(2)多和外国人交流。最简单的方法就是问问在中国的外国朋友,他们网购一般都买什么,这对选品是有提示作用的。

(3)浏览国外零售网站。看看卖家产品在国外类似品牌官方旗舰店的价格是怎样的。

(4)看国外影视剧。通过这些作品了解国外消费者的生活习惯及日常涉及的生活用品等。

(5)看买家频道,分析销量高的商品的特点和共性。卖家有时会忽略这点,其实看买家频道就是为了了解买家需求,站在消费者的角度思考问题。

通过以上调查,采集到相关数据,在分析的基础上,就可以从细分市场切入、选品,经过一段时间的检验,看产品是否符合市场需求,可以通过曝光数据、销量、评价等判断;最终选出明星产品优化发展,确定自己的市场定位。

问题:

(1)你在跨境电商平台上购买过商品吗?

(2)跨境电商卖家为什么要首先学会市场调查?

(3)上文中提到了哪些调查方法?各自能够收集到哪方面的信息?

1.1　市场调查认知

任务提示:这是调查人员入职学习的第一课。认识市场调查,特别是从经济意义的角度认识市场调查的作用及其特征,在此基础上,认识市场调查工作及职业活动,并理解市场调查活动过程。

重点难点:市场调查的含义。

经过40多年的改革开放,中国经济和世界经济之间已经形成了"我中有你、你中有我"的深度融合关系。放眼周边,世界知名跨国企业的产品和服务已经充斥我们的生活,中国企业也大踏步进入国际市场。2022年8月3日,《财富》杂志发布世界500强企业名单,中国大陆(含香港)公司数量为136家,其中,国企86家,民企50家。加上台湾地区企业,中国共有145家公司上榜,大公司数量继续位居各国之首。在国际化竞争日趋激烈的今天,市场机会稍纵即逝,越来越多的优秀企业认识到,市场信息数据是一种资源,是一笔财富,掌握了市场信息数据就意味着向成功迈进了一大步。

企业要掌握有用的市场信息,必须借助专门的方法,市场调查就是企业收集、整理、分析和研究相关市场信息,洞悉消费者,为营销决策提供依据的重要手段;同时也是企业满足目标顾客需求、降低经营风险、提升竞争力的必要途径。

因此,作为市场营销与运营活动的先导步骤,在认识市场调查之前,我们还有必要回顾一下市场与市场营销的相关知识。

1.1.1 市场认知

根据已有知识,我们很容易知道,人类社会发展过程中出现过三次大的社会分工,每一次分工无一不是社会生产力发展的结果,而市场的出现和社会分工有密切的联系。正是因为人类商业活动的盛行加速了社会分工和商品生产的发展,从而出现了"哪里有商品生产和商品交换,哪里就有市场"的局面。

1. 一般意义的市场

市场,古代称作市井。随着时间的推移,"市井"后来又被引申为街市、乡里、城邦、民众等意,而作为专门从事买卖活动的"市井"则明确定义为"市场"。可见,从古代开始,市场就是进行商品交换的场所。

由此,我们可以这样理解:一般来讲,市场是指商品买卖的场所。如电子产品市场、图书文具市场、服装批发市场、蔬菜批发市场、五金工具市场等。当然,生活中的这些有形的市场已经为我们所熟知。随着互联网的迅速发展,电子商务异军突起,虚拟市场凭借其自身的优势,不断侵蚀着有形市场。当更多的商家看到虚拟市场广阔的可发展空间后,纷纷努力改进企业流程,以适应信息时代的高速度商业活动。

2. 经济学意义的市场

从经济学意义上来讲,"市场"一词不仅仅是场所,还包括了在此场所进行交易的行为。这主要包括买方和卖方之间的关系、交易活动以及交易方式,同时也包括由买卖关系引发的卖方与卖方之间的关系以及买方与买方之间的关系等。

图1-1 市场构成要素

由此,从微观的角度,人们也将市场看作商品或服务的现实购买者与潜在购买者需求的总和,主要包括以下三个基本要素,即有某种需求的人、能满足这种需求的购买力和购买欲望。用公式表示:市场=人口+购买力+购买欲望,如图1-1所示。

(1)人口。需求是人的本能,对物质生活资料及精神产品的需求是人类维持生命的基本条件。因此,哪里有人,哪里就有需求,就会形成市场。人口的多少决定市场容量的大小;人口的状况,影响市场需求的内容和结构。构成市场的人口因素包括总人口、性别和年龄结构、家庭户数和家庭人口数、民族与宗教信仰、职业和文化程度、地理分布等多种具体因素。

(2)购买力。购买力是人们支付货币购买商品或劳务的能力。人们的消费需求是通过利用手中的货币购买商品实现的。因此,在人口状况既定的条件下,购买力就成为决定市场容量的重要因素之一。市场的大小,直接取决于购买力的高低。一般情况下,购买力受人均国民收入、个人收入、平均消费水平、消费结构等因素的影响。

(3)购买欲望。购买欲望指消费者购买商品的愿望、要求和动机。它是把消费者的潜在购买力变为现实购买力的重要条件。倘若仅具备了一定的人口和购买力,而消费者缺乏强烈的购买欲望或动机,商品买卖仍然不能发生,市场也无法现实地存在。因此,购买欲望也是市场不可缺少的构成因素。

1.1.2　市场营销认知

日常生活中,我们经常可以看到、听到并运用各种各样的营销方式。如多种传媒广告铺天盖地,充斥我们的生活;快手、抖音短视频信息流推广;人们通过与他人交流、求职或组织某项活动,说服别人接受自己或自己的主张等。事实上,我们每天都自觉不自觉地处在营销活动的氛围中。

1. 市场营销

市场营销是指企业在通过调查了解消费者需求的基础上,根据消费者需求开发相应的产品或服务,以满足消费者的需求,并通过与消费者进行交换,以实现企业经营目标的过程。这一过程包括市场调查、选择目标市场、产品开发、产品定价、渠道选择、产品促销、产品储存与运输、产品销售、提供服务等一系列经营活动。

随着互联网的发展,以现代营销理论为基础,借助网络、通信和数字媒体技术等实现营销目标的网络营销也快速兴起。

2. 市场营销工作

从企业的角度,我们可以把市场营销职业活动看成一个抽象的活动过程。这一过程包括分析市场机会、选择目标市场、确定市场营销策略和策划、管理市场营销活动。

(1)分析市场机会。企业营销人员通过发现消费者现实的和潜在的需求,寻找各种"环境机会",即市场机会。

(2)选择目标市场。对市场机会进行评估后,企业对想要进入的市场进行细分,分析每个细分市场的特点、需求趋势和竞争状况,并根据本公司优势,选择自己的目标市场。

(3)确定市场营销策略。为了满足目标市场的需要,企业对自身可以控制的各种营销要素,如质量、包装、价格、广告、销售渠道等进行优化组合,形成市场营销组合设计。

(4)策划、管理市场营销活动。营销活动中,企业制订市场营销计划,组织实施市场营销活动,并对营销过程加以控制。

3. 市场营销体系

从市场营销观念角度看,市场营销体系是指依据企业的营销目标,围绕"顾客"这一中心,科学、动态、适时地运用一系列营销手段,提供商品或服务的管理活动体系。

这一体系中,如果简单地将卖方称为产业或行业,买方称为市场,那么,二者之间的关系如图1-2所示。

图1-2　市场和营销体系

由图1-2可知,在市场营销体系中,企业将商品、服务以及营销信息(产品、服务的供应信息)传递给市场;反向地,它们又从市场中获得了货币与市场信息(消费者需求、喜好信息)。其中,既有商品、服务与货币的交换,又有供需信息的交换。

重要术语 1-1

市场信息

市场信息是指在某一特定的时间和条件下,同商品交换以及与之相联系的生产和服务有关的各种消息、情报、数据、资料的总称,是商品流通运行中物流、商流运动变化状态及其相互联系的表现特征。

显然,市场是市场信息的发源地,而市场信息是市场营销体系中产生的各种消息、数据,是对市场上各种经济关系和经营活动的客观描述与真实反映。市场营销决策的科学与否,建立在企业能否充分掌握市场信息的基础上。

随着互联网的迅速发展,更多的人参与博客、论坛、虚拟社区、今日头条、百家号、抖音、快手、产品/服务评论文章以及创建用户生成内容的社交媒体网站,市场调查人员正逐步通过获得这些大数据流来了解消费者如何看待自己以及竞争对手的产品与服务。

显然,有形市场、虚拟市场都是市场信息的发源地,而市场信息是市场营销体系中产生的各种消息、数据,是对市场上各种经济关系与经营活动的客观描述和真实反映。市场营销决策的科学与否,建立在企业能否充分掌握市场信息的基础上。

◎ 思政园地 1-1

海尔冰箱多国卖到第一,干得漂亮

生产不足、物流停滞、售后受阻、门店无法正常营业、消费意愿下降……种种问题让2020年的家电行业前路迷茫。然而,对用户需求的精准把握,让海尔冰箱收获了全球用户的认可。有数据显示,海尔冰箱已在俄罗斯、巴基斯坦、新西兰实现单品牌第一,其中俄罗斯实现年度逆势增长20%,并于2020年5月逆势攀升至市场第一;在澳大利亚、美国、日本市场,海尔智家坚持全球化品牌战略,海尔冰箱实现双品牌第一。

持续满足全球用户的高端差异化需求,海尔智家得以冲破疫情阻碍,夯实全球化实力与全球化品牌,2020年依然逆势前进,实现品牌的全球化引领。

虽然疫情阻碍全球产业链的连接,但基于本土化布局与10＋N全球研发创新模式,海尔冰箱仍通过与用户持续交互,研发健康科技的产品满足当地用户的储鲜需求。例如,拥有四层冷冻抽屉的俄罗斯"魔方抽屉"冰箱,满足俄罗斯用户肉类食材的分类存储需求;上冷藏下冷冻的印度不弯腰冰箱,解决了印度用户腰疼的"冰箱病"。

海外市场持续低迷,海尔冰箱的一个数据却令人眼前一亮。2020年至今,海尔冰箱已经在全球多个国家成为市场第一。从连续12年全球销量第一,到美国、日本等单个重点市场第一,海尔智家逆势上扬,成为中国品牌在海外市场上不可多得的亮点。

问题：

(1) 海尔是通过什么方式了解到海外消费者的要求的?

(2) 海尔为什么能够做到逆势增长,多国卖到第一?

1.1.3　市场调查的含义和作用

随着经济全球化的深入发展,市场变得越加复杂、变幻莫测,中国企业走向国际市场已成为生存的必经之路。凭借有限、分散的信息,把握市场未来发展动态变得越来越困难。只有通过市场调查,才能帮助企业清晰地了解市场活动的现状及未来,本企业与竞争对手的差异,为科学的决策提供依据。

现实生活中,没有人能够将企业一帆风顺地运营下去,一些世界上非常著名的企业家也不能例外。在竞争激烈的市场上,企业的任何经营决策都存在不确定性和风险,只有通过有效的市场调查,掌握足够的市场信息,才能顺应市场需求的变化趋势,了解企业所处的生存、发展和竞争环境的变化,增强企业的应变能力,把握经营的主动权,创新营销组合,识别新的市场机会,实现预期的经营目标。所以,市场调查是现代企业的一项重要基础工作,也成为企业营销管理的重要组成部分。

1. 市场调查的含义

在国外,通常将市场调查活动统称为市场调研或营销调研。

国际商会/欧洲民意和市场营销调查学会认为:"营销调研(marketing research)指个人和组织对有关其经济、社会、政治和日常活动范围内的行动、需要、态度、意见、动机等情况的系统收集、客观记录、分类、分析和提出数据资料的活动。"

美国市场营销协会认为,市场调研活动是指一种通过信息将消费者、顾客、公众与营销者联结起来的职能。简单地说,市场调研是指对于营销决策相关数据进行计划、收集和分析并把分析结果向管理者沟通的过程。

我们认为,市场调查是企业营销活动的先导,是通过有计划地收集信息数据资料,并进行分析,以发现市场机会,为营销决策提供依据的过程。

重要术语 1-2

市 场 调 查

市场调查是指为了形成特定的市场营销决策,采用科学的方法和客观的态度,对市场营销有关问题所需的信息,进行系统的收集、记录、整理和分析,以了解市场活动的现状和预测未来发展趋势的一系列活动过程。

我们可以从以下三个方面的特点来进一步理解市场调查的含义。

(1)市场调查目的的针对性。市场调查的目的是了解、分析和判断企业市场营销管理中是否存在问题,或解决已经存在的问题,预测未来的发展趋势,从而为企业制定特定的营销决策服务,并非对市场营销的所有问题笼统、盲目地进行调查。

(2)市场调查方法的科学性。市场调查活动必须采用科学的方法,如市场信息范围的确定方法、信息收集方法的选择、流程的设计、执行的技巧与严谨度、采集到数据的处理方法、分析方法等。市场调查活动只有运用科学的方法进行组织、实施和管理,才能获取可信度较高的调查结果,也才能作出比较正确的市场决策。

(3)市场调查过程的关联性。市场调查活动是一项系统化的工作,包括调查活动的设计与组织,所需信息资料的收集、整理和分析,调查报告的出具等。一系列工作环环相扣、紧密联系、互相依存又互相影响,共同构建了市场调查活动的全过程。

🔖 课堂讨论:我们应该如何理解市场调查目的的针对性、方法的科学性,以及过程的关联性?

2. 市场调查的作用

市场竞争更加激烈的今天,作为市场的主体,企业不再只是一味地关注销售本身,而是更需要确切的市场信息,以便制定进一步的营销策略。如企业的消费者是谁?他们需要什么?竞争对手正在做什么?等等。从中可以看出市场调查在市场营销管理中的重要地位。市场调查的作用主要体现在以下几个方面。

(1)市场调查是企业市场营销活动的起点。企业的营销活动是从市场调查开始的,通过市场调查识别和确定市场机会,制订营销计划,选择目标市场,设计营销组合,对营销计划的执行情况进行监控和信息反馈。在这一过程中,企业每一步都离不开市场调查,都需要市场调查为决策提供信息。企业管理部门和有关人员在针对某些问题进行决策时,如进行产品策略、价格策略、分销策略、广告和促销策略的制定等,只有通过具体的调查活动,才能获得决策依据。

(2)市场调查是企业进行决策检验和修正的依据。企业依据市场调查获得的资料,可检验企业的计划和战略是否可行,有无疏忽和遗漏,是否需要修正,并提供相应的修改方案。通过了解分析市场信息,可以避免企业在制定营销策略时发生错误,或可以帮助营销决策者了解当前营销策略以及营销活动的得失,以作适当修正。只有实际了解市场情况,才能有针对性地制定出切实可行的市场营销策略和企业经营发展策略。

案例1-1　　　　　　　　　　　　**麦当劳的开业调研**

麦当劳在中国开到哪里火到哪里,令餐饮界人士既羡慕,又嫉妒,可有谁看到了它前期所做的认真细致的市场调研工作呢?

麦当劳进驻中国前,连续5年作跟踪调查,了解中国消费者的经济收入情况和消费习惯;提前4年分别在中国的东北和北京郊区试种马铃薯;与此同时,根据中国人的身高形体特征确定并制作好最佳尺寸的柜台、桌椅样品,还不远万里从中国香港空运快餐成品到北京,进行口味试验和分析;开第一家分店时,在北京选了5个地点进行反复比较、论证。最后麦当劳在中国正式开业,一炮打响。

(资料来源:文德.细节决定成败[M].南昌:江西美术出版社,2017.)

评析:市场调查是企业营销活动的起点。麦当劳的成功也建立在前期认真细致的市场调研工作上。

---

(3)市场调查可以使企业及时发现顾客需求。随着市场经济的发展,消费者的需求变化越来越快,产品的生命周期日趋缩短,市场竞争更加激烈,对于企业来说,能否及时了解市场变化情况,并适时适当地采取应变措施,是企业能否取胜的关键。企业通过市场调查,可以发现市场中未被满足或未被充分满足的需求,确定本企业的目标市场。同时,可以根据消费者需求的变化特点,开发和生产适销对路的产品,并采取有效的营销策略和手段,将产品及时送到消费者手中,满足目标顾客的需要。

课堂讨论：如何理解市场调查在营销决策过程中的作用？

（4）市场调查有利于企业随时了解市场环境的变化。随着竞争的加剧，企业所面临的市场总是在不断地发生变化，而促使市场发生变化的原因很多，如产品、价格、分销、广告、推销等市场因素，以及政治、经济、文化、地理条件等市场环境因素。这两类因素往往又是相互联系和相互影响的，而且不断地发生变化。企业为适应这种变化，就只有通过广泛的市场调查，及时地了解各种市场因素和市场环境因素的变化，才能有针对性地采取措施，通过对市场因素，如价格、产品结构、广告等的调整，去应对市场竞争。通过市场调查，企业可以了解市场营销环境的变化，可以及时调整自己的产品、价格、渠道、促销和服务策略，与竞争对手开展差异化的竞争，逐渐树立自己的竞争优势。同时，企业还可以通过收集竞争对手的情报，了解竞争对手的优势和弱点，然后扬长避短，有的放矢地开展有针对性的营销工作，从而增强企业的竞争能力。

案例 1-2　　　　　　　　一双皮鞋的定价调研

"安静的小狗"是一家公司生产的一种猪皮鞋。当"安静的小狗"刚上市的时候，该公司为了了解消费者的心理，采取了欲取先予的策略：先把100双鞋子无偿送给100位顾客试穿8周。8周后，公司通知顾客收回鞋子。如果谁想留下，每双请付款130元。其实，公司并非真想收回鞋子，而是想进行一次调研：130元一双的猪皮鞋是否有人愿意买？

结果，绝大多数人把鞋子留下了。得到这个有利的信息，该公司便大张旗鼓地进行推销。最终，公司将价格定为150元，销售了几万双"安静的小狗"。

（资料来源：沙鹏.通过试用推销新产品的案例——"安静的小狗"的成功试用[J].中外管理，1999（10）：39.）

评析：通过巧妙地进行市场调查，这家公司获得了广大消费者能够接受的"安静的小狗"的销售价格。

（5）市场调查可以为企业整体宣传策略提供信息支持。市场宣传推广需要了解各种信息的传播渠道和传播机制，以寻找合适的宣传推广载体和方式以及详细的营销计划，这也需要通过市场调查来解决，特别是在高速变化的环境下，过去的经验只能减少犯错误的机会，更需要适时更新信息来保证宣传推广的精准性。通常在市场宣传推广中，还需要引用强力机构的市场信息支持，比如在消费者认同度、品牌知名度、满意度、市场份额等各方面提供企业的优势信息，以满足进一步的需要。

 ## 拓展阅读 1-1

市场调查的功能

市场调查具有三种功能：描述、诊断和预测。

（1）描述。描述功能是指收集并陈述事实。例如，某个行业的历史销售趋势是什么样的？消费者对某产品及其广告的态度如何？

（2）诊断。诊断功能是指解释信息或活动。例如，改变包装对销售会产生什么影响？换句话说，为了更好地服务顾客和潜在顾客，应该如何对产品或服务进行调整？

（3）预测。预测功能是指预测市场未来发展是怎样的。例如，企业如何更好地利用持续变化的市场中出现的机会?

对企业来讲,通过市场调查可以了解市场,发现企业市场营销机会,促进新产品、新市场开发,提高企业的竞争能力,保持和巩固忠实顾客。但是,市场调查的作用是为企业市场营销提供参考的信息,并不能代表决策。

 课堂自我测评

测评要素	表现要求	已达要求	未达要求
知识目标	能掌握市场、市场调查的概念		
技能目标	能初步认识市场调查操作活动		
课程内容整体把握	能概述并认识市场、市场营销与市场调查的关系		
与职业实践的联系	能描述市场调查知识与技能的实践意义		
其他	能联系其他课程、职业活动等		

1.2 市场调查行业认知

任务提示:这是调查人员入职学习的第二课。认识市场调查,特别是从经济意义的角度认识市场调查行业及其特征,在此基础上,认识市场调查工作的起源及其发展过程,并理解其历史意义与我国的职业环境。

重点难点:市场调查行业发展与我国市场调查现状。

市场调查活动是随着市场经济的发展与成熟而出现的。从本质上讲,市场经济就是一种通过货物或服务的交换,以市场作为资源配置的基础方式,实现分散决策的经济体制。由于其固有的缺陷,导致市场信息的不对称、市场的不完全竞争等情形时有发生。为了降低经营风险,众多企业开始想方设法、千方百计地收集市场信息,力图做到紧跟或把握市场潮流。于是,现代意义上的市场调查活动就由此诞生了。

美国是市场经济发展比较成熟的国家,市场调查活动使其企业管理者避免了大量经营风险,获得了较大的竞争优势,大量的美国企业以及企业产品也因此销往全球。由此,市场调查活动也在世界范围内广泛传播开来。

1.2.1 市场调查行业的产生与发展

美国企业首先引入了市场营销的管理理念。作为市场营销活动的先导步骤,市场调查行业由此产生。

1. 市场调查的萌芽期:20 世纪前

早期的市场调查活动是在具有政治意义的民意调查基础上出现的。最早有记载的调查活动是 1824 年 8 月由美国的《宾夕法尼亚哈里斯堡报》(*Harrisburg Pennsylvanian*)进行的一次选举投票调查;同年,美国的另一家报纸《罗利星报》(*The Raleigh Star*)对在北卡罗来纳州举行的具有民众意识的政治会议进行了民意调查；最早有记载的以营销决策为目的的市场调查活动是在 1879 年由 N. W. Ayer 广告公司进行的。此次调查活动的主要对象是本地官员，调查内容是了解他们对谷物生产的期望水平，调查的目的是为农业设备生产者制订一项广告计划。第二次系统的调查可能是在 20 世纪初由杜邦公司（E. I. du Pont de Nemours & Company）发起的，它对其推销人员提交的有关顾客特征的调查资料进行了系统整理和分析。非常有趣的是，当时负责收集并报告数据的推销人员认为这纯属一项额外的书面工作，因而感到异常愤怒。

大约在 1895 年，学术研究领域开始关注市场调查。当时，美国明尼苏达大学的心理学教授哈洛·盖尔（Harlow Gale）将邮寄调查引入了广告研究。他设计并寄出了 200 份问卷，最后收到了 20 份完成的问卷，回收率为 10%。随后，美国西北大学的 W. D. 斯考特（Walter Dill Scott）将实验法和心理测量法应用到广告实践中。

2. 市场调查的成长期：1900—1950 年

进入 20 世纪后，消费和生产的激增促使市场经济向更大范围拓展，了解消费者需求，以及消费者对产品的态度这一需求就应运而生。于是，生产商、专业的调查机构和一些学院先后都涉足市场调查活动。1905 年，美国宾州大学首先开设了一门"产品的销售"课程。1911 年，柯蒂斯出版公司（Curtis Publishing Company）建立了第一家正式的调查机构，该机构的调查领域主要是汽车业。从 1911 年开始，美国佩林（Charles Coolidge Parlin）首先对农具销售进行了研究，接着对纺织品批发和零售渠道进行了系统调查，后来又亲自访问了美国 100 个大城市的主要百货商店，系统收集了第一手资料并著书立说。其中《销售机会》一书就是非常著名的一部，内有美国各大城市的人口地图、分地区的人口密度、收入水平等资料。佩林首次在美国的商品经营上把便利品和选购品区分开，又提出了分类的基本方法等。因为佩林为销售调查作出的巨大贡献，人们推崇他为"市场调研"这门学科的先驱，美国市场营销协会（AMA）每年召开纪念佩林的报告会。

在佩林的影响下，美国橡胶公司、杜邦公司等一些企业都纷纷建立组织，开展系统的市场调研工作。1929 年，在美国政府和有关地方工商团体的共同配合下，在全美进行了一次分销普查（census of distribution），这次普查被美国看成市场调查工作的一个里程碑。后来，这种普查改叫商业普查（census of business），至今仍定期进行。这些普查收集和分析了各种各样的商品的信息资料，如各商品的分销渠道的选择状况、中间商的营销成本等，可以称得上是对美国市场结构的最完整的体现。

20 世纪 30 年代，问卷调查法得到广泛采用，30 年代末期，市场调查成为大学校园普及性的课程。人们也不再满足于对应答者回答的简单分析，开始根据收入、性别、家庭、地位等方面的差异，对被调查对象进行分类和比较。简单相关分析开始得到应用，但并不广泛。另外，大众传媒的发展和第二次世界大战的爆发，促使市场调查由不成熟的学科演变为明确的行业，除了正常的经济领域的研究外，大量的社会学家同时也进行了战争影响下的消费行为调查，推出了有关产品的消费者测试。

3. 市场调查的成熟期：1950—2000 年

第二次世界大战的硝烟散尽后，严峻的现实也摆在了人们面前。战争的波及面非常广，最明显的表现就是世界范围内消费需求的不足，商品交易由卖方市场向买方市场转变。激烈的竞争迫使生产商千方百计地去获取更多的市场情报。生产者不再能够轻易卖出它们生产的任何产品。生产设备、广告费用、存货成本的上涨以及其他一些因素使产品的竞争力日益下降。这时,通过市场调查发现市场需求,然后再生产适销对路的产品满足这些需求就变得越来越重要了。

与此同时,市场调查活动方式方法的创新、调查结论可信度的提升也成为理所应当的要求。20世纪50年代中期,依据人口统计特征进行的市场细分研究和消费者动机研究出现了,市场细分和动机分析的综合调查技术又进一步促进了心理图画和利益细分技术的发展。在20世纪60年代,学者们先后提出了许多描述性和预测性的数学模型,如随机模型、马尔科夫模型和线性学习模型。更为重要的是,60年代初计算机的快速发展,使调查数据的分析、储存和提取能力大大提高。所有这些都为市场调查的形成、发展和成熟打下了坚实的理论与实践基础。

4. 市场调查的互联网时期：2000—2010 年

互联网的发展给市场调研行业带来了巨大的变革。在一次全球调查中,94％的调研公司表明它们在进行在线调研。一些公司正逐步集中于移动访谈,在智能手机、苹果手机、黑莓、机器人等上进行自我完善。2019年2月,美国皮尤研究中心数据显示,韩国的智能手机普及率为95％,美国的智能手机普及率为81％,中国的智能手机普及率为69％。

互联网给市场调研人员带来了许多益处,如有了更快的商业信息获得途径,有利于更好、更快地制定决策,提高公司对消费者需求和市场变化的反应能力,促进实施进一步研究和纵向调研,减少劳力和时间密集调研活动的相关成本,包括邮寄、电话营销、数据录入和报告的成本。

市场调研中,实施调研和分析大量使用者数据不是互联网革命的全部。互联网同时大大增强了调研过程和信息传播的管理,尤其是互联网极大地影响了几个关键领域：作为信息来源,电子数据代替了图书馆和多样的印刷材料;缩短了调研公司与客户企业调查建议磋商的时间,过程与结果沟通都可以随时在线进行;方便客户企业随时管理分析、利用已收集的信息数据。

5. 市场调查的大数据时代：2010 年至今

大数据(big data,mega data)或称巨量资料,指的是需要新处理模式才能具有更强的决策力、洞察力和流程优化能力的海量、高增长率与多样化的信息资产。在维克托·迈尔-舍恩伯格及肯尼斯·库克耶编写的《大数据时代》中,大数据指不用随机分析法(抽样调查)这样的捷径,而是采用所有数据进行分析处理。大数据的特点：大量(volume)、高速(velocity)、多样(variety)、价值密度(value)、真实性(veracity)。

大数据的意义是由人类日益普及的网络行为所伴生的,由相关部门、企业采集的,蕴含数据生产者真实意图、喜好的,非传统结构和意义的数据。有人把数据比喻为蕴藏能量的煤矿。煤炭按照性质分为焦煤、无烟煤、肥煤、贫煤等,而露天煤矿、深山煤矿的挖掘成本又不一样。与此类似,大数据并不在"大",而在于"有用"。价值含量、挖掘成本比数量更为重要。对于很多行业而言,如何利用这些大规模数据成为赢得竞争的关键。

大数据的价值体现在以下几个方面：对大量消费者提供产品或服务的企业可以利用大数据进行精准营销;做小而美模式的中长尾企业可以利用大数据做服务转型;在互联网压

力之下必须转型的传统企业需要与时俱进,充分利用大数据的价值。

案例 1-3	京东的大数据调研

与其他在线调研不同,京东调研所依托的是京东电商大数据,拥有超过 1.6 亿的可用样本,国内调研行业相对较大、较精准的用户画像和商品画像数据,可以根据京东用户大数据或商品大数据,精准定向投放问卷。其可用样本量是全球最大在线调查问卷网站 Survey Monkey 的百倍之多,同时能有效规避"职业答题者",最大限度地保证调研数据的真实与有效。

正因如此,京东调研收集速度较快。不久前,京东的 10 万份问卷发放量,创下国内最大规模的在线调研新纪录,占据了国内调研业界的翘楚地位。最为关键的是,通过精细化调研,京东释放了其电商大数据的价值,开创了全新的赢利点。

京东调研是京东内部孵化重点支持的创新项目,是京东对大数据的理解及精细化运用的一个尝试,自 2015 年 1 月中旬上线内测以来,已有近 300 万用户参与使用,其中包含大量商家用户与知名企业。

(资料来源:京洞察官网,有改编.)

评析:从某种角度来说,企业或个人通过京东调研所获得的是基于京东电商大数据的定制化大数据产品。对于企业而言,通过这份大数据产品,拉近与消费者之间的距离,发现企业问题,作出正确决策,助力企业发展;对于个人而言,可以将其应用于学术研究。

1.2.2 市场调查行业的现状

市场调查行业是为了实现管理目标而进行信息收集和数据分析的行业,它的存在对于政府、广大企业、广告商和媒体,乃至整个社会都有着不可或缺的重大意义。

1. 国外的市场调查

根据欧洲民意和市场研究协会公布的 2015 年全球市场研究公司排名情况,以利润额为主要标准,前十名分别是尼尔森(Nielsen)、凯度(Kantar)、爱美仕(IMS Health)、益普索(Ipsos SA)、捷孚凯(GFK)、IRi、维思达特(Westat)、邓韩贝(Dunnhumby)、英德知(Intage)、伍德麦肯兹(Wood Mackenzie)。排名第一的尼尔森公司以利润 62.88 亿美元雄踞首位。尼尔森总部位于美国纽约,在全球超过 100 个国家和地区建立了分支机构,提供市场动态、消费者行为、传统和新兴媒体监测及分析。

欧盟的一些国家也十分重视市场调查。例如,在欧盟,约有 1 500 多家市场调查公司和咨询机构,其中,荷兰人口几百万,调查机构就有 500 家之多;法国有 300 多家;英国有 400 多家,伦敦市就有 60 多家商业调查机构,拥有多种数据资料,如《官方统计指南》《年度统计摘要》《地区统计摘要》《社会统计》《家庭开支调查》等,可以为企业或个人提供全方位或专项的调查服务。欧盟 1 500 多家调查机构和咨询公司中,大约有 611 家调研组织在欧洲民意和市场研究协会目录上都标有"充分信息"的字样。

在欧盟,英国特恩斯市场研究公司(Taylor Nelson Sofres,TNS,也译为索福瑞集团)是全球最大的专项市场研究公司,拥有最优秀的电视收视率分析软件,在欧洲拥有数十年的电视观众调查经验,在全球 110 多个国家与地区提供有关市场调查、分析、洞察和咨询建议服务。TNS 总部位于伦敦,员工人数超过 1 万人,于 1992 年进驻中国市场,是最早在中国内地从事市场研究的国际性研究公司。近些年来,TNS在中国引人注目地成长为中国地区较成功和享有盛誉的市场研究公司。

日本也是市场调查开展较早的国家,比较著名的市场研究机构是排名第一的英德知联恒市场研究公司(Hyperlink Research)。该公司于2011年3月由"英德知"和"联恒"合并而成,研究涉及多种行业,主要业务内容为快速消费品、汽车、医药、计算机技术等,其研究方法有专项研究、网络调查、零售研究等。此外,在日本除了一些非常著名的企业拥有自己的调查机构外,还有其他一些官方、半官方和民间机构在收集世界各地的政治、经济、军事和社会情报。从一定意义上讲,第二次世界大战后,日本之所以能够在短时间内创造出世界经济发展史上的"东亚奇迹",与重视市场调查有很大的关系。

以发达国家为代表的市场调研活动非常活跃,它们机构众多,从业人员的专业化程度较高,同时采用了大量的新技术,大大地提高了市场调研的效率。显然,随着经济全球化的发展,市场经济的支配地位进一步加强,商品贸易竞争的加剧和服务市场的进一步细分已成为必然趋势,这将为市场调研行业提供更大的发展空间。

2. 中国的市场调查

案例1-4	苏宁打造"零"差评终端

自2017年9月以来,沈阳苏宁针对广大优质老会员开展了"总经理服务日"活动。总经理走出办公室,从门店V购、家访达人、售后等多维度为会员服务,与会员近距离接触,进行心与心的沟通,全面贯彻顾客至上的经营理念。

2017年开始,"总经理服务日"正式启动。2017年11月9日下午,沈阳苏宁总经理马野军来到苏宁物流望花南街站点,为两位顾客派送快递。2019年2月起,苏宁开展"精准入户"服务,免费测水质、免费测甲醛、免费除螨、免费检查电器安全隐患、免费清洗家电、免费提供家电设计方案等。此外,苏宁还在物流、售后方面健全制度,全力为消费者保驾护航!

(资料来源:陆瑶,辽宁日报,2019-3-13.)

评析: 苏宁推出这些服务的目的就是多方位倾听消费者的呼声,让消费者放心购买,保障消费者的权益,更好地为消费者服务。同时,也为自己培养了大批忠诚客户。

市场调查是市场经济的产物,我国的市场调查业起步较晚、发展较慢。

在我国,市场调查为企业服务始于20世纪80年代中期,由于当时市场意识淡薄,专业人才缺乏,导致市场需求量很小。直到1999年,世界市场调查业的总营业额约为146亿美元,我国内地市场的营业额才约为1.33亿美元,仅占世界市场的1%。

随着社会主义市场经济体制的正式确立,我国的市场体系也在逐步形成,市场调查与市场预测业务也有了较大的发展空间。1992—2001年,许多具有统计系统背景的公司脱颖而出,包括北京华通、中怡康、美兰德、精诚兴、赛诺、上海恒通,以及曾在统计局从业的人员创办的市调公司,如丰凯兴、华联信、武汉格兰德、沈阳的贝斯特等,全国各地均有统计系统的市场调查与咨询服务公司。我国民营市场调查公司也占有相当大的市场,如零点、新华信、新生代、勺海等。我国加入世贸组织之后,大批的海外市场调查公司纷纷登陆我国本土,它们在绝对数量上并不多,但技术、资金、人才占有很大优势,据统计,全球前二十位的市场调查公司已有近半进入了中国市场,其中,Gallup、MBL、RI、NOP、ACNielsen、IPSOS、

MillwardBrown、TaylorNelsonSofres、NPD 等影响很大。据品牌排行杂志统计,2019 年,在我国运营的市场调研公司综合实力排名前五的分别为:**央视市场研究股份有限公司(CTR)、策点调研公司、央视索福瑞媒介研究院、上海尼尔森市场研究有限公司、TNS 中国(北京特恩斯市场研究咨询有限公司)**。

经过 40 多年的发展,我国市场调查业已从单一数据采集业务发展到提供中高端的研究甚至营销咨询服务;从最初集中在北京、上海、广州三地,发展到具有一定数量的遍布全国各地不同规模的市场调查与咨询服务公司;从各行其是,发展到全行业统一与国际接轨,执行 ESOMAR 全球性的服务与质量准则;从以纸问卷为主的面访方式发展到使用 CATI/CAPI/e-survey/people meter 等先进仪器和技术的快速准确的调查手段。

随着我国经济进一步融入全球一体化中,我国将为更多的跨国公司敞开大门,同时中国企业走出去也成为生存的必需,这将为我国的市场调查业提供更大的市场。

 课堂自我测评

测 评 要 素	表 现 要 求	已达要求	未达要求
知识目标	能了解市场调查的产生		
技能目标	能初步认识市场调查发展过程中的调查技术		
课程内容整体把握	能概述并认识市场调查与经济发展的关系		
与职业实践的联系	能描述社会专业市场调查公司实际业务		
其他	能联系其他课程、职业活动等		

 # 1.3 认识市场调查工作

任务提示:这是调查人员入职学习的第三课。认识市场调查,特别是从经济意义的角度认识市场调查工作的类型及其特征,在此基础上,认识市场调查工作的内容及其操作程序,并理解其实践意义。

重点难点:市场调查的类型、内容与工作程序。

市场调查工作是市场营销活动中的一个重要环节,它把消费者、客户、公众和营销者通过信息连接起来,利用这些信息,企业可以识别、定义市场机会和可能出现的问题,制定、优化营销组合并评估其效果。

随着大数据时代的来临,企业进行市场调查的目的、作用与方式也应被重新审视而拓展到前所未有的维度。可以说,信息爆炸对企业的数据驾驭能力提出了新的挑战,也为企业的市场调查工作提供了前所未有的空间与潜力。

市场调查工作主要介绍市场调查的类型、内容与程序。

1.3.1 市场调查的类型

根据不同的标准,市场调查工作可以分为以下几种类型。

1. 按调查对象的范围分为全面调查和抽样调查

（1）全面调查。全面调查也称普查，是指对调查对象全体或对涉及市场问题的对象进行逐一的、普遍的、全面的调查。其优点是全面、精确。它适用于取得调查总体的全面系统的总量资料，如我国2020年进行的第七次人口普查。然而，其缺点也十分明显，全面调查费时、费力、费资金，所以适合在被调查对象数量少，企业人力、财力、物力都比较雄厚时采用。

（2）抽样调查。抽样调查也称抽查，是指从目标总体中选取一定数量的样本作为调查对象进行调查。其特点是以较少的时间、费用，获得一定的调查结果，用以推测市场的总体情况。抽样调查的样本少，调查者人数要求就少，实效性就得以提高，并且可以通过对调查者进行很好的培训来提高调查的准确率。同时抽样调查也是一种重要的调查方法，我们将在以后的任务中介绍。

2. 按调查性质分为探索性调查、描述性调查、因果关系调查和预测性调查

（1）探索性调查。探索性调查又称试探性调查或非正式调查，是指当调查的问题或范围不明确时所采用的一种方法。探索性调查主要是用来发现问题，寻找机会，解决"可以做什么"的问题，一般采用文献资料的收集、小组座谈会或专家座谈会等调查方法。例如，企业发现最近一段时间某产品销售量下降，当具体原因不明时，企业只能采用探索性调查，在小范围内找一些专家、业务人员、用户等以座谈会形式进行初步询问调查，或参考以往类似的调查资料，发现问题所在，为进一步的调查做准备。

（2）描述性调查。描述性调查是指进行事实资料的收集、整理，把市场的客观情况如实地加以描述和反映。描述性调查通常会描述被调查者的人口统计学特征、习惯偏好和行为方式等。通过描述性调查解决诸如"是什么"的问题，它比探索性调查要更深入、更细致。

（3）因果关系调查。因果关系调查是指为了了解市场各个因素之间的相互关联，进一步分析何为因、何为果的一种调查类型。其目的是要获取有关起因和结果之间联系的证据，用来解决诸如"为什么"的问题，即分析影响目标问题的各个因素之间的相互关系，并确定哪几个因素起主导作用。

（4）预测性调查。预测性调查是指对未来市场的需求变化作出估计，属于市场预测的范围。所以，常用一些预测模型来进行定量分析。

上述四种调查类型是相互联系、逐步深入的。探测性调查主要是发现和提出问题；描述性调查主要是说明问题；因果性调查主要是分析问题；预测性调查主要是估计问题发展的趋势。

3. 按调查时间分为连续性调查、一次性调查和定期调查

（1）连续性调查。连续性调查是指对所确定的调查内容接连不断地进行调查，以掌握其动态发展的状况。比如定期统计报表就是我国定期取得统计资料的重要方式。它有国家统一规定的表格和要求，一般由上而下统一布置，然后由下而上提供统计资料。

（2）一次性调查。一次性调查是指针对企业当前所面临的问题，组织专项调查，以尽快找到解决问题的一种调查方式。企业的很多专项调查都属于一次性调查，如新产品命名调查、顾客满意度调查、市场营销组合调查、广告效果调查、竞争对手调查等。

（3）定期调查。定期调查是指企业针对市场情况或业务经营情况，每隔一定时期所进行的调查。这个时间是固定的,每次都是同样的时间。

4. 按收集资料的方法分为二手资料调查、大数据分析、实地调查和网络调查

(1)二手资料调查。二手资料调查法也称间接资料调查法,是指通过查看、阅读、分析他人收集、整理的有关次级数据资料,获得有用信息的调查方法。

(2)大数据分析。大数据分析是指通过捕获、存储、分析等流程,从传感器、网页服务器、销售终端、移动设备等中获取数据,之后再存储到相应设备上进行分析。

(3)实地调查。实地调查又称第一手资料调查,是指调查员直接向被调查者收集第一手资料,再加以整理和分析,写出调查报告。实地调查包括观察法、访问法和实验法等。实地调查所花费的人力、时间和费用较文案调查要大得多。

(4)网络调查。网络调查是指在互联网上针对特定营销环境进行简单调查设计、收集资料和初步分析的活动。网络调查分为两种方式:一种是利用互联网直接进行问卷调查等方式收集一手资料;另一种是利用互联网的媒体功能,从互联网上收集二手资料。

5. 按市场调查的目的分为计划性调查、选择性调查和评估性调查

(1)计划性调查。计划性调查是指通过定期的调查来验证目标市场是否有变化、是否有新的细分市场出现、消费者态度是否有变等例行的活动。

(2)选择性调查。选择性调查主要是用来验证哪一个决策更好一些,如新产品概念测试、广告方案测试、试销等。

(3)评估性调查。评估性调查主要用于营销活动效果的评估,包括跟踪广告回忆度、组织形象研究和顾客对企业服务质量的态度等。

1.3.2　市场调查的内容

市场调查是企业营销活动的开始,又贯穿其全过程,那么,市场调查的内容究竟有哪些呢?市场调查的内容涵盖了市场营销活动的整个过程,从识别市场机会、选择目标市场、制定营销策略到评价营销效果,都可能成为市场调查的对象。具体来讲,市场调查的内容主要包括市场环境调查、市场需求调查、市场营销活动调查、市场竞争调查,如图1-3所示。

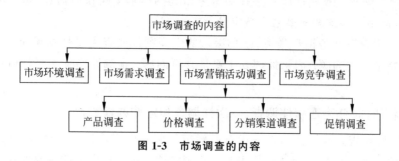

图1-3　市场调查的内容

1. 市场环境调查

市场环境调查是指对影响企业生产经营活动的外部因素所进行的调查。它是从宏观上调查和掌握企业运营的外部影响因素及产品的销售条件等。对企业而言,市场环境调查的内容基本上属于不可控制的因素,包括政治法律、经济技术、社会文化、人口和自然环境等,它们对所有企业的生产和经营都产生巨大的影响。因此,每一个企业都必须对主要的环境因素及其发展趋势进行深入细致的调查研究。

(1)政治法律环境。政治环境是指企业面临的外部政治形势、状况和制度,分为国内政治环境和国际政治环境。对国内政治环境的调查,主要是分析政府方针政策,政策的制定与调整及其对市场、企业产生的影响。法律环境的调查是分析研究国家和地区的各项法律、法规,尤其是其中的经济法规。随着买方市场的形成,消费者组织对企业营销活动的影响日益增强,企业管理者在市场活动中必须认真考虑消费者利益,为消费者提供良好的产品和服务。

(2)经济技术环境。经济环境是指企业面临的社会经济条件及其运行状况、发展趋势、产业结构、交通运输、资源等情况。经济环境是制约企业生存和发展的重要因素。经济环境调查具体包括收入因素、消费支出、产业结构、经济增长率、货币供应量、银行利率、政府支出等因素,其中收入因素、消费结构对企业营销活动影响较大。

技术环境是指随着科学技术的发展,商品市场生命周期迅速缩短,给企业经营带来影响。新兴科技的发展,新兴产业的出现,可能给某些企业带来新的市场机会,也可能给某些企业带来环境威胁。

课堂讨论:如果你是一家电子消费品制造企业的总经理,在进行经济技术环境调查时,你关心的问题主要有哪些?

(3)社会文化环境。文化是一个复杂的整体概念,它通常包括价值观念、信仰、兴趣、行为方式、社会群体及相互关系、生活习惯、文化传统和社会风俗等。文化使一个社会的规范、观念更为系统化,文化解释一个社会的全部价值观和规范体系。在不同国家、民族和地区之间,文化之间的区别要比其他生理特征更为深刻,它决定人们独特的生活方式和行为规范。

文化环境不仅建立了人们日常行为的准则,也形成了不同国家和地区市场消费者的态度和购买动机的取向模式。市场社会文化环境调查对企业经营也至关重要。

(4)人口环境。人是构成市场的首要因素,哪里有人,哪里就产生消费需求,哪里就会形成市场。人口因素涉及人口总量、地理分布、年龄结构、性别构成、人口素质等诸多方面,处于不同年龄段的人、处于不同地区的人,消费偏好各有不同。企业应重视对人口环境的研究,密切关注人口特性及其发展动向,及时地调整营销策略以适应人口环境的变化。

(5)自然环境。一个国家和地区的自然地理条件也是影响市场的重要环境因素,与企业经营活动密切相关。自然环境主要包括气候、季节、自然资源、地理位置等,这些都从多方面对企业的市场营销活动产生影响。一个国家和地区的海拔高度、温度、湿度等气候特征,会影响产品的功能与效果。人们的服装、食品也明显受气候的影响。地理因素也影响人们的消费模式,还会对经济、社会发展、民族性格产生复杂的影响。企业的市场营销人员必须熟悉不同市场自然环境的差异,才能搞好市场营销。

◯ 思政园地 1-2

一年卖 3 亿,消失 20 年的老品牌重生

在过去,我国一共有 8 大汽水厂:北冰洋代表北京、山海关代表天津、八王寺代表沈阳、二厂代表武汉、天府代表重庆、崂山代表青岛、亚洲代表广州、正广和代表上海。然而随着时

间的推移,北冰洋和亚洲汽水被百事可乐收入囊中,而武汉汉口二厂则被可口可乐收购。

金亚雯是一个土生土长的武汉"80后"姑娘,在老汉口江汉关度过了自己的童年,从小喝惯了"二厂汽水",也对武汉这座城市有着无比深厚的感情。在一次快闪活动中,金亚雯和朋友们萌生了复兴二厂汽水的想法。"二厂汽水重生计划"就此成为快闪活动的主题。为了呈现二厂汽水的原汁原味,金亚雯进行了一次市场盲测活动,最大限度地还原了过去二厂汽水的口感。

让所有人都没有想到的是,初期试水只做了1万瓶的二厂汽水,全都被抢购一空,这让金亚雯看到了二厂汽水的潜力,也让她意识到当中所蕴藏的商机。很快,汉口二厂宣布"复活",将过去武汉人记忆中的二厂汽水以全新的面貌回归到大众的视野中。金亚雯为了能够让汉口二厂重回以往的辉煌时刻,和团队从产品、营销、渠道等多方面对汉口二厂进行包装,重塑品牌形象。在产品方面,在最大限度地保留老味道的同时,对原料、配方也进行了部分更换升级。因为老配方用的香精、色素和蔗糖等都不太符合现代人的"健康饮食"理念,所以被替换成了浓缩果汁和苏打。

此外,金亚雯还对二厂汽水的包装进行升级,过去怀旧的玻璃瓶也被汉口二厂玩出了新花样,通过国潮贴纸等一系列的精心设计,瞬间激起了年轻人的购买心理。很快,二厂汽水便在市场中崭露头角。

汉口二厂汽水的销售量迅速上升,短时间内就上新了多款产品,不同口味的果汁,加上生动形象的个性化包装,汉口二厂饮料卷土重来,能发展到今天这个规模,是很多人都没有想到的。就连它曾经的老东家可口可乐公司应该都没有料到,一个不起眼的汽水在今天甚至已经可以瓜分自己的市场。

问题:

(1) 二厂汽水复兴之前做了哪些市场研究?

(2) 这一故事对我国老品牌创新有哪些启示?

(3) 从"80后"姑娘金亚雯身上,我们可以总结出哪些新时代的企业家精神?

2. 市场需求调查

消费者是市场活动的主体,是企业产品的最终购买者和服务对象。消费者市场调查是指在对市场环境研究的基础上,运用各种市场调查技术和方法,对消费群体通过认知、态度、动机、选择、决策、购买、使用等阶段实现自身愿望和需要的研究。市场需求调查主要包括消费者需求调查、消费者购买行为调查以及消费者满意度调查三个方面。

(1) 消费者需求调查。消费者需求调查的内容主要包括消费者基本情况分析、具体特征、变动情况和发展趋势等,如对年龄、性别、文化程度、职业、婚姻状况、个人收入、家庭收入、是否独生子女等众多基本变量的了解与分析。通过对这些信息的收集,挖掘消费者的潜在需求,帮助企业正确地进行产品定位和目标市场定位,减少企业在产品选择和市场选择上的失误。

(2) 消费者购买行为调查。消费者购买行为调查的内容包括使用和购买的产品类型、包装规格、频率、时间、地点、场合、数量,购买金额、使用方法等。通过分析消费者行为、动机及其影响因素,可以作为企业产品市场定位以及营销决策的重要依据。

(3) 消费者满意度调查。消费者满意度调查的内容包括满意率、顾客忠诚度、顾客抱怨以及他人推荐率等重要评价指标。通过对这些信息的收集,考查消费者对企业产品和服务的满意程度。一般情况下,满意度调查是连续性的定量研究。

3. 市场营销活动调查

市场营销活动调查主要指企业在营销活动各个环节上所进行的调查活动,主要涉及产品调查、价格调查、分销渠道调查和促销调查等几个方面的内容。

(1)产品调查。产品调查的内容主要包括品牌忠诚度、品牌价值、包装、产品生命周期、新产品创意与构思、新产品市场前景、产品售后服务等。产品决策是市场营销中最重要的决策之一,其主要目的是为企业制定产品决策提供依据。

(2)价格调查。价格调查的内容主要包括定价目标和定价方法、影响定价的因素、价格调整的策略、顾客对价格变化的反应等。

案例1-5	56美元购买56年型汽车

福特汽车公司在1956年生产了一种新型汽车,叫作1956年型汽车。这种汽车上市之后,竞争力很差,销路不畅。艾柯卡管理的地区的销售情况更差。针对这种情形,他深入当地,了解居民的性格、情感和生活习惯、风土人情及经济状况。而后福特公司采取了一种新的销售办法:压低汽车的分期付款金额,凡购买1956年型汽车的顾客,先交总售价的20%现金,在以后的3年内,每月付款56美元,这样就大大地消除了顾客的疑虑及抗拒心理,也解决了顾客的财力困难。

(资料来源:《学生悦读文库》编写组.哈佛学生最喜欢的智力游戏[M].南昌:江西教育出版社,2014.)

评析:作为4P策略的一部分,产品价格策略也应建立在详细的市场调研基础上。

(3)分销渠道调查。分销渠道调查的内容主要包括分销渠道的结构和覆盖范围、渠道选择的效果、影响渠道设计的主要因素、经销商的分布与关系处理、物流配送状况和模式,以及审货管理等。

(4)促销调查。促销调查的内容主要包括广告、人员推销、销售促进和公共关系等调查,其中,每一方面又包含了许多具体内容。广告调查是促销调查中最重要、也是最常见的调查。它主要包括广告诉求调查、广告媒体调查和广告效果调查等。广告诉求调查就是调查广告对象的性别、年龄、收入状况、生活方式、购买习惯、文化程度、价值观念和审美意识等。广告媒体调查,即调查媒体的传播范围和对象、媒体被收听和收看的情况、媒体的费用和使用条件,以及媒体的适用性和效果等。广告效果调查即调查广告受众对象、产品知名度、消费者态度、品牌使用习惯、购买欲望与行为等。

4. 市场竞争调查

市场竞争调查主要侧重于企业与竞争对手的比较研究。通过对成本和经营活动的比较,找出本企业的竞争优势,从而扬长避短、避实就虚地开展经营,提高企业的竞争能力。市场竞争调查的内容主要有两点:其一,对竞争形势的一般性调查,如不同企业的市场占有率、经营特征、竞争方式、同行业竞争结构和变化趋势等;其二,针对某一具体竞争对手的调查,如竞争对手的业务范围、资金状况、经营规模、人员构成、组织结构、产品品牌、性能、价格、经销渠道等。

拓展阅读 1-2

分类市场调研可以提供的信息

（1）市场需求调研能提供的信息包括市场、细分市场的规模；能用于预测的市场趋势；品牌份额；顾客特征和购买动机；竞争对手的品牌份额。

（2）促销调研能提供的信息包括最恰当的促销方式；最有效的促销材料和手册；最适合的媒体使用；通过最有效的沟通方式实现促销目标。

（3）产品调研能提供的信息包括新产品开发的机会；产品的设计要求；与竞争对手相比较的优劣势；产品包装。

（4）分销调研能提供的信息包括合适的分销方式；合适的渠道成员；仓库和零售点的最佳位置。

（5）销售调研能提供的信息包括销售方法和销售技术；划分销售区域；合适的薪酬方式；销售培训要求。

1.3.3　市场调查的程序

市场调查的程序是指调查工作过程的阶段和步骤。市场调查工作应该遵循系统、科学的工作程序，提高工作效率，顺利完成调查任务。市场调查程序通常根据调查内容的繁简程度，调查时间、地点、预算、调查方式，以及调查人员的职业经验来确定。一般而言，根据调查活动中各项工作的自然顺序和逻辑关系，市场调查过程可分为调查准备、调查实施、资料整理和调查总结四个阶段，每个阶段又可分为若干具体步骤，如图 1-4 所示。

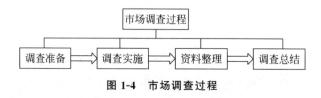

图 1-4　市场调查过程

1. 调查准备

市场调查准备阶段的主要工作就是确定调查目标、形成调查研究假设并确定需要获得的信息。调查准备主要解决调查目的、范围和调查力量的组织等问题，并制订出切实可行的调查计划。调查准备的主要工作包括以下内容。

（1）确定调查目标，拟定调查项目。这项工作要解决为什么进行调查、调查要了解什么问题、了解这些问题后有什么用处及应该收集哪些方面的信息资料等问题。

（2）确定收集资料的范围和方式。这项工作还需确定收集什么资料，向谁收集资料，在什么时间、什么地点收集资料，是实地调查收集第一手资料还是文案调查收集第二手资料，是一次性调查还是多次性调查，是普查还是抽查等。

（3）设计调查表和抽样方式。调查表或问卷应简明扼要、突出主题，抽样方式和样本量大小应满足调查的目的要求，也要便于统计分析。

（4）制订调查计划。调查计划应包括采用什么调查方法、人员如何安排、如何分工协作、调查工作的进度安排以及调查费用的预算等。有些情况下，需要编写成调查项目建议书，供企业审阅。

重要术语 1-3

市场调查项目建议书

市场调查项目建议书是指调查人员通过对调查项目、方式、资料来源及经费预算等内容的确定，按所列项目向企业提出调查建议，对调查过程进行简要说明，供企业管理人员审阅。市场调查建议书完全是从调研者角度出发对调查过程的说明，但由于要提供给企业，一般内容都比较简明、易懂。

---

2. 调查实施

调查实施阶段就是收集相关的信息资料，包括市场、竞争对手、经济形势、政策与法律等方面相关的信息资料。收集资料阶段主要是进行实地调查活动。实地调查即调查人员按计划规定的时间、地点及方法具体收集有关资料，不仅要收集第二手资料，而且要收集第一手资料。实地调查的质量取决于调查人员的素质、责任心和组织管理的科学性。这是调查工作的一个非常重要的阶段。组织实地调查要做好以下两方面的工作。

（1）市场调查项目管理。实地调查是一项较为复杂、烦琐的工作，要按照事先划定的调查区域确定每个区域调查样本的数量、调查员的人数、每位调查员应访问样本的数量及访问路线；明确调查员的工作任务和工作职责，做到工作任务落实到位，工作目标、责任明确。

（2）市场调查人员管理。调查项目领导组成员要及时掌握实地调查的工作进度完成情况，协调好各个调查员的工作进度；要及时了解调查员在访问中遇到的问题，帮助解决，对于调查中遇到的共性问题，要提出统一的解决办法；要做到每天调查结束后，调查员首先对填写的问卷进行自查，然后由督导员对问卷进行检查，找出存在的问题，以便在后面的调查中及时改进。

案例 1-6   **番茄酱 pk 黄豆酱**

谈到日本的饮食文化，就不能不提到日本的大酱汤。在日本流传着一句话："大酱汤的味道就是妈妈的味道。"大酱汤的主要配料就是黄豆酱。

日本市场容量大且非常富裕，因而成为众多商家的必争之地。有一家美国公司得知日本市场买不到番茄酱后，就贸然向日本运进了大量畅销品牌的番茄酱，但是这一营销举措最终却失败了。更为不幸的是，该公司至今还没有弄明白为什么在日本市场没能够将番茄酱销售出去。

事实上，进行一次市场调查就会获知番茄酱滞销的原因：在日本，黄豆酱才是最受欢迎的调味品。日本各大媒体也曾公开做过大酱汤可以改善胃溃疡、骨质疏松，解决便秘，增强肝脏解毒排毒功能的报道。

(资料来源:毕思勇.市场营销[M].北京:高等教育出版社,2018.)

评析:市场调查不应该是想当然的,必须脚踏实地,认真收集市场信息,才可能作出科学的营销决策。

3. 资料整理

实地调查结束后,即进入调查资料的整理和分析阶段,收集好已填写的调查表后,由调查人员对调查表进行逐份检查,剔除不合格的调查表,然后将合格调查表统一编号,以便于调查数据的统计。资料整理主要是对所获得的原始信息资料进行加工编辑、资料审核、订正、分类汇总、加工整理;依据一定的统计方法进行技术分析、数据处理;在加工编辑之前要对获得的资料进行评定,剔除误差,保证信息资料的真实性和可靠性。如果发现不足或存在问题,则及时拟定再调查提纲,作补充调查,以保证调查结果的完整性和准确性。如调查数据的统计可利用 Excel 电子表格软件完成;将调查数据输入计算机后,经 Excel 软件运行后,即可获得已列成表格的大量的统计数据。利用统计结果,就可以按照调查目的的要求,针对调查内容进行全面的分析工作。

4. 调查总结

市场调查的最后阶段是根据整理后的调查资料进行分析论证,得出结论,然后撰写市场调查报告,并在调查报告中提出若干建议方案,供企业在决策时作为参考依据。

撰写调查报告是市场调查的最后一项工作内容,市场调查工作的成果将体现在最后的调查报告中,调查报告将提交给企业决策者,作为企业制定市场营销策略的依据。市场调查报告要按规范的格式撰写,一份完整的市场调查报告由题目、目录、概要、正文、结论和建议、附件等组成。报告的写作应力求语言简练、明确、易于理解,内容讲求适用性,并配以图表进行说明。如果是技术性的报告,因其读者大多数是专业人员或专家,因此,要力求推理严密,并提供详细的技术资料及资料来源说明,注重报告的技术性,以增强说服力。提出调查的结论和建议后,不能认为调查过程就此完结,而应继续了解其结论是否被重视和采纳、采纳的程度和采纳后的实际效果以及调查结论与市场发展是否一致等,以便积累经验,不断改进调查工作、提高调查工作的质量。

 课堂自我测评

测评要素	表现要求	已达要求	未达要求
知识目标	能了解市场调查的类型、内容		
技能目标	能初步认识市场调查工作程序		
课程内容整体把握	能概述并认识市场调查工作		
与职业实践的联系	能描述市场调查实际业务		
其他	能联系其他课程、职业活动等		

任务 1 小结

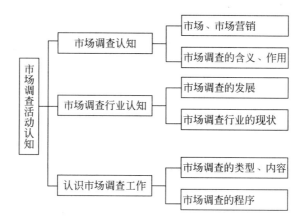

 教学做一体化训练

重要术语

市场信息　市场调查　市场调查项目建议书

课后自测

一、单项选择题

1. 市场营销体系中,企业将商品、服务以及（　　）传递给市场。
   A. 市场信息　　　　　B. 营销信息　　　　C. 供需信息　　　　D. 需求信息
2. 市场调查活动的科学性主要是指（　　）。
   A. 调查必须采用科学的方法　　　　B. 调查必须获取科学的调查结论
   C. 调查必须具有关联性　　　　　　D. 调查必须具有针对性
3. 市场调查是企业市场营销活动的（　　）。
   A. 起点　　　　　　　B. 终点　　　　　　C. 中间环节　　　　D. 边缘工作
4. 市场调查的出现与（　　）有密切关系。
   A. 市场经济的发展　　　　　　　　B. 计划经济的发展
   C. 政府推动　　　　　　　　　　　D. 企业自发行动
5. 我国的市场调查行业出现于（　　）。
   A. 20 世纪 50 年代　　　　　　　　B. 20 世纪 80 年代中期
   C. 20 世纪 90 年代　　　　　　　　D. 21 世纪初
6. 大数据主要是指（　　）。
   A. 数据的体积较大　　　　　　　　B. 数据的来源多样、数量与形式庞杂
   C. 大写的数据　　　　　　　　　　D. 许多企业的数据

二、多项选择题

1. 你在购买笔记本电脑前,会进行的市场调研活动有(　　)。
   A. 上网查询相关信息　　　　　　　　B. 电话咨询厂家
   C. 请教同学或朋友　　　　　　　　　D. 去商场看样品

2. 只有通过对市场营销有关问题所需的信息进行系统的(　　),才能形成特定的市场营销决策。
   A. 收集　　　　　　B. 记录　　　　　　C. 整理　　　　　　D. 分析

3. 市场调查在营销管理活动中具有(　　)的作用。
   A. 营销管理活动的起点
   B. 能够帮助企业留住现有顾客
   C. 可以使企业随时了解市场行情
   D. 可以为企业产品质量改进提供参考意见

4. 按调查性质分,市场调查的类型有(　　)。
   A. 探索性调查　　　B. 描述性调查　　　C. 因果关系调查　　　D. 预测性调查

5. 市场调查的内容主要包括(　　)。
   A. 市场环境调查　　　　　　　　　　B. 市场需求调查
   C. 市场营销活动调查　　　　　　　　D. 市场竞争调查

6. 市场调查过程可分为(　　)四个阶段。
   A. 调查准备　　　　B. 调查实施　　　　C. 资料整理　　　　D. 调查总结

三、判断题

1. 市场调查与市场营销有时可以互相代替。　　　　　　　　　　　　(　　)
2. 在国外,将市场调查和市场预测活动统称为市场调研。　　　　　　(　　)
3. 市场调查获得的大量信息资料是企业经营决策的重要依据。　　　　(　　)
4. 在实践中,市场调查就是对市场营销的所有问题进行笼统、盲目的调查。(　　)
5. 市场调查活动是随着市场经济的产生和发展而出现的。　　　　　　(　　)
6. 市场调查中的重点调查耗费力量较大,时间长,且不能及时提供必要的资料。(　　)

四、简答题

1. 简述市场调查的含义。
2. 简述市场调查的作用。
3. 市场调查有哪些主要分类?
4. 简要概括我国市场调查行业的发展状况。
5. 为什么说我国的市场调查前景广阔?
6. 结合实践,谈谈我国的市场调查所面临的问题。

案例分析

2020年8月,尼尔森新出炉的《2020母婴消费洞察》引发市场对母婴消费市场发展趋势的关注。报告通过对自有零售研究数据及中国主流母婴市场调研的综合分析,呈现新一代年轻家长的消费画像及线上行为趋势,为行业发展提供了全新指引。调研显示,得益于始终贴合用户需求及喜好的产品服务能力及不断践行的社会责任与行业价值,宝宝树成为最受年轻父母喜爱的专业母婴APP。

报告显示,母婴市场的消费群体呈现年轻化特征,"90后"成为母婴消费主体。母婴消费的人群主力聚集在"85后"和"90后",11％为"95后",80％以上为本科以上学历人群,且家庭平均收入为1.9万元。

在疫情的影响下,母婴消费需求从单纯的婴幼儿用品消费扩展到母婴知识消费。母婴用户更加关注健康和卫生,且更注重孩子卫生习惯的培养,关注孩子的教育,33％对线上的早教需求增加;31％更加相信专家、权威的言论内容。在信息获取方面,母婴消费的人群也极度依赖各类移动互联网平台,消费方式逐步从线下走到线上,从PC端走向移动端。调研显示,母婴垂直类APP使用渗透率高达80％,仅次于购物生活。

尼尔森通过广泛的用户调研发现,在当下的母婴垂直APP市场中,宝宝树已成为年轻家长们在备孕阶段直至孩子学龄前获取知识、交流交友、工具使用及消费参考的首选平台。在品牌认知(包含无提示第一提及率)、使用规模、转化率等多项维度的表现均为行业第一,同时也是最受用户喜爱且推荐意愿最高的母婴APP。

宝宝树之所以成为母婴互联网领域的排头兵,主要源于自身核心产品及服务能够始终贴合用户需求及喜好。长期经营所积累的用户信任以及用户数据,使其具有搭建深度用户需求洞察的数据能力,从而不断指导产品、工具及内容的优化升级,实现由用户使用到口碑转化再到流量增长的正循环,形成其在母婴市场的强大品牌号召力。

(资料来源:艾瑞网,2020-09-03)

阅读材料,回答以下问题:

(1)宝宝树为什么能够始终紧贴用户需求?

(2)本案例对企业的调研工作和营销管理有什么启发?

 同步实训

实训名称:市场调查认知。

实训目的:通过实训演练与操作,初步认识市场调查工作。

实训内容:

(1)仔细观察自己所熟悉的商家(场),分析它们是如何进行市场调查的?

(2)由教师设定题目,走访大型的购物中心或超市,分析市场调查对其日常经营活动的影响。

实训组织:学生分小组分行业观察企业调查活动,并写出书面的观察结论报告。

实训总结:学生小组交流不同行业的观察结果,教师根据观察报告、PPT演示、讨论分享中的表现分别给每组进行评价打分。

 学生自我学习总结

通过完成任务1的学习,我能够作如下总结。

一、主要知识点

任务1中主要的知识点如下。

(1)

(2)

二、主要技能

任务1中主要的技能如下。

(1)

(2)

三、主要原理

市场调查在市场营销决策中的地位与作用如下。

(1)

(2)

四、相关知识点

任务1涉及的主要相关知识点如下。

(1)市场调查与市场的关系有：

(2)市场调查与市场营销的关系有：

(3)市场调查行业的发展状况是：

五、学习成果检验

完成任务1学习的成果如下。

(1)完成任务1学习的意义有：

(2)学到的知识有：

(3)学到的技能有：

(4)你对中国企业进行市场调查的初步建议是：

任务 ② 市场调查活动准备

学习目标

知识目标

1. 认识市场调查机构。
2. 认识市场调查从业人员。
3. 认识市场调查机构的选择。
4. 认知市场调查的目标。

能力目标

1. 能体会市场调查人员的道德要求。
2. 能说明不同市场调查项目的接洽过程。
3. 能结合实际初步确定市场调查的目标。

思政目标

1. 树立正确的理想信念。
2. 养成敬业爱岗的职业素养。
3. 培养新时代的工匠精神。

任务解析

根据市场调查职业工作的活动顺序和职业能力分担原则，"市场调查活动准备"任务可以分解为以下子任务。

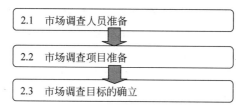

2.1	市场调查人员准备
2.2	市场调查项目准备
2.3	市场调查目标的确立

课前阅读

1957 年，丰田汽车开始出口美国。最初几天的热烈反应掩盖了日本人对美国市场的不了解：这些丰田车在日本狭窄多弯的马路上跑起来，性能表现优越，可是在美国的高速公路上，时速超过 80 千米发动机就开始震动，功率急剧下降；车内设计不符合美国人生活习惯等。

3 年间,美国市场销量急剧下降,丰田公司被迫暂停向美国出口轿车。时隔不久,一位衣冠楚楚的日本人来到纽约,以学英语为名,住进了一个普通的美国家庭。在每天的生活中,他除了学习英语以外,每天都在做笔记,记录美国人居家生活的种种细节,包括吃什么食物、看什么电视节目等,全在记录之列。

3 个月后,日本人走了。没过多久,丰田公司就推出了针对当时美国家庭需求而设计的价廉物美的旅行车。该车在每一个细节上都考虑了美国人的需要,如美国男士(特别是年轻人)喜爱喝玻璃瓶装饮料而非纸盒装的饮料,日本设计师就专门在车内设计了能冷藏并能安全放置玻璃瓶的柜子。直到该车在美国市场推出时,丰田公司才在报上刊登了他们对美国家庭的调查报告,并向那户人家致歉,同时表示感谢。正是通过这样细致的调研工作,丰田公司很快掌握了美国汽车市场的情况。此后 10 年,丰田汽车在美国的市场份额进一步扩大,1980 年,丰田汽车在美国的销售量达到 58 000 多辆,占美国进口汽车总额的 25%。

问题:

(1) 上文中的调研准备工作有哪些?

(2) 充分准备对市场调查活动有哪些意义?

(3) 明确目标对经营活动的作用有哪些?

2.1　市场调查人员准备

任务提示:这是调查人员业务活动准备的第一课。认识市场调查人员准备,特别是从社会职业活动的角度认识市场调查机构的类型及其作用,在此基础上,认识市场调查人员的素质要求,并理解市场调查活动准备过程。

重点与难点:明确市场调查机构类型与市场调查人员要求。

一般情况下,由企业发起的市场调查业务活动通常采取两种方式进行:一种是由企业内部市场研究部门自己组织人员进行调查;另一种是将市场调查业务部分或全部委托给社会上专业的第三方市场调查公司进行。

从市场调查工作流程的规范性与业务的专业性来讲,社会上的专业市场调查公司显然要优于企业内部的市场研究部门,同时,专业市场调查公司是以第三方的视角去研究市场,得出的结论更加客观。一般情况下,企业内设的市场研究部门通常会完成一些小型、常规的市场调查业务,而一些大型、综合的市场调查业务通常会聘请社会专业市场调查机构来完成。本书的工作任务侧重以社会上专业市场调查机构为例来展示。

改革开放以来,我国的市场调查行业经历了从无到有、快速发展的过程。目前,市场调查机构和人员已经呈现出专业化、多元化、产品化和实用化等趋势,就已经存在的市场调查业务活动来看,其范围之广、内容之细,已超出人们的想象。

2.1.1　市场调查机构

随着我国市场经济的发展,市场调查工作日益受到重视,很多企业有自己的市场调查机构,如市场部,也聘请专业的第三方调查公司、咨询公司做顾问。当企业觉得有必要时,还可以聘请企业外部的专业性市场调查机构来进行市场调查。于是,专业的市场调查公司也逐渐增多,形成了市场调查(咨询)公司群雄逐鹿的局面。因此,我们提及市场调查主体时,一般意味着两种类型:企业自身内设市场研究机构与企业外部专业的社会第三方市场调查机构。基于调查业务活动的典型性,本书重点介绍后者。

重要术语 2-1

市场调查机构

市场调查机构是受企业委托,专门从事市场调查的单位或组织。我国的市场调查机构有以下类型:各级政府统计组织建立的调查机构、新闻单位、大学和研究机关的调查机构、外资调查机构、民营调查机构以及企业内部设立的市场研究部门。

---

1. 市场调查机构的类型

我国的市场调查机构主要有以下类型。

(1)国有调查机构。我国最大的市场调查机构为国家统计部门,国家统计局、各级主管部门和地方统计机构通过统计报表与专业调查队伍专门调查等手段收集和管理市场调查资料,便于企业了解市场环境的变化及发展,指导企业的微观经营活动。国家统计局在对从事涉外调查的机构进行资格认定等方面进行管理的同时,还设有调查处、研究室和情报所,负责组织城市、农村基本情况的信息收集。

(2)外资调查机构。外资市场调查与咨询公司,如盖洛普、AC尼尔森、国际市场研究集团(research international,RI)等,直接服务于大型跨国公司对中国市场调查的需求,同时为中国内地的市场潜力所吸引。由海外总部接全球性的委托单实施中国市场调查,是外资市场调查与咨询公司的重要客户来源。

(3)学术型调查机构。新闻单位、高校、科研院所的学术型调查机构也都开展独立的市场调查活动,定期或不定期地收集和发布一些市场信息。国内学术型市场调查机构主要集中于高校,高校市场调查做得比较好的机构是中国传媒大学和中山大学等。

(4)民营调查机构。此类市场调查与咨询公司大多为管理者以股份制的方式创办的,投资人和经营人一体化,比较成规模的机构有华南、零点、勺海等。民营市场调查机构对客户的要求反应迅速、服务意识较强;采用项目主任负责制,即除了统计分析等技术性很强的环节外,一个项目从设计到报告撰写都由一位研究人员负责。这样有利于最大限度地激发个人的积极性和责任心,但也使调查项目的质量与项目主持人的个人素质密切相关;能够满足客户的特别需要,如某些难度较大的调查项目,民营公司往往比外资公司、国有公司做得更好,因为它获得信息的手段较前两者灵活得多。

(5)企业(或其他组织)设立的专门调查机构。这类型机构也可以称为企业内部调查机构,前四种类型的调查机构一般认为是企业外部专业调查机构。这类机构专门负责本企业或本组织的市场调查工作,往往隶属于企业的市场部或其他职能部门。目前,市场调查已成为企业固定性、经常性的工作,例如,肯德基设立了专门的市场调查部门,并由一位副经理负责管理,这个部门的工作人员有调查设计员、统计员、行为科学研究者等。这类调查机构在国内外的数量都已经很多了,它们的出现是市场竞争日益激烈的结果,也是当今信息社会发展的必然。

拓展阅读 2-1

零点调查

零点调查成立于 1992 年,其业务范围为市场调查、民意测验、政策性调查和内部管理调查。零点调查接受海内外企事业、政府机构和非政府机构的委托,独立完成各类定量与定性研究课题。零点是广为受访对象、客户和公众所知的专业服务品牌。多年的发展经验使该公司更了解客户的需求,从而为客户提供更有针对性的服务。零点调查有数千项业务,涉及食品、饮料、医药、个人护理用品、服装、家电、IT、金融保险、媒体、房地产、建材、汽车、商业服务、娱乐、旅游等 30 多个行业。HORIZON(零点)为受中国法律与《马德里国际公约》保护的国际注册服务商标。

2. 市场调查机构的职业道德要求

专业市场调查机构在接受企业委托、开展业务活动的同时,应注意树立良好的信誉,尤其要遵守如下职业道德规范。

(1) 维护委托人利益。这主要包括:①保持受委托的关系,永远寻求并保护委托人的最佳利益;②视所有调查信息(包括处理过程和结果)为委托人独有的财产;③在发布、出版或使用任何调查信息或数据之前,要获取委托人的允诺或批准;④拒绝与那些寻求调查发生偏差以得到某些确定结果的委托人发生任何联系,拒绝接手他们的项目;⑤固守调查研究的科学标准,并且不隐瞒任何事实真相。

课堂讨论:为什么要求市场调查机构必须维护委托人的利益? 违反职业道德要求,会出现哪些情形?

(2) 保护被调查者隐私。这主要包括:①保护被调查者的隐私权和匿名权,事先承诺不暴露他们的身份;②绝不允许委托人去识别调查者的身份以报复那些作反向回答的人;③除非被调查者知道在参加之前要先与他们接触,否则不能要求他们说出自己的身份;④认识到拒绝调查者或他人识别委托人的身份在适当时候是合法的。

2.1.2　市场调查人员

市场调查人员是指为本组织或受托为其他组织从事市场调查、市场研究、信息分析及相关活动的人员,如市场专员、市场调查员、市场调查分析师等。市场调查人员是调查工作的主体,其数量和质量直接决定市场调查的结果。市场调查活动中,调查人员组建的组织结构包括调查领导组、调查督导员和调查员等三重结构,各结构人员相互制约、互相监督。随着全球一体化和市场经济的不断完善,市场调查分析作为一项技能或职业越来越受到社会的关注。

1. 市场调查人员的基本素质

市场调查也和其他工作一样,具体负担工作的"人"的素质会对工作的效果产生直接的影响。作为一名优秀的市场调查人员,应该具备相应的思想品德、业务、心理和身体素质,具体表现在以下三个方面。

(1) 思想品德素质。一个具有良好的思想品德素质的调查人员,应该能够做到以下几点:①熟悉国家现行的有关方针政策法规,具有强烈的社会责任感和事业心;②具有较高的职业道德修养;③工作认真细致,在调查工作中要具有敏锐的观察能力,不放过任何有价值的资料;④谦虚谨慎、平易近人,容易得到被调查对象的配合,从而能够获得真实的信息。

(2) 业务素质。这主要包括:①阅读能力,即理解问卷的意思,能够没有停顿地传达问卷中的提问项目和回答项目;②表达能力,即访问人员在调查过程中能够将要询问的问题表达清楚;③观察能力,即具有敏锐的观察能力,判断受访者回答的真实性;④书写能力,即能够准确、快速地将受访者的回答记录下来;⑤应变能力,即在调查过程中遇到的是各种各样的人,所以访问员要能够随机应变,适应不同类型的人的特点。

(3) 心理和身体素质。健康的体魄是做好一件事的基础,市场调查工作也不例外。在市场调查活动中,实地访问、资料的归纳与整理、计算等工作都需要有良好的心理和身体素质,才能保持良好的工作状态,以应对各种类型的受访对象,机制灵活地处理各种各样的随机事件。

思政园地 2-1

求真务实的航天精神

北京时间 2022 年 7 月 24 日 14 时 22 分,搭载问天实验舱的长征五号 B 遥三运载火箭在我国文昌航天发射场成功点火发射,并顺利实现交会对接。这是我国载人航天工程立项实施以来的第 24 次飞行任务,也是中国空间站第二个舱段及首个科学实验舱。

党的十八大以来,我国航天事业蒸蒸日上、捷报频传。一代又一代的航天人克服重重关卡,经过不懈努力,在广袤的中华大地上升起深厚博大的航天精神"火种"。这"火种"明亮而温暖,闪耀坚定的信念之光。

敢闯敢试,中国航天的答卷镌刻着航天人艰苦奋斗的精神风貌,"特别能吃苦、特别能战斗、特别能攻关、特别能奉献"的载人航天精神诉说着航天人的担当本色。在前进的道路上,在荆棘丛生中艰苦创业,充分发挥敢于破除藩篱、毫不畏难的载人航天精神,磨练开拓创新的本领,在奋进中开拓,为铸就"国之大器"打下坚实的基础。

淡泊名利,以正气之魂塑时代之责,以信仰之力铸精神之源。50 多年前,一曲《东方红》响彻寰宇,从此,我们不再仅仅仰望星空,中国航天开启了探索宇宙的脚步。汲取前行力量,实现化蝶般的蜕变,需始终筑牢尽职尽责、淡泊名利的意识,需始终涵养倾情投入、奉献自我的幸福哲学。一代又一代的航天人筚路蓝缕,以逢山开路遇水搭桥的干劲创造出一项项奇迹,光彩夺目的战绩背后是一个个默默无闻奋斗的身影,让每一步走的更扎实更是心中不变的初心。

磐石信念,在实干担当中淬炼精益求精的宝贵品质。从细小之处着手,从精微之处发力,求真务实,落子在精益求精的作风之上,航天人始终保持着奋斗韧劲。创造出无愧于时代和人民的成绩,关键依旧靠求精,必须全心全意把前进中的每一步都做到精益求精,这样才能把令人心醉的航天之梦照进现实。

问题：

(1) 我国航天事业有哪些成就？

(2) 市场调查人员应该借鉴哪些航天工匠精神？

2. 市场调查人员的知识要求

市场调查的整个工作过程涵盖了统计、经济、管理、心理学等多方面的知识，从个人知识要求看，主要集中在以下几个方面。

(1) 市场营销知识。市场调查是营销工作的起点，市场调查的最终目的是使营销效果更加明显。因此，市场调查人员需要具备基本的市场营销知识，包括商品学、消费心理学、企业可能采用的营销技巧等。只有这样，才能使调查活动有的放矢。

(2) 市场调查知识。市场调查人员必须掌握调查工具的使用方法，熟悉调查程序、调查手段等，才能在业务活动中处理各种可能出现的问题。

(3) 管理学知识。市场营销不仅仅是企业营销部门的工作，还和整个企业管理层息息相关，市场调查也应该关注企业管理。企业所有的人事变动、财务运行、企业发展战略等透露的信息都是市场调查从业者要关注的焦点，而这一切都以企业管理为基础。市场调查人员只有了解企业管理的精髓，才可能了解自己企业和竞争对手的运转状况、运转方式及原因，并客观分析。

(4) 行业知识。市场调查是针对行业进行的，隔行如隔山，即使是经验再丰富、资历再深厚的调查人员也不可能"通吃"所有的行业。作为调查分析师，通常情况下，必须至少长期关注一个行业的发展动态，做到知己知彼，才能在调查活动中少走弯路。

一个合格的市场调查人员应勤学好问、有思想、有知识并富有创造性，必须善于倾听、善于思考、善于提出问题、分析问题和解决问题，当然必须有吃苦耐劳、不怕被拒绝的精神。同一项调查，由于调查人员的素质不一，性格、思想、观念等不同，往往会产生不同的调查结果。

 拓展阅读 2-2

中国著名的市场调研公司

(1) 央视市场研究(CTR)。CTR 是中国领先的市场研究公司，其服务方向有：消费者固定样组、个案、媒介与产品消费形态、媒介策略、媒体广告及新闻监测。

(2) 广州策点市场调研有限公司(CMR)。CMR 的擅长领域为满意度研究、消费者研究、政府及公共服务研究、市场进入研究、新产品开发研究、房地产专项研究、行业研究等。

(3) 央视—索福瑞媒介研究(CSM)。CSM 致力于专业的电视收视和广播收听市场研究，为中国内地和香港地区的传媒行业提供可靠的、不间断的收视率调查服务。

(4) 上海尼尔森市场研究有限公司(ACNielsen)。ACNielsen 提供全球领先的市场资讯、媒介资讯、在线研究、移动媒体监测、商业展览服务及商业出版资讯。

(5) 北京特恩斯市场研究咨询有限公司(TNS)。TNS 在消费品、科技、金融、汽车等多个领域为客户提供全面而深刻的专业市场调研服务和行业知识。

(6) 河南亦锐营销策划有限公司(Easy)。Easy 从事品牌建设与市场推广。Easy 的企业总部设在郑州，拥有数十人组成的高端商务营销策划团队。

（7）新华信国际信息咨询（北京）有限公司（SINOTRUST）。SINOTRUST 提供市场研究、商业信息、咨询和数据库营销服务，协助企业作出更好的营销决策和信贷决策并发展盈利的客户关系。

（8）北京捷孚凯市场调查有限公司（GFK）。GFK 在全球范围内的市场研究业务涉及专项研究、医疗保健研究、消费电子调研、消费者追踪、媒介研究五大领域。

（9）北京新生代市场监测机构有限公司。该公司从事连续性的、年度的与单一来源的大众市场研究与分众市场研究；媒介研究；消费研究。

（10）赛立信研究集团（SMR）。SMR 从事市场研究服务、媒介研究服务、竞争情报研究服务、商业信用调查服务。

 课堂自我测评

测评要素	表现要求	已达要求	未达要求
知识目标	能掌握市场调查机构的含义		
技能目标	能初步认识市场调查人员的素质要求		
课程内容整体把握	能概述并认识市场调查机构的类型		
与职业实践的联系	能描述市场调查人员的职业要求		
其他	能联系其他课程、职业活动等		

 # 2.2 市场调查项目准备

任务提示：这是调查人员业务活动准备的第二课。认识市场调查项目来源，特别是从社会职业活动的角度认识市场调查机构的选择与市场调查项目的接洽，在此基础上，认识市场调查项目的商定，并理解市场调查活动这一准备过程。

重点与难点：明确市场调查机构选择的要领和技巧。

在激烈的市场竞争中，一个企业发现日常营销活动出现了问题，或者是感觉已有营销策略需要改进，市场调查的需求就可能出现！如果是小型项目，企业内部的市场研究人员即可完成；如果是大型项目，则需考虑委托企业外部的第三方专业市场调查机构来完成。市场调查项目准备活动主要就是企业和专业市场调查公司进行接洽，商谈项目合作事宜。

市场调查项目准备包括两个方面：其一，企业从自身需求角度选择社会上专业的市场调查公司；其二，市场调查公司作为调查服务提供方，主动向企业承揽市场调查业务。实际上，这一过程是一个问题的两个不同方向。

2.2.1 企业选择市场调查机构

当企业没有专业的市场调查人员，或企业自身的市场调查力量薄弱，或对有效实施市场调查感到力不从心时，可以考虑委托企业外部的专业性市场调查机构来进行市场调查。此时,就涉及对市场调查机构进行选择的问题。

1. 发布市场调查信息

为了正确选择调查机构并保证调查效果,有市场调查需求的企业一般会通过招标或其他形式,向社会上多个调查机构发布有关市场调查信息,并主动与外部专业调查机构沟通,希望调查机构提供具体的调查服务。

这一阶段,企业要对自己经营活动中遇到的困难有明确的认识,同时需要了解哪些信息是自己已经有的,哪些信息需要外力帮助和支持,这些信息能够有针对性地解决哪些问题,只有明确了方向、目标和需求之后,与市场调查机构才能有良好的沟通。如对目前本企业面临的环境和需要进行调查的问题,本次调查结果的用途;是短期聘用调查公司还是长期合作的业务外包;在调查时间上有何要求,提交调查报告的最后期限;调查预算为多少,以及调查资料是归企业独家享用还是与调查机构共享等问题制订委托调查计划,用来与市场调查机构进行洽谈。企业为了使各个专业调查公司进一步了解本企业面临的问题,还应向其提供有关资料和调查建议。

重要术语 2-2

市场调查外包

市场调查外包是指企业通过签署协议,将其一部分市场调查业务外包出去,在较长一段时间内,利用外部专业团队来承接其业务以降低成本、提高效率、增强企业竞争力和应对环境变化的一种管理模式。

---

2. 选择市场调查机构

不同市场调查机构的行业领域、专业特长各有不同。企业在选择市场调查机构时,必须了解和考虑以下几个方面的因素。

(1) 调查机构的信誉。调查和了解专业调查机构在同业界的声誉和知名度,其职业道德及公正原则的遵守情况,限期完成工作的能力等。

(2) 调查机构的业务能力。业务能力是指调查机构内专业人员的实务能力的高低,包括能否提供有价值的资讯,是否具备创新观念、系统观念、营销观念和观念沟通能力。

(3) 调查机构的经验。调查机构的经验包括调查机构创建的时间长短、主要工作人员的服务年限、已完成的市场调查项目性质及工作范围等。

(4) 调查机构的硬件和软件条件。硬件条件包括信息收集、整理和传递工具的现代化程度;软件条件包括调查人员的素质及配备情况。

(5) 调查机构收费的合理性。调查机构收费的合理性包括调查机构的收费标准和从事本项调查的费用预算等。但是,最便宜的不一定是最好的。在招聘调查公司时既要比较价格也要比较质量,这样才能得到有竞争力的投标。

对于委托调查的企业来讲,一旦委托调查机构进行市场调查,应给予其信任和授权,并提供充分的协助,使调查能顺利进行。由于大多数调查公司对各种专业内容并非十分了解,企业人员应拿出大量的时间和精力协助专业调查公司进行调查。在聘请外部调查公司协助进行调查时,要与该公司的人员建立相互协作的关系。企业营销人员除了应向调查人员提供本行业的基本信息外,还应有专人密切关注调查工作的每一步骤。只有在有效协作的基础上,调查工作才会取得圆满的结果。

2.2.2　市场调查机构与企业接洽

目前,社会上有许多专业市场调查公司,它们之间存在竞争关系。为了拓展业务,这些公司也需要面向社会上的企业承揽相关的市场调查业务。

市场调查公司向企业承揽市场调查业务一般要经过与企业进行初步接洽、获取项目背景信息、编写市场调查建议书、签订市场调查合同等环节。

1. 与企业进行初步接洽

一般来讲,成立较早、经营时间较长的市场调查公司,都会有一些相对固定的企业客户。调查公司往往会根据自己掌握的信息和对后续调查事宜跟进的结果,定期不定期地向这些企业提供市场咨询服务。如果是新设立或固定客户较少的市场调查公司,则需要进一步拓展业务,首选的方式就是通过电话或传真、登门拜访等方式,向一些目标客户企业推介自己。

(1)电信方式接洽。市场调查公司公关部门通常会通过工商注册登记或行业协会资料获取一些目标企业的联系方式,通过电话或电子邮件的方式向客户企业推介自己。一份比较完整的公司简介一般包括：公司名称、经营范围、经营方式、经营历史、地址、电话、传真、网址、电子邮箱等。市场调查公司的工作人员在向潜在客户企业推介自己的公司时应做到尽量不遗漏。

(2)登门拜访企业主管。经过初步的电话联系后,调查公司的工作人员可以与目标客户企业的管理人员预约会见时间,以便登门拜访。在会见企业管理人员时,调查公司的工作人员应该携带尽可能多的书面材料以供其参考。这些书面资料包括调查公司简介、人员简介、项目运作规程、收费标准、公司的客户名单等。有时还需要提供一些调查文件的范本,比如调查公司内部编制的调查计划书、调查问卷、执行手册、访问员工作记录、抽样图、抽样记录表、编码原则、调查报告等。有时还需要提供一些市场调查公司研究人员在市场调查中的研究心得,作为自己公司水平的一种佐证材料,以进一步打动潜在客户企业的管理人员。

2. 获取项目背景信息

在与目标客户企业的电信联系以及面谈中,市场调查人员通常会了解企业的调查需求。如企业面临哪些亟待解决的市场问题？哪些问题已经明确？哪些问题尚未知悉其出现的深层原因？在此基础上,市场调查公司的工作人员可以初步了解目标企业提供的信息,再根据自己公司的调查力量,如行业特征、专业特长等,决定是否有能力承接这一项目。

作为市场调查公司的客户,有些企业由于对市场调查不了解,或者不愿意提供详细的资料,或者认为市场调查公司水平不高,没有能力解决客户的问题,为此,市场调查人员应及时收集目标企业的相关信息。这些信息主要包括：①市场营销问题的背景材料；②目标企业考虑要进行调查的动机；③解决企业问题所需信息的类型,即解释需要什么样的数据；④依据调查的结果可能要做的决策、选择或行动,即调查结果的作用；⑤在考虑潜在风险或费用的基础上,估计所收集信息的价值；⑥估计项目完成的时间要求及可能提供经费的一般水平。

有些企业会对市场调查公司提供资料的要求有顾虑,觉得调查公司要求了解的东西太多。此外,还有出于商业机密保护的考虑。这种情况下,市场调查人员应该事先申明自己的保密义务,如果客户觉得有必要,可以在向调查人员提供资料之前与其签订保密协议。

案例 2-1　　　　　　　　　　　卡西欧公司的市场调查

日本卡西欧公司自成立起便一直以产品的新、优取胜,进而闻名世界,其新、优特点主要得力于市场调查。卡西欧公司的市场调查主要采用销售调查卡进行,该卡只有明信片大小,但考虑周密、设计细致,其调查内容包括购买者个人信息、使用者信息、购买方法、消费者知道该产品的途径、选取产品的原因、使用后的感受等。通过这些问题调查,该公司收集到许多详细的信息,为企业提高产品质量、改进经营策略、开拓新的市场提供了可靠依据。

(资料来源:搜集资料整理改编.)

评析:本案例说明,一项市场调查活动可能涉及多个方面、多个因素,要取得预想效果,必须考虑全面。

3. 编写市场调查建议书

在与企业达成市场调查的初步意向之后,市场调查公司还应该编写出一份详细而又具有较强说服力的"调查计划书"或"项目建议书",以争取尽快获得目标企业的认可。

重要术语 2-3

市场调查建议书

市场调查建议书又称为市场调查计划书,是市场调查机构提供的市场调查项目活动过程所有阶段工作的大致安排。市场调查建议书主要包括概要、背景、问题、调查方法、调查设计、资料收集与分析、报告的提交形式、费用预算等。

市场调查公司所提交的计划书的内容一般应该包括下列事项:①该项目的调查目的;②采用的调查研究方法;③完成项目需要的时间;④需要支付的各项费用。

当市场调查公司提交了"建议书"后,企业就会集中对比,从中选出一家最适合的市场调查公司,并与之再行会晤商议,签订市场调查委托合同等。所以,市场调查人员一定要重视市场调查项目建议书的编写工作。

4. 签订市场调查合同

市场调查公司向企业提交"建议书"之后,企业会对市场调查公司做进一步的综合了解。企业对市场调查公司综合考察比较结束之后(有时可能是招投标),最终会确定由哪一家市场调查公司来承接调查项目。在正式开始调查之前,双方会签订保密合同、业务合同,用来明确双方的权利与义务。市场调查合同的主要内容包括调查的范围与方法、付款条件、预算、人员配备、调查期限、临时性报告、最终报告的特定要求等。

 拓展阅读 2-3

市场调查的原则

(1)客观性原则。市场调查人员在进行调查时,应尊重事实,不允许带有任何个人主观的意愿或偏见,也不应受制于任何人或管理部门。只有客观地反映市场的真实状态,才能得出准确信息,市场调查的作用才能真正得到发挥,也才能使整个调查行业健康发展。

(2)时效性原则。市场是瞬息万变的,市场机会稍纵即逝。市场调查的时效性就表现为应及时捕捉和抓住市场上任何有用的情报、信息,及时分析、及时反馈,为企业在经营过程中适时地制定、调整策略创造条件。

(3)系统性原则。在激烈的市场竞争中,市场的影响因素日渐增多,有宏观因素的影响,有微观因素的影响,各因素之间有相互作用、相互影响。市场调查人员应全面收集与企业生产和经营有关的信息资料,系统地进行分析、研究,才能使市场调查活动收到良好效果。

(4)经济性原则。市场调查工作需要大量的人员去收集资料、情报和信息,是一项费时、费力、费财的活动。由于各企业的财力情况不同,需要根据自己的实力确定调查费用的支出,并制订相应的调查方案,尽量做到以较小的投入换来较好的调查效果。

(5)科学性原则。市场调查不是简单地收集情报、信息的活动,为了在时间和经费有限的情况下获得更多、更准确的资料和信息,就必须对调查的过程进行科学的安排,最终才能精确地反映调查结果。

(6)保密性原则。市场调查的保密性原则体现在两个方面:一方面是为客户保密,对调查获得的信息保密,不能将信息泄露给第三者;另一方面是为被调查者提供的信息保密,如果被调查者发现自己提供的信息被暴露,可能给他们带来某种程度的伤害,同时也会使他们失去对市场调查的信任。

(资料来源:赵轶.市场调查与预测[M].清华大学出版社,2007.)

 课堂自我测评

测评要素	表现要求	已达要求	未达要求
知识目标	能掌握市场调查项目洽商的含义、市场调查的原则		
技能目标	能初步认识市场调查机构的选择要领		
课程内容整体把握	能概述并认识市场调查项目的准备过程		
与职业实践的联系	能描述企业对市场调查机构的要求		
其他	能联系其他课程、职业活动等		

2.3　市场调查目标的确立

任务提示:这是调查人员业务活动准备的第三课。市场调查项目确定以后,紧接着就是通过技术手段尽快确定市场调查目标,在此基础上,根据市场调查项目的要求,为下一步的市场调查活动策划做好准备。

重点与难点:明确市场调查目标确立的程序与技术。

在企业每天的经营活动中,可能都会面临这样或那样的问题,如新产品没有得到市场的认可;产品研发部门刚刚立项准备新的开发计划,突然传来市场上已有同类产品的消息……遇到这些令人烦恼的问题,一些企业管理层很自然就会问"怎么办""如何才能避免问题的出现"。当出现以上情形时,市场调查人员应该围绕问题和相关人员进行充分的研究分析,以这些问题为基础,从分析中找出原因,清晰定义调查目标,最终调查才会有意义。

市场调查目标的确立实质上是将营销活动中各种情况引起的"问题"作为调查课题进行捕捉与分析。比较复杂的市场调查目标确立过程通常包括分析企业经营问题、描述市场调查目标、建立市场调查假设等工作。

重要术语 2-4

市场调查目标

市场调查目标是指调查人员通过对企业经营管理问题的分析,最终形成的对这些问题实质的客观认识。即企业想了解什么、了解调查结果后有什么用、调查的重点是什么;等等。按照企业的不同需要,市场调查目标会有所不同。

2.3.1 分析企业经营问题

为了确定企业市场调查的目标,市场调查人员首先应对企业遇到的经营问题进行分析。分析企业经营问题的主要工作包括分析二手资料、访问企业管理层、访问行业专家。

1. 分析二手资料

通常情况下,收集二手资料是市场调查活动的开始。分析二手资料对于了解企业调查意图、界定调查目标非常必要。有时,尽管二手资料不可能提供特定调查问题的全部答案,但二手资料在很多方面都是有用的。通过二手资料分析至少可以发现企业出现问题的背景。

例 2-1 某一钢铁企业 2020 年全年产品销售有了较大起色,调查人员通过查阅国家统计局数据发现,2020 年 1—12 月全国生铁、粗钢和钢材产量分别为 8.88 亿吨、10.53 亿吨和 13.25 亿吨,同比分别增长 4.3%、5.2% 和 7.7%。查阅中国钢铁工业协会数据发现,2020 年 1—12 月重点统计企业利润总额 2 074 亿元,同比增长 6.6%。这就是整个钢铁行业的经营大环境。

重要术语 2-5

二 手 资 料

二手资料是指一些调查者已经根据特定调查目的收集整理过的各种现成资料,所以又称次级资料。如我们经常见到的报纸、期刊、经济或统计年鉴、文件、数据库、报(统计)表等。这些资料可通过查看、检索、阅读、购买、复制等收集获取。

2. 访问企业管理层

通常情况下,企业管理层比较全面、完整地掌握企业的情况,对企业经营管理中遇到的问题也比较了解。市场调查人员可以在收集和分析二手资料的基础上,访问企业管理层。一方面,可以获取企业的相关信息;另一方面,可以通过深入的沟通和交流使他们能够坚定地支持市场调查工作,同时,也要让他们了解市场调查工作的过程及结论的局限性。

市场调查可以提供与管理决策相关的信息,但并不能提供解决问题的办法,这需要企业决策者结合实践加以判断。作为市场调查活动的操作者,也需要了解从管理决策者角度来看企业究竟面临着什么样的问题,从中获得有利于确定调查目标的信息。

 拓展阅读 2-4

市场调查目标模糊的危害

在调查工作中往往出现调查目的不明的情况,一方面是决策者不明白自己要干什么、要了解什么、调查要起到什么作用,使市场调查的目的模糊,为调查而调查使市场调查无的放矢;另一方面是决策者对市场调查目标锁定过多,希望通过一次调查解决很多问题,如对市场调查目的从消费者习惯、特性、产品需求、价格、接受程度、渠道购买因素等应有尽有,结果使市场调查不能在任何一个点上达到目的,使市场调查最终不能解决任何问题。

3. 访问行业专家

在分析二手资料、访问企业管理层后,市场调查人员紧接着就应该与对企业和产品非常熟悉的行业专家进行访问。

这里所称的专家包括委托企业内部的专家和外部社会上同类企业的专家。在进行访谈时,市场调查人员一定要全神贯注,认真倾听。这些专家的知识与经验可以通过随意的个人交谈获得,一般不用制作过于正式的调查问卷。

市场调查人员在进行专家访谈时,应该首先对专家的行(专)业背景进行调查,做到心中有数。此外,由于业务活动需要,市场调查人员可能还应该向委托单位以外的专家求助,这时,操作起来就比较困难,必须通过熟人介绍或其他一些公关活动,使其接受访问。

访问行业专家更多地适用于为工业企业或产品技术特性而进行的市场调查活动中,这类专家相对比较容易发现和接近。这种方法也适用于没有其他信息来源的情况,如在对一个全新产品进行的调查中,专家对现有产品的改造和重新定位可以提供非常有价值的建议。

| 案例 2-2 | 专家访谈的尴尬 |

银点市场咨询有限公司(简称银点公司)承接了上海嘉华食品有限公司新产品开发的市场调查工作。为了进一步明确该公司的市场调查意图,银点公司市场咨询一部经理 A 组织了 14 位上海市有名的食品生产老专家进行座谈,希望通过与他们的访谈了解企业市场调查意图,进而能够科学地确立市场调查的目标。

经理 A 进行了充足准备,座谈会如期举行。座谈会一开始,经理 A 还能按照预定访问提纲顺利进行访问。当谈论到一个最新的技术性问题时,尴尬的一幕出现了! 由于这些专家的研究领域相近,学术观点各不相同,大家争相发言,会场出现了混乱局面。更有甚者,专家中有两人原来是同事,并在原单位闹过矛盾。二人在座谈会现场直接吵了起来,其中一人直接退席,声明不再参加这样的活动。

经理 A 已经从业 3 年,从未经历过如此局面,看着乱糟糟的座谈会现场,真不知如何是好!

(资料来源:搜集资料整理改编.)

评析:专家访谈的组织应注意一定的技巧与方法,应尽量避免上下级或有冲突的专家面对面发表意见。

2.3.2 描述市场调查目标

通过二手资料分析、访问企业管理层和行业专家等一系列工作,市场调查人员实际上是对企业做了一次摸底调查。在此基础上,就应该从容地描述市场调查目标了。显然,调查目标的确定是一个从抽象到具体、从一般到特殊的过程。

1. 定位市场调查目标

(1) 调查目标不能太宽泛。在市场调查实践中,确定调查目标时,有的调查研究人员生怕有遗漏、不全面,常常将目标定义得太宽,太宽的定义缺乏可操作性,无法为调查的后续调查工作提供明确的方向。

🕊 **例 2-2** 某企业高层确定的调查目标太大:研究产品品牌的市场营销战略;提高公司的竞争地位;改进公司的形象等。 实际操作中,这些问题都过于宏观、不够具体,因而无法揭示解决问题的途径或进行方案设计。

(2) 调查目标不能太狭小。在业务实践中,确定调查目标时,有的调查研究人员将调查目标定义得太窄、太小,成为一项具体的业务构想。这就限制了调查者的视角,也会使决策者根据调查结果作决策时缺乏对市场情况的全盘把握,甚至导致决策的失败。

🕊 **例 2-3** 在 A 零售商店组织的一次消费品调研中,管理决策问题是如何对付竞争对手发动的降价行动。由此,研究人员确定的备选行动路线为:作相应的减价处理以适应该竞争者的价格;维持原价格,加大广告力度;适当减价,不必与竞争者相适应,但适当增加广告量。

实际上,这些目标太具体,以至于成为备选方案,而这些备选方案未必能够成功。后来将调查目标重新定义为:如何提高市场占有率,增加系列产品的利润。

2. 确定市场调查目标

为了减少上述定义调查目标时常犯的两类错误,市场调查人员可以先将调查目标用比较宽泛的、一般性的术语来描述。然后,确定具体的研究提纲,分析其组成部分。比较宽泛的陈述可以为问题提供较开阔的视角以避免出现第二类错误,而具体的研究提纲集中了问题的关键方面,通过分析其组成部分,可以为进一步确定市场调查目标提供清楚的指引路线。

| 案例 2-3 | 他们的调查目标是什么 |

一家店铺雇用了两个年轻的伙计，并且支付同样的薪水。可是没过多久，叫阿诺德的小伙子青云直上，而那个叫布鲁诺的小伙子却仍在原地踏步。

布鲁诺很不满意老板的不公正待遇。终于有一天他到老板那儿发牢骚了。老板一边耐心地听着他的抱怨，一边在心里盘算着怎样向他解释清楚他和阿诺德之间的差别。

"布鲁诺先生，"老板说话了，"您今早到集市上去一下，看看今天早上有什么卖的！"

布鲁诺从集市上回来向老板汇报说，今早集市上只有一个农民拉了一车土豆在卖。

"有多少？"老板问。

布鲁诺赶快戴上帽子又跑到集上，然后回来告诉老板一共 40 袋土豆。

"价格是多少？"布鲁诺又第三次跑到集上问来了价钱。

"好吧，"老板对他说，"现在请您坐到这把椅子上一句话也不要说，看看别人怎么说。"

阿诺德很快就从集市上回来了，并汇报说到现在为止只有一个农民在卖土豆，一共 40袋，价格是多少；土豆质量很不错，他带回来一个让老板看看。这个农民一个钟头以后还会运来几箱西红柿，据他看价格非常公道。昨天他们铺子的西红柿卖得很快，库存已经不多了。他想这么便宜的西红柿老板肯定要买进一些的，所以他不仅带回了一个西红柿做样品，而且把那个农民也带来了，他现在正在外面等回话呢。

此时老板转向了布鲁诺，说："现在您肯定知道为什么阿诺德的薪水比您高了吧？"

（资料来源：搜集资料整理改编.）

评析：市场调查目标不宜过小，也不能过大。有时候，调查人员不妨从管理层的角度去看问题，调查目标会更明确。

2.3.3 建立市场调查假设

为了进一步验证市场调查目标，市场调查人员还需进一步建立市场调查假设。这里的"假设"可以看作"调查结果的预测"。通过建立市场调查假设，调查人员可以确定自己的调查方向，有计划、有目的地进行观察和实践，避免了盲目性和被动性。

思政园地 2-2

太钢攻克"笔尖难题"

人们难以想象，中国年产 400 亿支圆珠笔，占国际市场 60％份额，可大部分利润都被提供特种钢材、设备的国外企业赚走了。事实上，早在 2011 年，科技部就拨款 1.8 亿元，推出"制笔业关键技术研发"项目，2015 年，项目获得成功，贝发集团攻克笔头制备用材料生产。但是，研发成果却突然停在实验室里。虽然下游圆珠笔生产企业完成了笔头研发，但上游钢企却不愿研发生产笔头的原材料特种钢。归根结底，还是因为中国虽然有 3000 多家制笔企业，但所有企业一年的高端钢材需求也只有 860 吨左右。

太原钢铁股份有限公司（以下简称"太钢"）把此项研发视作产能过剩危机下的出路之一。生产一个小小的圆珠笔头需要二十多道工序，笔头里面有不同高度的台阶和五条引导墨水的沟槽，加工精度都要达到千分之一毫米的数量级，笔头的关键部位，比如碗口，它的尺寸精度都是在两个微米,它的表面粗糙度要求在 0.4 微米。在笔头最顶端的地方,厚度仅有 0.3~0.4 毫米。极高的加工精度对不锈钢原材料提出了极高的性能要求,既要容易切削,加工时还不能开裂,小小"笔尖"考验着中国制造,也考验着中国最大的不锈钢生产基地——太钢。

为了找到国外守口如瓶的保密配方,太钢不断积累数据,调整参数,设计工艺方法,终于在 2016 年 9 月炼出第一锅合格的"笔尖钢"——整个研发过程实际历经五年,失败上千次。国产"笔尖钢"问世后,日企迅速降价 25%,下游生产企业仅贝发集团一家就增加利润 4000 万元。太钢也有望迅速占领国内市场,并开拓海外市场。

问题:

(1) 设定研发目标对于太钢攻克"笔尖难题"有什么意义?

(2) 市场调研活动中,正确确立调研目标对后续工作具有哪些作用?

1. 设定市场调查假设

为加强调查的目的性,调查者可事先提出假设,即先给出调查的观点,然后寻找资料加以说明。如例 2-3 中,零售商店根据现有的资料可提出如下假设:一是商店销售额下降是因为竞争对手增加、顾客分流所致,企业的营销策略无问题;二是商店销售额下降是因为产品定价太高,周围顾客购买力水平低造成的,竞争对手不是主要因素。假设建立起来后,在小范围内进行试调查,以证明其是否正确,从而说明调查问题。

依据假设进行调查,是探索性调查经常采用的方法,它可以使调查者抓住重点、提高效率,并带着结论去调查。

2. 验证市场调查假设

为使调查的目标更加明确和集中,企业也可以事先组织一次试调查,即依据现有的资料和所作假设进行试验性的访问调查。具体做法是调查组织者与一些有经验的调查员一起到某个地区,通过判断抽样法选取部分调查对象,与他们进行面对面的交谈,然后参照面谈记录对调查目标进行修正,并进一步明确调查问题的性质和特征。

在实际操作中,市场调查假设可以将调查限制在一定范围内,将模糊不清的问题逐渐明朗化,也避免了个人对结果的任意解释。

 课堂自我测评

测评要素	表现要求	已达要求	未达要求
知识目标	能掌握市场调查目标、假设、二手资料的含义		
技能目标	能初步认识市场调查目标的确立要领		
课程内容整体把握	能概述并认识市场调查目标的确立过程		
与职业实践的联系	能描述分析企业经营问题的方式与要求		
其他	能联系其他课程、职业活动等		

任务 2 小结

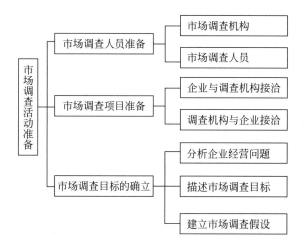

教学做一体化训练

重要术语

市场调查机构 市场调查外包 市场调查建议书 市场调查目标 二手资料

课后自测

一、单项选择题

1. 从市场调查工作流程的规范性与业务的专业性来讲,( )显然要优于企业内部的市场研究部门。

　　A. 社会专业市场调查公司　　　　B. 政府部门

　　C. 大学校园　　　　　　　　　　D. 企业市场部

2. ( )是调查工作的主体,其数量和质量直接决定市场调查的结果。

　　A. 市场调查人员　　B. 政府部门　　　C. 大学　　　　　D. 企业市场部

3. 市场调查目标的确立实质上是将营销活动中各种情况引起的"问题"作为( )进行捕捉与分析。

　　A. 市场调查课题　　B. 解决办法　　　C. 营销策略大学　　D. 企业市场门槛

4. 确定市场调查目标时,访问企业管理层是因为其( )。

　　A. 权力大　　　　　　　　　　　B. 看问题比较全面

　　C. 营销经验丰富　　　　　　　　D. 易支持调查项目

5. 为了进一步验证市场调查目标,市场调查人员还需进一步建立市场调查假设。这里的"假设"可以看作( )。

　　A. 市场调查目标　　　　　　　　B. 调查结果的预测

　　C. 试调查　　　　　　　　　　　D. 调查项目

二、多项选择题

1. 通常情况下,企业的市场调查业务通常会采用( )两种方式进行。
   A. 由企业内部市场研究部门自己组织人员进行
   B. 将市场调查业务部分或全部委托给社会上专业的市场调查公司进行
   C. 由政府部门牵头进行
   D. 由私人公司承包进行

2. 我国的市场调查机构的主要类型有( )。
   A. 国有调查机构　　　　　　　　　B. 外资调查机构
   C. 学术型调查机构　　　　　　　　D. 民营调查机构
   E. 企业内部设立的调查机构

3. 市场调查机构的道德要求中,保护被调查者隐私主要包括( )。
   A. 保护被调查者的隐私权和匿名权,事先承诺不暴露他们的身份
   B. 绝不允许委托人去识别调查者的身份以报复那些作反向回答的人
   C. 除非被调查者知道在参加之前要先与他们接触,否则不能要求他们说出自己的身份
   D. 认识到拒绝调查者或他人识别委托人的身份在适当时候是合法的

4. 考察调查机构的信誉主要从( )方面进行。
   A. 调查机构在同业界的声誉和知名度　　B. 其职业道德及公正原则的遵守情况
   C. 限期完成工作的能力　　　　　　　　D. 注册资本大小

5. 市场调查公司所提交的计划书的内容一般应该包括的事项有( )。
   A. 该项目的调查目的　　　　　　　　B. 采用的调查研究方法
   C. 完成项目需要的时间　　　　　　　D. 需要支付的各项费用

6. 市场调查的原则包括( )。
   A. 客观性原则　　　　　　　　　　　B. 时效性原则
   C. 系统性原则　　　　　　　　　　　D. 经济性原则
   E. 科学性原则　　　　　　　　　　　F. 保密性原则

7. 在分析企业经营问题时,市场调查人员可以( )。
   A. 分析二手资料　　　　　　　　　　B. 访问企业管理层
   C. 访问行业专家　　　　　　　　　　D. 建立市场调查假设

三、判断题

1. 从市场调查工作流程的规范性与专业性来讲,企业内部的市场研究部门要优于社会上的专业市场调查公司。　　　　　　　　　　　　　　　　　　　　( )

2. 专业市场调查机构在接受企业委托,开展业务活动的同时,应注意树立良好的信誉,尤其要遵守职业道德规范。　　　　　　　　　　　　　　　　　( )

3. 企业可以通过招投标方式,对社会上的专业调查机构进行选择。　　( )

4. 编写市场调查项目建议书关系到调查项目洽谈的成败,调查人员一定要重视这项工作。　　　　　　　　　　　　　　　　　　　　　　　　( )

5. 市场调查目标的确立实质上是将营销活动中各种情况引起的"问题"作为调查课题进行捕捉。　　　　　　　　　　　　　　　　　　　　　( )

6. 依据假设进行调查,是探索性调查经常采用的方法,它可以使调查者抓住重点、提高效率,并带着结论去调查。   (   )

四、简答题

1. 我国的市场调查机构有哪些类型?

2. 专业市场调查机构应遵守哪些职业道德规范?

3. 企业在选择市场调查机构时,必须了解和考虑哪些因素?

4. 为什么说市场调查目标不能定得过宽,也不能定得过窄?

5. 怎样建立市场调查假设?其主要目的是什么?

6. 如果市场调查目标不明确,调查活动该怎样进行?

案例分析

案例1:公司的调查目标应该是什么

某公司以生产某种新型功能饮料的新产品供应市场。2020年以来,由于产品新颖颇受欢迎,有供不应求的现象,所以决定建新厂以提高供应能力。但是,对于这个计划是否恰当,公司管理层面临几个问题。

其一,因为是新产品,企业的内部资料收集不够,无法提供进一步的分析支持。

其二,如果借助消费者调查以确定该产品是处于"成长期"或进入"成熟期",又将以哪些指标来判断呢?可能的指标有:本产品的消费者有多少;购买者比例有多大;购买者满意度如何;重复购买率如何;消费者的年龄层、性别;对功能的选择有何特性;新产品扩散途径有哪些。

市场调查人员与产品销售负责人针对这些测定指标进行沟通后,他们决定依靠消费者购买调查以正确了解消费者购买需求动向,进而决定是增设新厂,还是保持现状。

阅读以上材料,回答问题:

(1)你会建议该公司运用什么方式确定市场调查目标?

(2)你认为该公司的调查目标应该是什么?

案例2:市场调查数据给企业带来的噩梦

上海生产宠物食品的一位企业家出差去北京的时候,趁空闲时间,在西单图书大厦买了一本市场调查技术方面的书。3个月以后,他为这本书付出了三十几万元的代价。

"最近两年,宠物食品市场空间增加了两三倍,竞争把很多国内企业逼到了死角。"有位记者在2020年北京民间统计调查论坛上听这位企业家说,"销售渠道相近,谁开发出好的产品,谁就有前途。以前做生意靠经验,我觉得产品设计要建立在科学调研的基础上。去年年底,我决定开始为产品设计做消费调查工作"。

原来,回到上海后,为了能够了解更多的消费信息,这位企业家根据市场调查书中的技术介绍,亲自设计了精细的问卷,在上海选择了1000个样本,并且保证所有的抽样在超级市场的宠物组购物人群中产生,内容涉及价格、包装、食量、周期、口味、配料6大方面,覆盖了所能想到的全部因素。沉甸甸的问卷让企业的高层着实振奋了一段时间,谁也没有想到市场调查正把他们拖向溃败。

2020年年初,上海这家企业的新配方、新包装的狗粮产品上市了,短暂的旺销仅持续了一星期,随后就是全面萧条,后来产品在一些渠道甚至遭到了抵制。过低的销量让企业高层不知所措,当时远在美国的这位企业家更是惊讶:"科学的调研为什么还不如以前我们凭感觉定位来得准确?"到 2020 年 2 月初,新产品被迫从终端撤回,产品革新宣布失败。

这位企业家告诉记者:"我回国以后,请了十多个新产品的购买者回来座谈,他们拒绝再次购买的原因是宠物不喜欢吃。"产品的最终消费者并不是"人",人只是一个购买者,错误的市场调查方向决定了调查结论的局限,甚至荒谬。

经历了这次失败,这位企业家认识到了调研的两面性,调研可以增加商战的胜算,而失败的调研对企业来说是一场噩梦。

阅读以上材料,回答问题:

(1) 这位企业家依据调查结论形成的决策为什么会失败?

(2) 这个案例对于我们确定市场调查目标有什么启示?

 同步实训

实训名称:市场调查目标分析。

实训目的:试着确立市场调查目标。

实训内容:某制鞋厂生产了一种海蓝色的涤纶坡跟鞋,在本地很受欢迎。鞋厂根据市场反应给外地一家大型鞋帽商场发货 5 000 双。时隔不久,商场来电要求退货。厂家很快派人赶赴这一城市,经初步调查,生产地与这一消费地风俗习惯不同,这种颜色在该城市被认为不太吉利,因此,鞋上市后几乎无人问津。

制鞋厂于是决定召回海蓝色的鞋,并委托调查公司对该市的鞋类消费市场进行调查。假如你是调查公司的一员,你将如何确定调查目标?调查的大致内容有哪些?

实训组织:学生分小组,可以从不同角度去思考、确定调查目标。

实训总结:学生小组交流讨论结果,教师根据报告、PPT 演示、讨论分享中的表现分别给每组进行评价打分。

 学生自我学习总结

通过完成任务 2 的学习,我能够作如下总结。

一、主要知识点

> 任务 2 中主要的知识点如下。
>
> (1)
>
> (2)

二、主要技能

> 任务 2 中主要的技能如下。
>
> (1)
>
> (2)

三、主要原理

市场调查目标在市场调查活动中的地位与作用如下。

（1）

（2）

四、相关知识点

任务 2 涉及的主要相关知识点如下。

（1）市场调查机构与市场调查人员的关系是：

（2）市场调查机构与客户企业的关系是：

（3）市场调查目标确立的过程是：

五、学习成果检验

完成任务 2 学习的成果如下。

（1）完成任务 2 学习的意义有：

（2）学到的知识有：

（3）学到的技能有：

（4）你觉得市场调查人员应具备的工匠精神是：

任务 ③ 市场调查方案设计

学习目标

知识目标

1. 了解市场调查方案的含义。

2. 了解市场调查方案的意义。

3. 掌握市场调查方案的结构与内容。

4. 掌握市场调查方案的评价标准。

能力目标

1. 会编写市场调查方案。

2. 能够整体认识方案制订工作。

3. 能够对市场调查方案进行正确评价。

4. 能够修订市场调查方案。

思政目标

1. 树立科学发展观。

2. 具备科学谋划意识。

3. 养成见微知著的职业精神。

任务解析

根据市场调查职业工作的活动顺序和职业能力分担原则,"市场调查方案设计"任务可以分解为以下子任务。

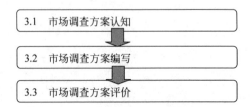

课前阅读

我国北宋时期,有一位著名的画家叫文与可,他是当时画竹子的高手。文与可为了画好竹子,不管春夏秋冬,也不管刮风下雨,或天晴天阴,他都常年不断地在竹林子里头钻来钻去。三伏天气,日头像一团火,烤得地面发烫。可是文与可照样跑到竹林子对着太阳的那一面,站在烤人的阳光底下,全神贯注地观察竹子的变化。他一会儿用手指头量一量竹子的节把有多长,一会儿又记一记竹叶子有多密。汗水湿透了他的衣衫,满脸都流着汗,可是他根本不在意。

由于文与可长年累月地对竹子进行了细微的观察和研究,竹子在春夏秋冬四季的形状有什么变化,在阴晴雨雪天,竹子的颜色、姿势又有什么两样,在强烈的阳光照耀下和在明净的月光映照下,竹子又有什么不同,不同的竹子,又有哪些不同的样子?他都摸得一清二楚。所以画起竹子来,根本用不着画草图。

有个名叫晁朴之的人,称赞文与可说:文与可画竹,早已胸有成竹了。

问题:

(1) 做事情之前,为什么要做到"胸有成竹"?

(2) 市场调查活动为什么要事先进行方案设计?

(3) 行动方案设计不好,会对后续活动产生哪些影响?

3.1 市场调查方案认知

任务提示:这是调查人员进行调查方案编制学习的第一课。认识市场调查方案,特别是从市场调查性质的角度认识市场调查方案的类型及其特征,在此基础上,认识市场调查方案的内容,并理解市场调查方案在调查活动中的作用。

重点难点:市场调查方案的类型与框架内容。

在企业经营实践中,任何一个正式的市场调查项目都是一项系统工程。为了在调查过程中统一认识、统一内容、统一方法、统一步调,圆满完成调查任务,在具体开展调查工作以前,必须根据调查目标、调查对象的性质,事先对调查工作的各个阶段进行通盘考虑和安排,制定合理的工作程序,也就是说要制订相应的市场调查方案。

3.1.1 市场调查方案概述

市场调查工作复杂、严肃,而且技术性较强,特别是在大规模市场调查活动中,参与者众多,协调、管理工作成为重中之重。科学、周密的市场调查方案就成为整个调查工作有序进行、减少误差、提高调查质量的重要保障。

1. 市场调查方案的含义

简单来讲,市场调查方案是指在调查实施之前,调查机构及其工作人员依据调查研究的目的和调查对象的实际情况,对调查工作的各个方面和全部过程作出的总体安排。市场调查总体方案是否科学、可行,关系到整个市场调查工作的成败。

> **重要术语 3-1**
>
> ## 市场调查方案
>
> 市场调查方案是根据调查目标和调查对象的性质,在进行实际调查活动之前,对调查工作总任务的各个方面和各个阶段进行的总体考虑与安排,提出相应的调查实施方案,制定合理的工作程序,以指导调查实践的顺利进行。

无论是大范围的市场调查,还是小规模的市场调查,都会涉及相互联系的各个方面和全部过程。这里所讲的调查工作的各个方面是对调查工作的横向设计,指调查所应涉及的各个具体项目组成,如对某企业一款热销产品的竞争能力进行调查,就应该将该产品的品牌形象、质量、价格、服务、信誉等方面作为一个整体进行考虑;全部过程则是对调查工作纵向方面的设计,是指调查工作所需经历的各个阶段和环节等,即调查资料的收集、整理和分析等。只有这样,才能确保调查工作有序进行。

2. 市场调查方案的类型

市场调查方案有各种不同的类型,从市场调查方案的作用、市场调查的性质等不同角度来分析,可以把市场调查方案分为不同的类型。

(1) 按市场调查方案的作用分类。按市场调查方案的作用分类,市场调查方案可以分为市场调查项目建议书和正式市场调查方案。

市场调查项目建议书是社会专业市场调查机构向各类工商企业承揽调查业务时,提交企业管理层,供其审核(市场调查招标、评标、项目评审)、参考之用。有些情况下,市场调查机构与企业长期合作,或对企业经营情况比较了解,此时,市场调查项目建议书稍加修改就成为正式的市场调查方案。

正式市场调查方案是指市场调查机构与企业签署合作协议后,由市场调查机构编制的、用来指导调查实践的行动指南。

需要注意的是,市场调查项目建议书常常带有论证性质,编写者的设想大都基于文献资料,认识也比较抽象、肤浅;正式市场调查方案则将项目建议书中的设想和假设具体化,计划也更为周密、更具有操作性,而且正式市场调查方案,有时还必须根据实际情况对原先项目建议书的设想进行修正。

　　课堂讨论:在市场调查实践中,市场调查项目建议书和正式市场调查方案的区别有哪些? 为什么?

(2) 按市场调查的性质分类。按市场调查的性质分类,市场调查方案可以分为探索性调查方案、描述性调查方案和因果性调查方案。

探索性调查是为了进一步弄清企业营销问题的性质,以及更好地认识这一问题出现的环境而进行的小规模的调查活动,特别有助于把一个大而模糊的问题表达为小而精确的子问题,并识别出需要进一步调查的信息,通常以具体的假设形式出现。显然,探索性调查属于试调查范畴,还未采用正式的调查计划与程序,此时的市场调查方案一般比较简略。

　　例 3-1　某电子产品制造公司的一款智能手机产品的市场份额在 2020 年出现了下降,公司无法一一查知原因,就可用探索性调查来发现问题:是大环境经济衰退的影响? 是广告支出的减少？是销售代理效率低？还是消费者的习惯改变了？等等。

根据安排,市场调查人员可以分工,按照不同的调查方向与重点,编写简略的市场调查方案,用来指导调查行动。

描述性调查的一个前提,就是调查人员对调查问题有充分的了解。这样,调查人员非常清楚需要哪些信息。因此,描述性调查通常都是提前设计和规划好的,它通常建立在大量有代表性的样本的基础上。此时的市场调查方案一般比较详细。

✒️ **例3-2**　某电子产品厂家想了解某一款平板电脑主要消费群体的年龄段。根据安排,市场调查人员可以通过编写详细的市场调查方案,选择有代表性的消费者样本,在收集信息的基础上,描述出该平板电脑主要消费群体的年龄段。

因果性调查中,常常需要说明市场上一个因素的变动是否引起另一个因素的改变,调查目的是识别它们之间的因果关系,以便采取相应措施。如预期价格、包装及广告费用等对销售额的影响。此时的市场调查方案一般比较简略。

✒️ **例3-3**　某超市最近瓶装水销售额节节攀升,店方希望通过调查找到原因,是价格下降？店面重新装潢？广告投放增加？季节变化？消费者行为改变？通过调查,可以找到其中的因果关系。

根据安排,市场调查人员可以用实验的方式获得相关数据,从而得出调查结论。

不同性质的市场调查的特点、内容、具体的调查方法以及整体安排也不相同。在编写市场调查方案之前,市场调查人员应从专业知识的角度认识市场调查的性质,以便制订出有针对性的市场调查方案。

3. 市场调查方案的作用

市场调查方案在市场调查中有着十分重要的作用,它是整个市场调查过程的指导大纲,又是具体调查计划的说明书,还是对调查过程、方法的详细规定。

(1)市场调查方案起着统筹兼顾、统一协调的作用。无论是大范围的研究,还是小规模的调查,都会涉及相互联系的各个方面和全部过程。在调查中会遇到很多复杂的矛盾和问题,其中许多问题是属于调查本身的问题,也有不少问题则并非是调查的技术性问题,而是与调查相关的问题。只有对每次调查先作出统一考虑和安排,才能保证减少误差,使调查顺利进行。

(2)市场调查方案指明了调查的目的与方向。市场调查方案设计是市场调查过程的第一步。市场调查准备、设计、资料处理和调查报告是一个完整的工作过程,调查方案设计正是市场调查全过程的第一步。

(3)市场调查方案是调查项目委托人与承担者之间的合同或协议的重要组成部分。由于调查委托的一些主要决定已明确写入调查方案中,如调查目的、范围、方法等,使有关各方都能有一致的看法,有利于避免或降低后期出现争议的可能性。

(4)市场调查方案是收取调查费用的依据。市场调查公司在争取项目经费,或是在与其他调查机构竞争某个项目,或是在投标说服招标者时,调查方案质量的高低可能直接影响项目能否被批准或能否中标。市场调查活动完成时,市场调查方案也成为向委托企业收取调查费用的依据。

🎙️ **课堂讨论**:如何理解市场调查方案在整个调查活动任务中的地位与作用？

● **思政园地 3-1**

工欲善其事，必先利其器

"工欲善其事，必先利其器。"这句话出自《论语》，就是说工匠想做好他的工作，一定要先让工具锋利，比喻要做好一件事，准备工作非常重要。在现实生活和工作中，为了贪速度、求成绩而不加严格计划、详细准备就大张旗鼓干事的情况很多，最终很多都是白费功夫，所以这句饱含哲理的古语几千年来一直都是人们行动的指南，与俗语说的"磨刀不误砍柴工"是一个道理。

小米科技的创始人雷军在投资公司的时候总是不厌其烦地起名字。他说，一个好的名字就是有商标、有域名、含义不错、朗朗上口。产品命名更是如此。2011年4月6日，在北京北四环的银谷大厦，小米科技创业团队最早的14个人，一大早围在一起喝了一碗小米粥，据说这碗小米粥是联合创始人黎万强的父亲早上5点钟起来熬好送到公司的。小米是中国人主要的食粮，大家都离不开，一提起来就觉得有亲近感，最后公司就决定起名叫小米公司。

小米还蕴含着"小米加步枪"再次出征的含义，小米虽小，却不同凡响。这个名字也为小米后续"高性价比"的作战路线奠定了基础，让更多消费者在享受低价的同时也能获得产品质量保障。这也正好符合小米"做感动人心、价格厚道的产品"的宗旨。

问题：

(1) 怎样理解"工欲善其事，必先利其器"这句话？

(2) 做事情之前先做筹划的古语、名言还有哪些？

(3) 小米创世之前，还做了哪些准备工作？

3.1.2　市场调查方案的内容

不同项目的调查方案的格式有所区别，但一般来讲都应该包括前言、调查目的和意义、调查内容与项目、调查对象与范围、调查方法、资料分析方法、调查进度安排、经费预算、调研结果的表达等内容。

1. 前言

前言是市场调查方案的开头部分，其主要内容是简明扼要地介绍整个调查项目出台的背景，即市场调查项目的缘起与由来。

2. 调查目的和意义

根据市场调查目标，在调查方案中列出本次市场调查的具体目的、要求，以及所能实现的社会意义和经济意义。

3. 调查内容与项目

调查内容与项目是收集资料的依据，是为实现调查目标服务的，可根据市场调查的目的确定具体的调查内容。调查内容的确定要全面、具体，但也要避免把无关的内容列入其中。

4. 调查对象与范围

市场信息资料的来源决定了调查对象与范围。可根据调查内容与项目的规定，有针对性地选定调查对象与范围。

5. 调查方法

市场调查方法主要说明样本如何选定,采用什么样的方法去收集市场信息资料,具体的操作步骤是什么。

6. 资料分析方法

资料分析方法主要说明在市场调查活动中收集到的资料如何被回收、整理与分析,使之系统化、条理化。

7. 调查进度安排

调查进度安排是指市场调查活动的时间表,包含了整个市场调查工作活动所需的时间。这一时间受制于调查业务委托合同的规定,也关系到调查活动的时效性。

8. 经费预算

经费预算是对整个市场调查活动所需费用的一个估算。为了详细估算全部费用,调查人员一般会用印好的表格列举后加总。

9. 调查结果的表达

调查结果的表达主要说明向委托方企业提交调查结论的形式与数量,如是纸质的,还是电子版的,数量是多少份等。

 课堂自我测评

测评要素	表现要求	已达要求	未达要求
知识目标	能掌握市场调查方案的含义		
技能目标	能初步认识市场调查方案与项目建议书的区别		
课程内容整体把握	能概述并认识市场调查方案的设计准备工作		
与职业实践的联系	能描述市场调查方案的实践意义		
其他	能联系其他课程、职业活动等		

 ## 3.2 市场调查方案编写

任务提示:这是调查人员进行调查方案编制学习的第二课。认识市场调查方案的编写要领,特别是从市场调查性质的角度认识市场调查方案编写方法与内容的区别,在此基础上,认识市场调查方案的性质,并理解市场调查方案编写在调查活动中的作用。

重点难点:市场调查方案的性质与编写方法。

如前所述,市场调查方案的编写是对市场调查活动的整体设计,市场调查工作也由此开始从定性认识阶段过渡到定量认识的阶段。

3.2.1　市场调查方案的选择

市场调查方案编写是一种事前决策,在制订每一份市场调查方案之前,市场调查人员都应该根据调查目标和所需信息,来判断这次调查的性质、调查时间安排、调查成本控制等因素,以便能够有针对性地编写市场调查方案。

1. 市场调查方案的定性

前文已经提到过,探索性调查、描述性调查和因果性调查是调查设计的主要类别,但是千万不能将它们之间的分类绝对化。一项具体的市场调查项目可能会涉及几种调查方案设计以实现多种目标。究竟应选择哪一种或哪几种调查方案取决于调查问题的特征。

(1)对调查问题了解较少,选择探索性调查方案。探索性调查常常用于这样一些情形:在调查初期,由于调查问题及其范围不是很清楚,需要精确界定;原来的调查思路失效,需要寻找替代行动方案;需要设计调查疑问或假设等。在这种情况下,通常采用小样本观察。此时,比较简略的市场调查方案应该属于探索性的。

(2)用来验证探索性假设,选择描述性调查方案。探索性调查是整个调查设计框架的第一步,在大多数情况下,探索性调查之后会出现描述性调查或因果性调查。例如,根据探索性调查作出的假设,用描述性调查或因果性调查进行统计上的验证。探索性调查的研究结果应当被视为对进一步调查的尝试或投入。描述性调查要求有详细的调查方案,而且需进行实地调查。

(3)揭示深层次原因,选择因果性调查方案。如果市场调查的目的在于找出市场现象变化的原因以及现象间的相互关系,找出影响市场现象变化的关键因素。因果性调查通常把表示原因的市场变量称为自变量,把表示结果的市场变量称为因变量。在自变量中,有的是企业可以控制的内生变量,如企业的人财物等;有的是企业不可控制的外生变量,如反映市场环境的各种变量。

 拓展阅读 3-1

不同性质市场调查方案的设计

市场调查方案选择的一般原则如下。

(1)如果对调研问题的情况几乎一无所知,那么调查就要从探索性调查开始。例如,要对调研问题作更准确的定义;要确定备选的行动路线;要制定调查问答或理论假设;要将关键的变量分为自变量或因变量等,均应采用探索性调查。

(2)在整个研究方案设计的框架中,探索性调查是最初的步骤。在大多数情况下,还应继续进行描述性调查或因果性调查。例如,通过探索性调查得到的假设应当利用描述性调查或因果性调查的方法进行统计检验。

(3)并不是每一个方案设计都要从探索性调查开始。是否要用探索性调查取决于调研问题定义的准确程度,以及调研者对处理问题途径的把握程度。例如,每年都要做的消费者满意度调查就不再需要由探索性调查开始。

(4)一般探索性调查都是作为起始步骤的,但有时这类调查也需要跟随在描述性调查或因果性调查之后进行。例如,当描述性调查或因果性调查的结果让管理决策者很难理解时，利用探索性调查可以获得更深入的认识，从而可以帮助理解调研的结果。

课堂讨论：为什么应事先对市场调查方案进行定性？

思政园地 3-2

市场调查从定性开始

一位经济学大师说过："稀缺与效率：经济学的双重主题。"由此可见效率在经济学中占有重要地位。在经济学中，一般提到效率都是指配置效率。所谓配置效率，是指将投入一定量的要素按照一种特定的组合，达到一种以最小的投入获得最大产出的状态，否则就是资源配置无效率。一旦资源配置无效率，就意味着大量的资源被闲置或者被浪费，这两种情况都不是我们所期望的。在微观经济学中，企业总是想方设法地提高自己的效率，要么在成本既定的情况下获得最多的产出，要么在产量一定的情况下使用最低的成本，这些都是提高效率的具体措施。同样在宏观经济学当中，政府也想以最少的投入获取最多的产出，为民造福。由此可见，效率确实可以作为经济学的"双重主题"之一。

在现实生活中，每个人也都想提高自己的效率。作为一项市场调查活动，总想以最快的速度完成调查任务，这就必然要求我们在市场调查方案设计之前分清主次，找出主要矛盾，先确定本次调查的性质，以免出现"胡子眉毛一把抓"的现象，结果不仅事情没有完成，反而浪费了大量的时间和精力。

问题：

(1) 为什么说稀缺与效率是经济学的双重主题？

(2) 市场调查方案设计前，为什么要先定性？

(3) 调查方案设计时，怎样避免出现"胡子眉毛一把抓"的现象？

2. 市场调查时间的安排

任何决策都会受到时间因素的制约，市场调查方案的选择也是如此，一份出色的、完整的调查方案通常需要认真准备才能完成。一般而言，探索性调查方案所需时间较少，描述性调查方案所需时间较多，而因果性调查方案编写所需时间最长。因此，如果整个调查项目完成时间要求很紧，制订市场调查方案时就一定要注意调查工作的效率问题。

3. 市场调查成本的控制

市场调查成本也是制约市场调查方案编写的一个重要因素。调查方案设计的水平越高，调查工作的质量就越好，而调查所需的经费也越多。通常情况下，探索性调查方案所需费用最少，描述性方案次之，而因果性调查方案成本最高。调查人员需要综合考虑调查质量、调查时间、调查费用等因素，权衡利弊，为市场调查方案的编写做充分准备。

3.2.2　市场调查方案的制订

在明确了市场调查的性质、时间安排、成本控制后，市场调查人员就可以开始制订调查方案。在制订市场调查方案时，调查人员应该整体构思，确保市场调查方案的内容符合编写要求。

1. 前言的编写

前言是调查方案的开头部分,简明扼要地介绍整个调查课题出台的背景。

例 3-4 ABC 公司是我国国产智能手机市场五巨头之一,2019 年以前很少做广告宣传,但 2020 年公司年度广告投入量达到 8 800 万元,主要是投在电视广告片、各种方式的售点 POP 广告、印刷品广告和极少量的灯箱广告等。为了有针对性地开展 2021 年度的产品宣传推介工作,促进产品品牌形象的传播和产品销售量的进一步提高,以便在激烈竞争的智能手机市场中立于不败之地,公司拟进行一次广告效果调查,供决策层参考。

2. 调查目的和意义的编写

这部分内容较前言部分详细,应指出项目的背景、想研究的问题和可能的几种备用决策,指明该项目的调查结果能给企业带来的决策价值、经济效益、社会效益以及在理论上的重大价值。

例 3-5 分析现有的各种广告媒介的宣传效果,了解现行的广告作品的知名度和顾客认同度,了解重点销售区域华南和华东地区市场的消费特征和消费习惯,为 ABC 国产智能手机 2021 年度的广告作业计划提供客观的事实依据,并据此提供相应的建设性意见。

简单来讲,调查目的就是说明在调查中要解决哪些问题,通过调查要取得什么样的资料,取得这些资料有什么用途等问题。

3. 调查内容和具体项目的编写

调查的主要内容和具体项目是依据我们所要解决的调查问题与目的所必需的信息资料来确定的。如在商业选址调查中,拟选地址的消费与购物环境、消费群体情况等都属于调查项目。在此基础上,可以进一步细分出商业氛围、交通条件、银行网点等具体的调查内容。

例 3-6 "关于××品牌家电直营店商业选址的调查"的内容和项目如表 3-1 所示。

表 3-1 关于××品牌家电直营店商业选址的调查

类　别	项　目	内　容
消费与购物环境	商业氛围	商业区域范围大小、商业活动等级
	交通条件	是否靠近地铁、公共交通密度、停车是否方便
	银行网点	银行分点数量
	卫生环境	周围公厕卫生情况、地面光洁情况
	周围居民居住情况	居住密度、居住房建筑类型
	休闲与娱乐	娱乐场所和类型
消费群体情况	人流量	不同时段人流量
	年龄	青少年、中年、老年
	性别	男、女
	衣着	低档、中档、高档

调查项目的选择要尽量做到"准"而"精"。具体而言,"准"就是要求调查项目反映的内容与调查主题有密切的相关性,能反映调查要了解问题的信息;"精"就是调查项目所涉及的资料能满足调查分析的需要,不存在对调查主题没有意义的多余项目。调查实践中,如果盲目增加调查项目,会使资料统计和处理有关的工作量大大增加,既浪费资源,也影响调查

的效果。

归纳起来,在确定调查项目时,要注意以下四个问题。

(1)确定的调查项目应当既是调查任务所需的,又是能够获得答案的。凡是调查目的需要又可以取得的调查项目要充分满足,否则不应列入。

(2)项目的表达必须明确,且答案具有确定的表示形式,如数字式、是否式或文字式等。否则,会使被调查者产生不同理解而给出不同的答案,造成汇总时的困难。

(3)确定调查项目应尽可能做到项目之间相互关联,使取得的资料相互对照,以便了解现象发生变化的原因、条件和结果,便于检查答案的正确性。

(4)调查项目的含义要明确、肯定,必要时可附调查项目解释。

4. 市场调查对象和调查范围的编写

确定调查对象和调查范围,主要是为了解决向谁调查和由谁来具体提供资料的问题。调查对象就是根据调查目的、任务确定调查的范围以及所要调查的总体,它是由某些性质上相同的许多调查单位所组成的。

例3-7 本项高度白酒消费调查拟在西北、华北两个重点市场开展,调查的范围深入上述地区的中心城市和有代表性的市县。调查对象将锁定为40周岁以上的中老年男性消费群体。

在确定调查对象和调查单位时,应该注意以下四个问题。

(1)由于市场现象具有复杂多变的特点,必须以科学的理论为指导,严格规定调查对象的含义,并指出它与其他有关现象的界限,以免造成调查登记时由于界限不清而发生的差错。

(2)调查单位的确定取决于调查目的和对象,调查目的和对象变化了,调查单位也要随之改变。

(3)调查单位与填报单位是有区别的,调查单位是调查项目的承担者,而填报单位是调查中填报调查资料的单位。在调查方案设计中,当两者不一致时,应当明确从何处取得资料并防止调查单位重复和遗漏。

(4)不同的调查方式会产生不同的调查单位。如采取普查方式,调查总体内所包括的全部单位都是调查单位;如采取重点调查方式,只有选定的少数重点单位是调查单位;如采取典型调查方式,只有选出的有代表性的单位是调查单位;如采取抽样调查方式,则用各种抽样方法抽出的样本单位是调查单位。

 拓展阅读 3-2

调查对象的选择

一般情况下,调查对象的选择是根据消费品的种类及其分销渠道来确定的。也就是说,产品由生产者到消费者手中都经过了哪些环节,那么消费品的调查对象也就是那几种人。

(1)耐用消费品,如彩电、冰箱、空调,由于其价格昂贵,体积、重量较大,技术复杂等原因,一般分销渠道短,常采取生产者—消费者或生产者—经销商—用户,调查对象的选择主要为消费者。

(2)一般消费品,如自行车,价格一般在几百元,它的分销渠道较长,一般采用生产者—经销商—用户或生产者—代理商—经销商—用户,调查对象的选择主要为消费者、经销商。

而很多价格低廉、形态较小的日用消费品,由于消费者一般是随用随买,以方便为宜,故它的零售商较多,分销渠道长,调查对象也就增加了零售商这个环节。

需要注意的是:必须严格规定调查对象的含义和范围,以免造成调查登记时由于含义和范围不清而发生错误。例如,城市个体经营户的经营情况调查,必须明确规定个体经营户的性质、行业范围和空间范围。

5．调查方法的编写

调查方法的编写主要是详细说明选择什么方法去收集资料,具体的操作步骤是什么。如采取抽样调查方式,那么必须说明抽样方案的步骤、所取样本的大小和所要达到的精度指标。

例3-8 考虑到此次调查工作涉及面广,因此拟采用抽样的方法,即在上述两个地区按月销量的大小分层,从市场调查的效果考虑,主要在C型中老年健康口服液的重点销售地区广东、上海、江苏、浙江的重点城市进行,并拟定每个城市抽取的样本数为400人,按年龄层次和性别比例分配名额。年龄层分段:30～40岁,41～50岁,51～60岁,61岁以上;各层比例采用近似的1:1,性别比也采用1:1。总样本数为4 400人。

调查实施要求各地的访问员对所有抽中的400个样本实行面对面的街头访问。执行访问的访问员由当地的市场营销专业的大学生担任,我方付给一定的劳务费用。每个调查地点有两名调查员执行访问,每个城市大约需要20个访问员。访问工作的质量监督控制工作以及资料的统计处理工作均由起点市场咨询公司负责。

在市场调查中如果要采用实验法、观察法或问卷询问法调查时,为使数据、情报在收集、分类、统计、储存时更有效率,调查前要求设计、制定一些格式化的调查表格,如观察表、实验表或调查问卷表等。这些表格在调查方法说明时加以体现,但是,也可以出现在附录中。

例3-9 "关于××品牌专营店商业选址的调查",根据调查内容与调查项目,具体编制观察表,如表3-2所示。

表3-2 "关于××品牌专营店商业选址的调查"静态观察表

商业氛围	商业区域范围大小		商业价值等级	商铺租金(每平方米)
	大□ 中□ 小□		1级□ 2级□ 3级□	30元以下□ 30～40元□
交通条件	是否靠近地铁	公共交通密度	停车条件	交通堵塞情况
	是□ 否□	低□ 一般□ 高□	差□ 一般□ 好□	非常严重□ 严重□ 一般□ 畅通□
银行分点	银行分点数量是_____			
卫生环境	周围公厕卫生情况		地面卫生情况	
	非常好□ 比较好□ 一般□ 比较差□ 非常差□		非常好□ 比较好□ 一般□ 比较差□ 非常差□	
居民居住	周围居住人口密度		周围大型楼盘分布情况	
	非常高□ 比较高□ 一般□ 比较低□ 非常低□			
休闲娱乐	是否有麦当劳或肯德基? 有□ 否□		是否有电影院? 有□ 否□	
	是否有书城或书店? 有□ 否□			

6. 资料分析方法的编写

资料分析方法的编写主要是明确资料分析的方法和分析结果表达的形式等。采用实地调查方法收集的原始资料大多是零散的、不系统的，只能反映事物的表象，无法深入研究事物的本质和规律，这就要求对大量原始资料进行加工汇总，使之系统化、条理化。目前这种资料处理工作一般由计算机进行，这在设计中也应予以考虑，包括采用何种操作程序以保证必要的运算速度、计算精度及特殊目的。

7. 调查时间进度安排的编写

调查时间进度安排主要是在安排各个阶段工作，需具体详细地安排做哪些事项，由何人负责，并提出注意事项，最终制作形成时间进度表。一般情况下，调查过程安排的主要工作依次为：准备（与客户商讨、确认计划建议书，进行二手资料的收集，了解行情，设计问卷）；试调查（修改、确定问卷）；具体实施调查；进行数据处理；编写报告，结束调查。市场调查进度表的一般格式如例 3-10 所示。

例 3-10　本方案若获批准，调查组将在 2021 年 5 月 28 日前完成调查工作，并提交调查报告，具体时间安排如表 3-3 所示。

表 3-3　市场调查进度计划表

工作与活动内容	时　间	参与单位和活动小组	主要负责人及成员	备注
总体方案、抽样方案和问卷初步设计	4 月 1 日至 4 月 10 日			
预调查及问卷测试	4 月 11 日至 4 月 15 日			
问卷修正、印刷	4 月 16 日至 4 月 18 日			
访问员挑选与培训	4 月 19 日至 4 月 20 日			
调查访问	4 月 21 日至 5 月 18 日			
整理并打印报告	5 月 19 日至 5 月 24 日			
报告打印提交	5 月 25 日至 5 月 28 日			

拟定调查活动进度表主要考虑两个方面的问题：其一，客户的时间要求，信息的时效性；其二，调查的难易程度，在调查过程中可能出现的问题。根据经验，从签订调查协议到交出调查报告的这一段时间中花费时间的工作大致有以下几个方面：问卷设计时间；问卷印刷时间；抽样设计时间；访问员的招聘、培训时间；预调查时间；问卷修正、印刷时间；调查实施时间；资料的编码、录入和统计时间；数据的分析时间；完成调查报告的时间；鉴定、论证、新闻发布会时间；调研结果的公布时间。

8. 经费预算的编写

在制订调查方案时，应编制调查费用预算。调查方案设计中的预算部分也是客户比较关心的问题，在进行调查预算安排时，应尽可能将调查预算使用在最恰当的调查方法中，同时也要尽可能全面考虑可能需要的费用，以免将来出现一些不必要的麻烦而影响调查的操作。详细列出每一项所需的费用，合理估计调查的各项开支，通过认真的估算，实事求是地给出每项的预算和总预算。

　　调查费用根据调查工作的种类、范围不同而不同，当然，即使种类相同，也会因质量要求差异而不同，不能一概而论。但经费预算基本上遵循一定的原则，费用项目具体如下：资料收集、复印费；问卷设计、印刷费；抽样设计费；实地调查劳务费；专家咨询费；数据输入、统计劳务费；计算机数据处理费；报告撰稿费；打印装订费；组织管理费；税收；利润。

　　一般市场调查时间大都紧张，但实际上尽快完成调查结果，则费用可能少；另一方面，企业也应给予充分的经费，以保障调查的成功。

　　根据一些社会市场调查机构的经验，一般情况下，企业自行组织市场调查的经费预算比例为策划费（20%）、访问费（40%）、统计费（30%）、报告费（10%）。若委托专业市场调查公司进行调查，则需加上全部经费预算的 20%～30% 的服务费，作为税款、营业开支及代理公司应得的利润。

　　市场调查经费预算表的一般格式如表 3-4 所示。

表 3-4　市场调查经费预算表

调查题目：
调查单位与主要负责人：
调查时间：

经费项目	数量	单价	金额	备注
1. 资料费				
2. 文件费				
3. 差旅费				
4. 抽样费				
5. 咨询费				
6. 调查费				
7. 劳务费				
8. 杂费				
⋮				
合计				

　　调查费用的估算对市场调查效果的影响很大，对市场调查部门或单独的市场调查机构而言，每次调查所估算的费用当然是越高越好，但是费用开支数目要实事求是，不能过高也不能过低。合理的支出是保证调查顺利进行的重要条件，在这个问题上应避免两种情况：一种是调查时间的拖延，一旦出现时间的延长，必然造成费用开支的加大；另一种是缩减必要的调查费用，调查活动必须有一定的费用开支来维持，减少必要的开支只会导致调查的不彻底或无法进行下去。

　　一个调研项目有时需要六个月或者更长的时间才能完成。有可能由于决策的延迟要冒失去最有利时机的风险。因此，根据费用/效益分析的结果，一种是得出设计方案在经费预算上是合算的；另一种是认为不合算而应当中止调研项目。通常情况下并不会中止调研，而是修改设计方案以减少费用，或者改用较小的样本，或者用邮寄调查代替面访调查等。

9. 市场调查结果表达形式的编写

市场调查结果表达形式的编写主要包括报告书的形式和份数、报告书的基本内容、报告书中图表量的大小等。如最终报告是书面报告还是口头报告,是否有阶段性报告等。撰写调查报告是市场调查的最后一项工作内容,市场调查工作的成果将体现在最后的调查报告中,调查报告将提交给企业决策者,作为企业制定市场营销策略的依据。必须在方案中列明调查报告提交的方式、时间等内容。

 例 3-11 本次调查的成果形式为调查书面报告,其具体内容将包括前言、摘要、研究目的、研究方法、调查结果、结论和建议以及附录七个部分,于 2021 年 5 月 1 日前交给客户两份书面材料。

10. 附录部分的编写

附录部分的编写主要是列出课题负责人及主要参加者的名单,并可扼要介绍团队成员的专长和分工情况;指明抽样方案的技术说明和细节说明;调查问卷设计中有关的技术参数、数据处理方法、所采用的软件等。

虽然市场调查方案的编写实际上可能只有一两天的时间,然而,为保证整个调查的顺利进行、调查结果的精确,计划建议书仍应周密考虑。它的好坏直接影响市场调查工作的成败。

 ## 拓展阅读 3-3

撰写市场调查方案应注意的问题

一份完整的调查方案,上述 1～9 部分的内容均应涉及(附录部分待调查完成之后再确定),不能有遗漏,否则就可能不完整。调查方案的制订必须建立在对调查课题背景的深刻认识上,要尽量做到科学性与经济性的结合。调查方案的格式可以灵活,不一定要采用固定格式。调查方案的书面报告是非常重要的一项工作,一般来说,调查方案的起草与撰写应由课题(项目)的负责人来完成。在完成调查方案的书面计划或报告(总体设计)后,可以开展第二步的工作,即通过可行性研究对调查方案进行综合评价。

课堂自我测评

测评要素	表现要求	已达要求	未达要求
知识目标	能掌握市场调查方案的内容		
技能目标	能初步认识市场调查方案编写的技术细节		
课程内容整体把握	能概述并认识市场调查方案的编写准备工作		
与职业实践的联系	能描述市场调查方案编写的实践意义		
其他	能联系其他课程、职业活动等		

 ## 3.3 市场调查方案评价

任务提示:这是调查人员进行调查方案编制学习的第三课。认识市场调查方案的评价技巧,特别是从市场调查操作的角度认识市场调查方案的适用性与科学性,在此基础上,认识市场调查方案评价的要领,并理解市场调查方案评价在调查活动中的作用。

重点难点:市场调查方案的评价标准与评价方法。

市场调查人员编写完成市场调查方案初稿后,为了慎重起见,使方案能够切实可行地指导调查的实际工作,还需根据一些标准进一步讨论和修改方案。在此基础上,使调查方案更加完善。这项工作主要表现为由项目小组进一步讨论和修改方案,具体操作如下。

3.3.1　明确方案评价标准

在讨论和修改方案前,我们有必要知道调查方案评价的标准。一般来讲,对于一个调查方案的优劣,可以从四个方面去评价,评价标准简要说明如下。

1. 方案设计是否体现调查的目的与要求

方案设计是否体现了调查的目的与要求,这一条是最基本的评价标准。明确市场调查目标是市场调查方案设计的第一步,包括为什么要进行这项调查,通过调查想了解哪些问题,调查结果的用途是什么。市场调查方案中,只有明确了调查目标,才能确定调查的范围、内容与方法,否则,就会列入一些无关紧要的调查项目,漏掉一些重要的调查项目,无法满足调查的要求。

例 3-12　从××品牌直营店商业选址的调查目的出发,根据方案确定的调查内容、调查范围、调查单位,据此设置的一系列完整的观察指标体系,基本上能体现优秀商业地段应具备的条件。

2. 方案设计是否科学、完整和适用

市场调查实践中,调查方案的每一个细节都可能有多种选择,综合考虑和权衡利弊后制订一个科学的、可行的调查方案,不仅关系到调查项目完成的经济性、时效性,有时还影响整个调查任务的成败。因此,市场调查方案的制订应该通盘考虑、科学筹划,充分注意到方案中各环节内容的关联性,才能保证调查活动的顺利、有效开展。

例 3-13　从××品牌直营店商业选址的调查目的出发,对商业氛围、交通条件、银行网点、卫生环境、居民居住、休闲娱乐等各个方面,设置了许多相互联系、相互制约的指标,形成了一套比较完整的指标体系,其特点是全面、系统、适用性强。

3. 方案设计的操作性是否强

市场调查方案的可操作性是指调查方案的实际意义。市场调查方案是指导调查活动的大纲,是调查计划与流程的概括和说明。方案内容能否顺利落地,切实用来指导调查实践,应该是每一位调查方案设计者的出发点。因此,市场调查方案除了考虑调查性质的适应、时间、成本的控制外,一定要符合调查项目本身的实际,应避免刻意追求调查方案的框架形式而本末倒置,使其指导意义大大降低。

例 3-14　在老年健康口服液广告效果调查方案中,调查方法选择有这样的规定:考虑到可操作性,优先考虑市场营销专业的女大学生。一方面,女大学生形象好,不会给对方带来威胁感,可使访问更容易成功;另一方面,使用学生可以降低调查成本,也可以为大学生提供一个社会实践的机会。

🔖 课堂讨论:市场调查方案评价标准的制定应考虑哪些因素?

4. 方案设计能否使调查质量有所提高

影响调查数据质量高低的因素是多方面的,但调查方案是否科学、可行,对最后的调查数据质量有直接的影响。此外,评价一项调查方案的设计是否科学、准确,最终还要通过调查实施的成效来体现,即必须通过调查工作的实践检验,来观察方案中哪些符合实际,哪些不符合实际,产生的原因是什么,肯定正确的做法,找出不足之处并寻求改进方法,这样就可以使今后的调查方案设计更加接近客观实际。

3.3.2　讨论修改调查方案

确定了市场调查方案优劣的评价标准之后,就可以开始组织对方案进行讨论和评价,并着手进行修改,具体可以采取以下方法。

1. 组织项目小组座谈会

可由项目调查小组的组长主持会议,项目小组人员参加会议,同时可邀请委托方代表参加。在该座谈会前,主持人可以针对本次调查任务的调查方案列写一份提纲,以方便座谈会围绕调查目的、调查内容、调查对象、范围、调查方法、调查工具、调查时间进度安排、调查经费预算等展开讨论。评价方案的标准从是否体现目的,是否科学、完整和适用,是否操作性强三个角度考虑。参加座谈会的人员可以公开发表各自的意见或想法,踊跃发言,集思广益,相互启迪,相互交流,相互补充,针对某一个问题最好能达成一致的修改意见。

2. 采用经验判断法

经验判断法是指通过组织一些市场调查经验丰富的人士,对设计出来的市场调查方案进行初步研究和判断,以说明调查方案的合理性和可行性。

🦋 **例 3-15**　针对北京市白领阶层的消费支出结构进行调查,就不宜采用普查的形式,实际上这样做既没有必要也不可能。在对白领阶层这一概念进行量化处理之后,完全可以采用抽样调查的方式。国家统计局在对我国全年农作物收成作出预测时,常采用抽样的方法在一些农作物重点产区开展重点调查。

该方法的优点是可以节约人力、物力资源,并在较短的时间内作出快速的判断;缺点是因为我们的认识很有限,并且事物的发展变化常常有例外,各种主要客观因素都会对判断的准确性产生影响。

3. 组织试点调查法

组织试点调查法即通过在小范围内选择部分单位进行试点调查,对调查方案进行实地检验,及时总结并且作出修改。具体操作时应注意以下几个问题。

（1）应选择好适当的调查对象。应尽量选择规模小、具有代表性的试点单位。必要时还可以在少数单位先行试点，然后再扩大试点的范围和区域，最后全面铺开。

（2）事先建立一支精干的调查队伍，这是做好调查研究工作的先决条件。团队成员包括有关调查的负责人、调查方案设计者和调查骨干，这将为做好试点调查工作提供组织保证。

（3）调查方法和调查方式应保持适当的灵活性，不应太死板。事先确定的调查方式可以多准备几种，以便经过对比后从中选择合适的方式。

（4）试点调查工作结束后，应及时做好总结工作，认真分析试点调查的结果，找出影响调查的各种主客观因素并进行分析。检查调查目标的制定是否恰当，调查指标的设置是否正确，哪些项目应该增加，哪些项目应该减少，哪些地方应该修改和补充，及时地提出具体意见，对原方案进行修改和补充，以便制订科学合理的调查方案，符合实际情况。

试点调查还可以理解成实战前的演习，可以让我们在大规模推广应用之前及时了解调查工作中哪些是合理的，哪些是工作的薄弱环节。

 拓展阅读 3-4

调查方案的可行性研究

在对复杂市场现象所进行的调查中，所设计的调查方案通常不是唯一的，需要从多个调查方案中选取最优方案。同时，调查方案的设计也不是一次完成的，而要经过必要的可行性研究，对方案进行试点和修改。可行性研究是科学决策的必经阶段，也是科学设计调查方案的重要步骤。对调查方案进行可行性研究的方法有很多，现主要介绍逻辑分析法、经验判断法和试点调查法三种方法。

（1）逻辑分析法。逻辑分析法是检查所设计的调查方案的部分内容是否符合本次调查的逻辑和情理。

（2）经验判断法，即组织一些具有丰富调查经验的人士，对设计出的调查方案加以初步研究和判断，以论证方案的可行性。

（3）试点调查法。试点是整个调查方案可行性研究中的一个十分重要的步骤，对于大规模市场调查来讲尤为重要。试点的目的是使调查方案更加科学和完善，而不仅是收集资料。

 课堂自我测评

测评要素	表现要求	已达要求	未达要求
知识目标	能掌握市场调查方案的评价标准		
技能目标	能初步认识市场调查方案的评价要领		
课程内容整体把握	能概述并认识市场调查方案评价工作		
与职业实践的联系	能描述市场调查方案评价的实践意义		
其他	能联系其他课程、职业活动等		

任务 3 小结

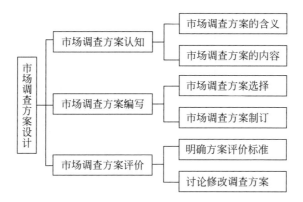

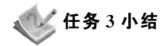 **教学做一体化训练**

重要术语

市场调查方案　调查对象

课后自测

一、单项选择题

1. 市场调查方案是调查机构及其工作人员依据调查研究的目的和调查对象的实际情况,对调查工作的各个方面和( )作出的总体安排。

　　A. 全部过程　　　　B. 各项工作　　　　C. 每个调查目标　　D. 调查目的

2. 市场调查项目建议书常常带有论证性质,编写者的设想大都基于文献资料,认识也比较( )。

　　A. 抽象、肤浅　　　B. 科学　　　　　　C. 定量化　　　　　D. 定性化

3. 市场调查方案是调查机构向委托企业收取( )的依据。

　　A. 调查费用　　　　B. 调查报告　　　　C. 抽样费用　　　　D. 表格设计费用

4. 用来验证探索性假设,选择( )调查方案。

　　A. 描述性　　　　　B. 探索性　　　　　C. 因果性　　　　　D. 假设性

5. 调查对象就是根据调查目的、任务确定调查的范围以及所要调查的总体,它是由某些性质上相同的许多( )所组成的。

　　A. 调查目标　　　　B. 调查内容　　　　C. 调查项目　　　　D. 调查单位

6. 评价市场调查方案时,方案设计是否体现了调查的目的与要求,是一条( )的评价标准。

　　A. 正确　　　　　　B. 科学　　　　　　C. 适用　　　　　　D. 最基本

7. 采用经验判断评价市场调查方案时,以下说法正确的是( )。

　　A. 可以节约人力、物力资源

B. 在较长时间内作出判断

C. 主客观因素都不会对判断产生影响

D. 事物变化常常在人们的认知范围之内

二、多项选择题

1. 按照市场调查方案的作用分类,市场调查方案可以分为(　　)。

　　A. 市场调查项目建议书　　　　　　　　B. 正式市场调查方案

　　C. 市场调查准备书　　　　　　　　　　D. 市场调查建议

2. 按照市场调查的性质分类,市场调查方案可以分为(　　)。

　　A. 探索性调查方案　　　　　　　　　　B. 描述性调查方案

　　C. 原则性调查方案　　　　　　　　　　D. 因果性调查方案

3. 探索性调查方案一般(　　)。

　　A. 用在调查问题未明确时　　　　　　　B. 市场调查中期

　　C. 寻找替代行动方案　　　　　　　　　D. 比较简略

4. 描述性市场调查方案一般(　　)。

　　A. 比较详细　　　　　　　　　　　　　B. 所需信息较多

　　C. 会包括很多样本　　　　　　　　　　D. 只需少量样本

5. 对于专业调查公司来讲,市场调查预算应该(　　)。

　　A. 根据调查项目范围、难易度,合理预算

　　B. 可以随意编制

　　C. 应考虑税款和利润

　　D. 尽量压缩,以减少实际调查工作量

6. 市场调查方案的选择一般要考虑(　　)。

　　A. 市场调查的性质　　　　　　　　　　B. 市场调查的时间要求

　　C. 市场调查的成本控制　　　　　　　　D. 市场调查的人员

7. 市场调查方案的评价标准一般有(　　)。

　　A. 体现了调查目标　　　　　　　　　　B. 科学完整

　　C. 适用　　　　　　　　　　　　　　　D. 具有较高操作性

　　E. 提高调查质量

三、判断题

1. 探索性调查往往发生在已经开始的正式调查中,其方法已经确定,不能变更。(　　)

2. 市场调查方案是规范市场调查整个活动过程的指导书,是市场调查的行动纲领。

(　　)

3. 编写完成市场调查方案初稿就表示市场调查工作可以立即开始。(　　)

4. 调查对象是由某些性质上相同的许多调查单位所组成的。(　　)

5. 盲目增加调查项目就是调查目标中"想知道的更多",会使资料统计和处理有关的工作量增加,既浪费资源,也影响调查的效果。(　　)

6. 市场调查方式不同,所必需的费用也不同。(　　)

7. 为了追求形式美观,市场调查方案可以牺牲一些实用性。(　　)

四、简答题

1. 简述市场调查方案的作用。

2. 一份完整的市场调查方案的主要内容是什么？

3. 为什么市场调查方案制订得科学是调查活动开展的重要前提,组织实施的严格管理是调查效果的重要保证？

4. 为什么要对市场调查方案进行评价？

5. 应该从哪些方面对市场调查方案进行评估？

案例分析

案例：北京理工大学智能手机市场调查方案

一、前言

为配合某品牌智能手机扩大北京理工大学的市场占有率,评估北京理工大学智能手机行销环境,制定相应的营销策略,预先进行北京理工大学智能手机市场调查大有必要。

本次市场调查将以市场环境、消费者、竞争者为中心来进行。

二、调查目的

要求详细了解北京理工大学智能手机市场各方面的情况,为该产品在北京理工大学的推广制订科学合理的营销方案提供依据,特撰写此市场调查方案。

(1) 全面摸清企业品牌在消费者中的知名度、渗透率、美誉度和忠诚度。

(2) 全面了解本品牌及主要竞争品牌在北京理工大学的销售现状。

(3) 全面了解目前北京理工大学主要竞争品牌的价格、广告、促销等营销策略。

(4) 了解北京理工大学消费者对智能手机消费的观点、习惯。

(5) 了解北京理工大学在校学生的人口统计学资料,预测智能手机的市场容量及潜力。

三、调查内容

市场调查的内容要根据市场调查的目的来确定。该次调查的主要内容如下。

1. 行业市场环境调查

行业市场环境调查的主要调查内容如下。

(1) 北京理工大学智能手机市场的容量及发展潜力。

(2) 北京理工大学该行业的营销特点及行业竞争状况。

(3) 学校教学、生活环境对该行业发展的影响。

(4) 当前北京理工大学智能手机种类、品牌及销售状况。

(5) 北京理工大学该行业各产品的经销网络状态。

2. 消费者调查

消费者调查的主要调查内容如下。

(1) 消费者对智能手机的购买形态(购买过什么品牌、购买地点、选购标准等)与消费心理(必需品、偏爱、经济、便利、时尚等)。

(2) 消费者对智能手机各品牌的了解程度(包括功能、特点、价格、包装等)。

(3) 消费者对品牌的意识、对本品牌及竞争品牌的观念及品牌忠诚度。

(4) 消费者平均月开支及消费比例的统计。

(5) 消费者理想的智能手机描述。

3. 竞争者调查

竞争者调查的主要调查内容如下。

(1) 主要竞争者的产品与品牌优、劣势。

(2) 主要竞争者的营销方式与营销策略。

(3) 主要竞争者的市场概况。

(4) 本产品主要竞争者的经销网络状态。

四、调查对象及抽样

考虑到智能手机在高校的普遍性,全体在校生都是调查对象,但因为家庭经济背景的差异,全校学生月均生活支出还是存在较大的差距,导致消费购买习惯的差异性,因此他(她)们在选择智能手机的品牌、档次、价格上都会有所不同。为了准确、快速地得出调查结果,此次调查决定采用分层随机抽样法:先按其住宿条件的不同分为两层(住宿条件基本上能反映各学生的家庭经济条件)——公寓学生与普通宿舍学生,然后再进行随机抽样。此外,分布在北京理工大学校内外的各经销商、专卖店也是本次调查的对象,因其规模、档次的差异性,决定采用判断抽样法。具体情况如下。

消费者(学生):300 名,其中住公寓的学生占 50%。

经销商:10 家,其中校外 5 家。

大型综合商场:1 家。

中型综合商场:2 家。

专卖店:2 家。

校内:5 家。

综合商场:3 家。

专卖店:2 家。

消费者样本要求如下。

(1) 家庭成员中没有人在智能手机生产单位或经销单位工作。

(2) 家庭成员中没有人在市场调查公司或广告公司工作。

(3) 消费者没有在最近半年中接受过类似产品的市场调查测试。

(4) 消费者所学专业不能为市场营销、调查或广告类专业。

五、调查员的规定、培训

1. 规定

(1) 仪表端正、大方。

(2) 举止谈吐得体,态度亲切、热情。

(3) 具有认真负责、积极的工作精神及职业热情。

(4) 具有把握谈话气氛的能力。

(5) 经过专门的市场调查培训,专业素质好。

2. 培训

培训必须以实效为导向,本次调查其人员的培训决定采用举办培训班、集中讲授的方法,针对本次活动聘请有丰富经验的调查人员面授调查技巧、经验,并对他们进行思想道德方面的教育,使他们充分认识到市场调查的重要意义,培养他们强烈的事业心和责任感,端正其工作态度、作风,激发他们对调查工作的积极性。

六、人员安排

根据我们的调研方案,在北京理工大学及市区进行本次调研需要的人员有三种:调研督导、调查人员、复核员,具体配置如下。

调研督导:1名。

调查人员:20名(其中15名对消费者进行问卷调查、5名对经销商进行深度访谈)。

复核员:1~2名,可由督导兼职,也可另外招聘。

如有必要还将配备辅助督导(1名),协助进行访谈、收发和检查问卷与礼品。问卷的复核比例为全部问卷数量的30%,全部采用电话复核方式,复核时间为问卷回收的24小时内。

七、市场调查方法及具体实施

1. 对消费者以问卷调查为主

在完成市场调查问卷的设计与制作以及调查人员的培训等相关工作后,就可以开展具体的问卷调查了。把调查问卷平均分发给各调查人员,统一选择中餐或晚餐后开始进行调查(因为此时学生们一般待在宿舍里,便于集中调查,能够给本次调查节约时间和成本)。调查人员在进入各宿舍时说明来意,并特别声明在调查结束后将赠送被调查者精美礼物一份以吸引被调查者的积极参与、得到正确有效的调查结果。调查过程中,调查员应耐心等待,切不可督促。调查人员可以在当时收回问卷,也可以第二天收回(这有利于被调查者充分考虑,得出更真实有效的结果)。

2. 对经销商以深度访谈为主

由于调查形式的不同,对调查者所提出的要求也有所差异。与经销商进行深度访谈的调查者(访员)相对于实施问卷调查的调查者而言,其专业水平要求更高一些。因为时间较长,调查人员对经销商进行深度访谈以前一般要预约好时间并承诺付与一定报酬,访谈前调查员要做好充分的准备,列出调查所要了解的所有问题。调查者在访谈过程中应占据主导地位,把握整个谈话的方向,能够准确筛选谈话内容并快速做好笔记以得到真实有效的调查结果。

3. 通过网上查询或资料查询调查北京理工大学人口统计学资料

调查者查找资料时应注意其权威性及时效性,以尽量减少误差。因为其简易性,该工作可直接由复核员完成。

八、调查程序及时间安排

市场调研大致来说可分为准备、实施和结果处理三个阶段。

(1)准备阶段:它一般分为界定调研问题、设计调研方案、设计调研问卷或调研提纲三个部分。

(2)实施阶段:根据调研要求,采用多种形式,由调研人员广泛地收集与调查活动有关的信息。

(3)结果处理阶段:将收集的信息进行汇总、归纳、整理和分析,并将调研结果以书面的形式——调研报告表述出来。

在客户确认项目后,有计划地安排调研工作的各项日程,用以规范和保证调研工作的顺利实施。按调研的实施程序,可分七个小项来对时间进行具体安排。

调研方案、问卷的设计…………3个工作日

调研方案、问卷的修改、确认…………1个工作日

项目准备阶段(人员培训、安排)…………1个工作日

实地访问阶段…………4个工作日

数据预处理阶段…………2个工作日

数据统计分析阶段…………3个工作日

调研报告撰写阶段…………2个工作日

论证阶段…………2个工作日

九、经费预算(单位：元)

策划费	1 500
交通费	500
调查人员培训费	500
公关费	1 000
访谈费	1 000
问卷调查费	1 000
统计费	1 000
报告费	500
总计	7 000

十、附录

参与人员：(待定)。

项目负责人：(待定)。

调查方案、问卷的设计：(待定)。

调查方案、问卷的修改：(待定)。

调查人员培训：(待定)。

调查人员：(待定)。

调查数据处理：(待定)。

调查数据统计分析：(待定)。

调查报告撰写：(待定)。

论证人员：(待定)。

阅读以上资料，回答问题：

(1) 北京理工大学学智能手机市场调查计划书中的调查目的是否清楚？说明理由。

(2) 该方案中调查内容是否围绕调查目的展开？说明理由。

 同步实训

实训名称：市场调查方案编写。

实训目的：认识市场调查方案的编写要领。

实训内容：

(1) 针对市场调查目的，进行方案编写。

(2) 尝试编写市场调查方案。

实训组织：结合身边实际，选择连锁超市、某一品牌的汽车、家电或自己和同学们消费

比较多的智能手机、平板电脑等,在确定某一调查目标的基础上,模拟设计一份市场调查方案,然后进行相互评价,选出最具可行性的方案。

实训总结:学生小组交流不同的调查方案,教师根据调查方案的评价标准、PPT 演示、讨论分享中的表现分别给每组进行评价打分。

 ## 学生自我学习总结

通过完成任务 3 的学习,我能够作如下总结。

一、主要知识点

> 任务 3 中主要的知识点如下。
>
> (1)
>
> (2)

二、主要技能

> 任务 3 中主要的技能如下。
>
> (1)
>
> (2)

三、主要原理

> 市场调查方案在市场调查活动中的地位与作用如下。
>
> (1)
>
> (2)

四、相关知识点

> 任务 3 涉及的主要相关知识点如下。
>
> (1)市场调查项目建议书与市场调查方案的关系是:
>
> (2)市场调查性质与市场调查方案的关系是:
>
> (3)市场调查方案评价的标准是:

五、学习成果检验

> 完成任务 3 学习的成果如下。
>
> (1)完成任务 3 学习的意义有:
>
> (2)学到的知识有:
>
> (3)学到的技能有:
>
> (4)市场调查方案的科学谋划是指:

任务 4

市场调查方法选择(一)

学习目标

知识目标

1. 理解文案调查的含义。
2. 认识定性调查法的含义。
3. 认识访问调查的类型。

能力目标

1. 能体会不同市场调查方法的差异。
2. 能根据需要选择不同的市场调查方法。
3. 能结合实际评价认识市场调查方法。

思政目标

1. 养成理论联系实际的意识。
2. 积极投身社会实践。
3. 诚实守信,强化社会服务意识。

任务解析

根据市场调查职业工作活动顺序和职业能力分担原则,"市场调查方法选择(一)"任务可以分解为以下子任务。

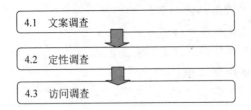

课前阅读

20世纪60年代初期,我国大庆油田的情况在国内外尚未公开。日本人只是有所耳闻,但始终未明底细。后来,在1964年4月26日《人民日报》上看到"大庆精神大庆人"的字句,于是日本人判断:中国的大庆确有其事。但他们仍然弄不清楚大庆究竟在什么地方。他们从1966年7月的《中国画报》上看到一张大庆工人艰苦创业的照片,根据照片上人物的衣着,日本人断定大庆油田是在冬季为−30℃的中国东北地区,大致在哈尔滨与齐齐哈尔之间。1966年10月,他们又从《人民中国》杂志上看到石油工人王进喜的事迹,从分析中知道:最早钻井是在北安附近着手的,而且从所报道的钻探设备运输情况看,离火车站不会太远。在事迹中有这样一句话:"王进喜一到马家窑看到……"于是,日本人立即找来伪满时期的旧地图:马家窑位于黑龙江海伦市东南的一个村子,在北安铁路上一个小车站东边10多千米处。这样,他们就把大庆油田的位置彻底搞清楚了。之后,日本人又对王进喜的报道进行了分析。王进喜是玉门油矿的工人,1959年5月到北京参加国庆之后自愿去大庆的。由此判定,大庆油田在1959年以前就进行了勘探,并且大体知道了大庆油田的规模。后来,日本人又从《中国画报》上发现了一张大庆炼油反应塔的照片,根据反应塔上的扶手栏杆的粗细与反应塔的直径比例,得知反应塔的内径长为5米。到此他们就比较全面地掌握了大庆油田的各种情报,揭开了大庆油田的某些秘密。

日方就是利用公开的新闻资料中的一句话、一张照片、一条消息,加以综合分析,完成了对我国大庆油田的调查。因而在大庆油田向世界招标购买设备时,日本企业获得较大的主动权,一举中标。

问题:

(1) 这种调查是属于直接调查还是间接调查?

(2) 上文中,日方分别收集了哪些资料? 在分析基础上得出了什么结论?

(3) 上述调查方法在互联网时代会有怎样的发展?

4.1　文 案 调 查

任务提示:这是调查方法学习的第一课。认识市场调查中的文案调查法,特别是从市场调查活动实践意义的角度认识文案调查的作用及其特点,在此基础上,认识文案调查工作及职业活动,并理解文案调查活动过程。

重点难点:文案调查的特点、资料来源与获取方法。

人们在认识事物时,一般会有这样一个过程:首先会听说许多相关信息,然后才可能出于某种需要或目的,进行实地验证。在市场调查活动中,调查人员一般也是由易到难,首先通过文案调查查找一些二手资料作为调查活动的开始。只有当这些资料不能提供足够的证据时,才进行实地调查,收集第一手资料。

4.1.1　文案调查认知

市场调查活动中,文案调查方法一般用于收集经过加工整理的资料,这些资料也称二手资料。所以,文案调查法又称间接调查法,具体的方式包括查看、阅读报纸杂志;检索、筛选文献典籍;购买、复制数据报表等。

1. 文案调查的概念

文案调查常常被当作调查作业的首选方式,是利用企业内部和外部现有的各种信息、情报,对调查内容进行分析研究的一种调查方法。文案调查简单易行。

重要术语 4-1

文　案　调　查

　　文案调查又称二手资料调查、文献资料调查或室内研究法,是指围绕一定的调查目的,通过查看、检索、阅读、购买、复制等手段,收集并整理企业内部和外部现有的各种信息、情报资料,对调查内容进行分析研究的一种调查方法。

---

2. 文案调查的资料

　　文案调查是在充分了解市场调查目的后,通过收集各种有关文献资料,对现成的数据资料加以整理、分析,进而提出有关建议以供企业相关人员决策参考的市场调查方法。

　　文案调查的资料主要是各种历史和现实的统计资料即次级资料,包括各种文献、档案中的信息资料,如图书、期刊、报纸、政府文件、统计数据、会议记录、专刊文献、学术论文、档案材料等,也包括网络信息资料,如政府信息网、各种网络公司建立的信息数据库。

　　文案调查主要就是收集、鉴别、整理这些文献资料,并通过对文献资料的研究,形成对市场现象的科学认识。

3. 文案调查的特点

　　文案调查中,不直接接触被调查者,不存在与被调查者之间的人际关系。作为一种间接资料调查法,有其他调查方法不可替代的作用,特别适用于以往产品销售状况和市场占有率调查、现在的市场供求趋势调查以及市场环境因素变化调查等。

　　文案调查的优点是:①受到时空的限制较少,获取的信息资料较丰富;②操作起来方便、简单,能够节省时间、精力和调查的费用;③内容比较客观,适宜纵向比较;④可为实地调查提供经验和大量背景资料。

　　文案调查的缺点是:①具有不可得性,对于有些问题,可能就不存在二手资料,因而无法收集;②具有不可预见性,所收集的资料因形式或方法上的原因,而无法直接为调查者所应用;③缺乏准确性,调查者在收集、整理、分析和提交资料过程中,难免会有一些错误,这些错误会导致收集到的资料缺乏准确性,因而对调查者的能力要求较高;④所收集资料具有不充分性,在文案调查中,即使调查者获取了大量准确的相关资料,也不一定就能完全据此作出正确的决策。

案例 4-1　　　　　　　　　　媒体调查助康师傅成功

　　20世纪90年代初,中国大陆有400多条方便面生产线,企业之间的竞争十分激烈。当时,康师傅方便面在中国台湾只是一家很不起眼的小企业。他们通过对公开媒体广告调查发现,大陆的方便面市场存在一个"需求空档"——大陆厂家生产的大多是低档方便面。随着大陆经济的发展、人们生活水平的提高,对中高档方便面的需求必将越来越大。在调查中还发现大陆厂家不太注重品味与营养,也未能达到真正的"方便"。基于这次调查,他们决定以中高档产品为拳头产品打入大陆市场。目前,康师傅方便面已形成红烧牛肉面、翡翠虾面、香菇炖鸡面、上汤排骨面、炸酱面、辣酱面等十几个品种,市场份额高居榜首。

　　(资料来源:搜集资料整理改编.)

评析：通过公开媒体广告调查,从广告信息中发现大陆地区方便面消费市场的空白,并最终定位自己的产品,打入大陆市场,成为行业龙头企业。文案调查功不可没！

4.1.2 文案调查资料的确定

从企业的角度看,文案调查所收集的数据资料大致可分为内部资料和外部资料。内部资料主要是企业内部会计与统计资料、销售报告、广告支出、存货数据、顾客的忠诚度、分销商反馈报告、营销活动、价格信息等有关资料。外部资料主要是指可以从企业外部获取的一些资料,如图书馆及各类期刊出版单位的文案资料、政府与行业协会公布的数据、在线数据库等。

1. 内部资料

(1)业务资料。业务资料包括与企业营销业务活动有关的各种资料,如原材料订货单、进货单、发货单、合同文本、发票、销售记录;半成品、成品订货单、进货单、发货单、合同、发票、销售记录;业务员访问报告、顾客反馈信息、广告等。通过收集和分析资料,可以掌握企业所生产和经营商品的供应与需求变化情况。

案例 4-2	亚马逊的数据库营销

亚马逊公司成立于 1995 年 7 月,是互联网上出现的第一个虚拟书店,成立时只是一个名不见经传的网站,在短短时间内就成为全世界最成功的电子商务公司之一。这和亚马逊收集顾客详细信息有关。

亚马逊公司建立了一个客户背景数据库,从客户在 Amazon.com 购书开始,公司就开始拥有一个客户背景数据库,包含所有客户每一次购买时输入的信息。通过客户背景数据库,亚马逊公司可以从中分析客户的行为,对客户进行分群,得出对公司有利的信息。然后进行有目的的引导、推荐,进而促成购买行为。这就是数据库营销。

(资料来源:搜集资料整理改编.)

评析:客户背景数据库是营销活动的数据基础,使公司能够精准地面对众多的客户。

(2)统计资料。统计资料包括企业各部门的各类统计报表,年度、季度计划,企业生产、销售、库存记录等各种数据,各类统计资料的分析报告等。通过对统计资料的分析,可以初步掌握企业经营活动的一些数量特征及大致规律。

(3)财务资料。财务资料一般包括企业各种财务、会计核算和分析资料,如生产成本资料、销售成本资料、各种商品价格、销售利润、税金资料等。通过对财务资料的分析,可以考核企业的经济效益,为企业以后的经营决策提供财务方面的依据。

(4)生产技术资料。生产技术资料主要是生产作业完成情况、工时定额、操作规程、产品检验、质量保障等;产品设计图纸及说明书、技术文件、档案、实验数据、专题文章、会议文件等资料;生产产品的技术、设备配备、新产品的开发与市场潜力等资料。通过对生产技术资料的分析,可以了解企业的一些生产技术水平、产品设计能力、设计技术信息等。

(5)档案资料。档案资料主要包括企业各种文档、文件资料,这些文件一般由企业为了特定的经营目的而制定并归档保存下来。通过对档案资料的分析,可以了解企业日常经营活动的一些方案及决策活动的过程。

(6) 企业积累的其他资料。企业积累的其他资料包括各种调查报告、经营总结、各种顾客意见和建议记录、竞争对手的综合资料及有关照片、录影带等。通过对这些资料的分析,可以对企业的市场调查提供一定的参照。

 拓展阅读 4-1

大数据时代的信息特征

大数据时代的信息具备以下四个特征。

(1) 数据量大。大数据的起始计量单位至少是 P(1 000T)、E(100 万 T)或 Z(10 亿 T)。

(2) 类型繁多。数据类型包括网络日志、音频、视频、图片、地理位置信息等,多类型的数据对数据的处理能力提出了更高的要求。

(3) 价值密度低。随着物联网的广泛应用,信息感知无处不在,信息海量,但价值密度较低,如何通过强大的机器算法更迅速地完成数据的价值"提纯",是大数据时代亟待解决的难题。

(4) 速度快,时效高。这是大数据区分于传统数据挖掘最显著的特征。现有的技术架构和路线,已经无法高效处理如此海量的数据,而对企业来说,如果投入巨大成本采集的信息无法通过及时处理反馈有效信息,将得不偿失。可以说,大数据时代对人类的数据驾驭能力提出了新的挑战,也为人们获得更为深刻、全面的洞察能力提供了前所未有的空间与潜力。

2. 外部资料

外部资料是指各种存在于企业外部的已出版或未出版的资料,这些资料可能是政府部门或非政府机构发布的;还有更多的资料来自各种商业期刊,以及经常刊登关于经济、特定的产业甚至是对个别公司的研究和论文的新闻媒体。外部资料的来源主要包括以下内容。

(1) 各级、各类政府主管部门发布的有关资料,如国家发展和改革委员会、工商部门、财政税务部门、商务部门、海关、银行等发布的有关政策法规、市场价格、商品供求等信息。这些信息具有权威性强、涵盖面广的特点,便于对宏观信息的收集,是非常重要的市场调查资料。

(2) 各种信息中心、咨询机构、行业协会和联合会发布的市场信息和有关行业情报资料。这类信息一般包括行业法规、市场信息、发展趋势、统计数据及资料汇编等。

(3) 国内外新闻媒体、有关的专业书籍、报纸、期刊、杂志及各种类型的图书馆等经常能够提供大量的文献资料,可以发现大量公开的商业信息,或者提供某些索引来寻找其他资料。这也是非常重要的二手资料来源。

(4) 国内外各种展览会、展销会、发布会、交易会、订货会和各种专业研讨会、交流会、论坛所发放的会议材料、论文、发言稿等。

(5) 国际互联网。互联网作为一个全球性的电信网络,使计算机及其使用者能获得世界范围内的数据、图像、声音和文件等信息。

拓展阅读 4-2

互联网二手资料收集

互联网是将世界各地的计算机联系在一起的网络,它是获取信息的最新工具,对任何调查而言,互联网都是最重要的信息来源。互联网上的原始电子信息比其他任何形式的信息都更多,这些电子信息里有很多内容是调查所需要的情报。

(1)一般网页查询。由于互联网发布信息容易,许多机构在互联网上公布大量的信息,因此调查工作可通过监测调查对象的网页开始。

(2)数据库查询。数据库是信息收集最好的工具之一,是由计算机储存、记录、编制索引的信息资源,其功能相当于计算机化参考书。

课堂讨论:从网络上收集、使用二手资料可能会犯哪些错误?为什么?你所了解的哪些外部资料的权威性、可信度较高?

4.1.3 文案调查的实施

文案调查需要依照一定的工作程序来进行。文案调查的工作程序如图 4-1 所示。

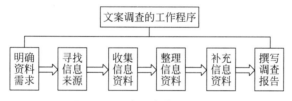

图 4-1 文案调查的工作程序

1. 明确资料需求

根据调查目标要求,调查者一般会在首先明确实施文案调查的资料需求,如需要什么样的资料、大致的范围或方向。

调查者在明确所需资料时,还应该考虑此次调查所需资料的现实需求和长远需求。现实需求是本次文案调查工作为解决什么样的现实问题提供信息支持;长远需求则是通过本次文案调查工作为企业经常性的经营管理活动和方案提供基础性的资料与数据。只有明确了所需资料,调查者完成工作所花费的时间、精力、财力才能得到有效控制。

 拓展阅读 4-3

文案调查的基本原则

文案调查的特点和作用,决定了调查者在进行文案调查时,应该遵循以下基本原则。

第一,广泛性原则。文案调查对现有资料的收集必须周详,要通过各种信息渠道,利用各种机会,采取各种方式大量收集各方面有价值的资料。

第二,针对性原则。要着重收集与调查主题紧密相关的资料,善于对一般性资料进行摘录、整理、传递和选择,以得到有参考价值的信息。

第三,时效性原则。要考虑所收集资料的时间是否能保证调查的需要。随着知识更新速度的加快,调查活动的节奏也越来越快,只有反映最新情况的资料才是价值最高的资料。

第四,连续性原则。要注意所收集的资料在时间上是否连续。只有连续性的资料才便于动态比较,便于掌握事物发展变化的特点和规律。

2. 寻找信息来源

资料需求目标确定以后,调查者就可以开始资料收集工作。一般情况下,首先会假设调查目标所需收集的资料都是存在的,尽管可能收集不到直接佐证调查目的的二手资料,但是通过有效的引用、目录或其他工具,可以划定资料来源范围。这时,调查者就可以全神贯注地查找能够协助自己取得所需资料的各种辅助工具,包括书籍、期刊、官方文献资料的目录、索引、新闻报道等,从一般线索到特殊线索,这是文案调查人员收集信息资料的重要途径。

3. 收集信息资料

信息资料的来源渠道逐渐清晰后,调查者就可以着手信息资料的收集工作。这个环节的工作总体上有两个要求:第一,要求保证信息资料的数量。在资料收集范围内,尽可能多地收集信息资料,以保证其涵盖面;第二,要求保证信息资料的质量。在收集信息资料时,详细记录这些资料的来源出处(作者、文献名称、刊物名称、刊号、出版社名称、出版时间、资料所在页码),以方便在调查过程中对资料的有效利用。

在收集资料时,根据先易后难的原则,二手资料的收集可以按以下程序进行。

(1)查找内部资料。专业的调查者从内部资料获取信息是首先应该考虑的工作,因为这些资料就在附近,收集成本较小,与此同时,对外部资料的查找也会提供方向性帮助。

(2)查找外部资料。在内部资料的收集过程中,调查者可能会发现收集工作面临困境,如资料不完整、利用价值低、涵盖面有限等,这就需要借助外部资料来满足资料收集要求。这时可以去图书馆或一些专业资料室,根据调查的主题和项目,利用图书资料索引收集资料。也可以在国际互联网上进行资料搜索,通过网络搜索引擎,输入关键字,就会出现所有网上公开的信息,然后从中挑选使用。

(3)访问查找。在内部资料、外部资料查找过程中,有时候发现有些资料具有较高的时效性、专业性和科学性,甚至有些资料整体保密性较强。这时调查人员首先应该考虑替代资料,如果替代资料不易获取或者获取成本较高,就需要进一步地访问这些资料的来源地,如有关企业协会和统计机关。一般情况下,经过良好沟通,说明调查目的,遵循保密性原则,就应该可以从这些地方获取可信赖的资料信息。

(4)购买资料。通过以上程序所获得的二手资料如果还不能满足调查的需要,还可以去一些专门以出售信息资料赢利的市场上购买调查所需的信息。如许多经济年鉴、统计年鉴、地方志、企业名录等面向社会公开发行的资料。

案例 4-3	大数据时代的信息管理

梅女士是省城一家连锁服装店的老板,20×4年,因业务扩张分别在新城区和老城区开了两家店面。店里的 POS 机将两家服装店的交易数据实时显示在梅女士的智能手机上。

梅女士发现,虽然两家店面都是卖同样的商品,客流量也差不多,但新城区商店刷卡的顾客占了 50% 左右,而老城区店面刷卡的顾客只有 30%。为什么会产生这样的区别呢? 分析 POS 机的刷卡金额及刷卡时间后,梅女士发现,新城区的消费时间多在中午、傍晚六点以后,客单价较高,甚至一下出好几单。而老城区的购物时间分布较为均匀,客单价也比较低。进一步分析发现,新城区的消费人员多为白领,消费观念比较前卫。由于是上班午休及下班后购物,又多是三五个同事一起,所以购买的商品价格比较高且容易产生连带销售。而老城区的顾客多是闲暇时间出来逛逛,且消费观念较为理性,所以客单价比较低。

于是,梅女士根据客源的不同,重新调整了店面的风格及服装的种类,营业额在一个月之内就涨了 50% 左右。

(资料来源:搜集资料整理改编。)

评析:大数据时代,中小商户信息来源多样化,及时掌握数据信息,调整经营策略,才能在激烈的竞争中立于不败之地。

4. 整理信息资料

在实际调查中,二手资料种类繁多,对其加以整理、分析是事关二手资料能否充分利用的一项重要工作。这个环节的工作应有以下基本要求:围绕调查的目的和内容,根据资料来源,结合适当的收集方法做到去伪存真、去粗取精,从众多资料中将对调查目的有价值的资料选取出来,去除那些不确切、有限制的资料。具体可以这样做:在事先划定资料清单或分析计划的基础上,运用恰当的统计方法,包括制成图表进行对比分析。值得注意的是,对于一些关键资料一定要多方考证,以证明其翔实无误,如图 4-2 所示。

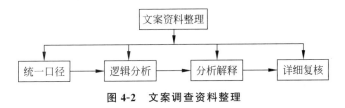

图 4-2 文案调查资料整理

文案资料整理的目的就是确保所有的资料应与调查目的相吻合,避免内容夸张、失实和信息扭曲,资料比较深入且有实质性的内容,资料获取后能快速处理。经过整理分析再加以重点摘要之后,资料便进入了可使用状态。

5. 补充信息资料

文案调查收集的资料之间可能有中断和矛盾,也可能有互补。此时,调查者应以自身学识及自我判断加以调整、衔接或充实。补充信息资料的主要工作有:综合使用各种资料,发挥资料间的互补作用;将调整及补足后的资料制成统计图和统计表,并全部转换为标准单位;对资料进行逻辑性研究后重新编排组合;详细检查资料是否全面严谨,衔接是否得当。

对于大型的市场调查项目,资料的收集难免会有欠缺,或者在对已收集资料的整理分析过程中,会发现有些资料欠缺、证据效力较弱,难以满足市场调查的需求,而这些情形的出现可能会对预测、决策构成潜在或直接影响时,就需要通过再调查或利用其他信息渠道将所需资料补充完整。

6. 撰写调查报告

收集到充分的信息资料后,调查者通过科学的方法进行分析,并把这些信息资料综合成一份严谨的调查报告提交给决策者。撰写调查报告应注意以下几点。

(1) 撰写调查报告的要求。①数据准确。要认真核对全部数据,争取做到准确无误。②方便阅读。尽量将有关资料制成直观的统计图表,以方便使用者阅读。③重点突出。在撰写调查报告时结论按重要程度排序,以突出重点,避免一些不必要的修饰。④结论明确。在提出结论时,应该避免一些不客观、不切实际的内容。在考虑了一切有关的实际情况和调查资料的基础上,客观公正地撰写调查报告。

(2) 调查报告的结构。调查报告的结构通常包括:①题目,包括市场调查题目、报告日期、为谁制作、撰写人;②调查目的,简要说明调查动机、调查要点及所要解决的问题;③调查结论,包括对调查目的的贡献、对调查问题的解答、对重大问题的发现及可行性建议;④附录,包括资料来源、使用的统计方法等。

 拓展阅读 4-4

文案调查的作用

文案调查的作用表现在以下四个方面。

(1) 文案调查可以帮助发现问题。文案调查收集的二手资料可以满足市场探测性研究的需要,可以找出问题的症结和确定调查的方向,初步了解调查对象的性质、范围和重点。

(2) 文案调查可用于经常性的调查。文案调查可以较快地收集企业内外的各种统计资料、财务资料和业务资料,也可以收集研究问题的背景资料、主体资料和相关资料,利用这些资料可以开展经常性的市场分析和市场预测。

(3) 文案调查可以为调查方案设计提供帮助。在市场调查方案设计过程中,调查者往往需要利用历史的先决信息,了解总体范围、总体分布、总体单位数目、关键指标或主要变量,才能有效地确定抽样方式,以设计出可行的、科学的市场调查方案。

(4) 文案调查可以配合原始资料更好地研究问题。许多市场调查课题的分析研究,往往需要原始资料与二手资料的相互配合、相互补充,才能更好地研究问题,解释调查结果,提高研究的深度和广度。

 课堂自我测评

测评要素	表现要求	已达要求	未达要求
知识目标	能掌握文案调查的含义		
技能目标	能初步认识文案调查方法的运用程序		
课程内容整体把握	能概述并认识文案调查的准备与实施工作		
与职业实践的联系	能描述文案调查的实践意义		
其他	能联系其他课程、职业活动等		

4.2　定性调查

任务提示：这是调查方法学习的第二课。认识市场调查中的定性调查,特别是从市场调查活动实践意义的角度认识定性调查的作用及其特点,在此基础上,认识定性调查工作及职业活动,并理解定性调查活动过程。

重点难点：定性调查的含义、特点、实施方法及适用范围。

通过文案调查,我们可以获知一些量化的数据,如查阅统计数据,某电子产品企业2020年度重点产品华北市场占有率下降了2个百分点。这时,企业如果想知道消费者的确切想法、这一趋势的发展方向,就必须借助定性调查。

4.2.1　定性调查认知

在市场调查实践中,定性调查的运用比较方便、快捷,也不需要进行严格的统计学设计,常常为进一步的定量调查提供方向与思路。

1. 定性调查的概念

简单来讲,定性调查是一种探索人们的动机、态度和对事物的性质的看法的研究方法。事物的性质往往可以用好坏、怎么样、如何等来表述。

重要术语 4-2

定 性 调 查

定性调查是指通常围绕一个特定的主题取得有关定性资料的调查方法,比如用来考查消费者的态度、感觉、动机、反应,或者用来了解问题的性质以及发展的方向。

例如,某企业对某一品牌巧克力的包装改换效果进行调查,结果表明,大部分在校大学生认为新包装是高档的,一部分上班族白领则认为新包装是中档的,这就属于定性调查的结果。定性调查强调要弄清楚研究对象的主观感受和心理好恶。

2. 定性调查的特点

定性调查是获得信息的重要方法,为进一步的定量研究提供方向和思路,一份设计严密的定量调查方案往往要以定性调查获取的信息作为重要基础。定性调查具有以下特点。

(1)定性调查的优点有:①在了解消费者的态度、感觉、动机、反应等方面,其作用无可替代;②可以有效配合定量调查,为了使收集的资料在广度和深度上扩展范围,在每次正规的定量调查的前后阶段,定性调查既是准备又是补充;③定性调查时间短、成本低。

(2)定性调查的缺点有:①定性调查的代表性不如定量调查,很难有把握地断定参加座谈会的消费者或专家能够代表他们所属的总体;②不能提供比较具体详细的信息,也不能显现市场机会或细分市场间的细微差异;③对访谈者和受访者的要求比较严格,双方的条件有任何不足都可能影响调查的质量。

4.2.2　定性调查的实施

定性调查的实施主要包括小组座谈会、深度访谈、投射技法、家庭访问、专家意见法等。

1. 小组座谈会

小组座谈会是市场调查中经常采用的一种定性调查方法,8~12人为一组,在一名专业主持人的引导下对某个主题或者概念进行深入的讨论。小组座谈会通常是在设有单面镜和监听装置的会议室完成的。

(1) 小组座谈会的准备。小组座谈会的准备通常包括以下工作。①选择座谈会环境。小组座谈会通常是在专业的测试室中进行的,采用被调查者不易发现的现场观察(如使用单面镜和闭路电视设备)、录像和录音设备对全程进行记录,便于事后分析。②征集参与者。参与者通常是有条件限制的,需要根据具体情况事先设计好一些条件,进行筛选,只有满足条件的合格的参与者才能参加座谈会。③选择主持人。小组座谈会的主持人需具备三个方面的才能。一是必须具备组织能力,能够恰如其分地掌控小组座谈会的进程;二是需要具备商务知识,熟悉和掌握测试内容;三是具有必要的工作技巧,如沟通技巧、倾听技巧、观察技巧、引导技巧等。④设定小组座谈会时间。小组座谈会的时间一般在两个小时左右。前10分钟由主持人介绍程序,在剩下的100分钟左右主持人占25%时间,被测试者占75%时间,一个被测试者实际发言的时间约10分钟。

(2) 小组座谈会的实施。小组座谈会的实施包括以下工作。①介绍。主持人自我介绍、参与者自我介绍。②会议要求说明。主持人将访谈目的清晰地传达给参与者。③问题讨论。主持人发动参与者对问题进行讨论。④撰写访谈报告。小组座谈会结束后,调查者写出访谈报告。

 拓展阅读 4-5

小组座谈会的特点

小组座谈会通常用于解决一些了解消费者行为、需求和态度的问题,所获得的结果是定性的。同时,它也是在定量调查之前必要的步骤之一,小组座谈会的一些结果可以作为定量调查问卷设计的基础。大多数的市场调查公司、广告代理商和消费品生产厂商都广泛使用这种方法。

小组座谈会的优点:①互动性强,可以激发各个参与者的新想法;②信息含量大,在短时间内快速收集到需要的信息;③现场进行问答,可以直接有效地获取所要的信息。

小组座谈会的缺点:①结论可能会存在偏激和不全面;②多人在一起,有的参与者在回答问题时会受其他人态度的影响;③实施成本高,对人员、场地要求都很高。

2. 深度访谈

深度访谈是市场调查中最常使用的一种定性调查方法,它的原意是访问者与被访问者相对无限制地一对一会谈。在市场调查领域中的深度访谈是指调查者对被调查者的一种无结构的、直接的、个人的访谈。在访谈过程中,由掌握高级访谈技巧的调查员对调查对象进行深入的访问,用以揭示对某一问题的潜在动机、态度和情感,最常应用于探测性调查。

(1) 深度访谈的特点。深度访谈的优点:①消除了被访问者的群体压力,因而每个被访问者会提供更真实的信息;②一对一的交流使被访问者感觉自己是被关注的焦点,更容易与访问者进行感情上的交流与互动;③与单个个体的交流时间较多,这可以鼓励他们提供更新、更多的信息;④可以更深入地揭示隐藏在表面陈述下的感受和动机;⑤因为不需要保持群体秩序,所以更容易临场发挥。深度访谈的缺点:①相对成本较高;②调查速度较慢,每天完成的调查样本量较少;③相对访问时间较长,可能会影响访问者和被访问者的情绪;④拒访率较高。

(2) 深度访谈的运用。深度访谈的应用范围包括详细了解复杂行为、敏感话题或对企业高层、专家、政府官员进行访问。在一些情况下,深度访谈是唯一获取信息的方法,如竞争者之间的调查和有利益冲突的群体之间的调查等。

3. 投射技法

小组座谈会与深度访谈属于直接方法,投射技法是一种无结构、非直接的询问方式,鼓励被调查者将他们隐藏在内心深处的潜在动机、态度和情感进行真实的表达。一般做法是,调查者给被调查者一个无限制的并且是模糊的情景,并要求被调查者作出反应。由于情景模糊,因此被调查者将根据自己的偏好作出回答。在理论上,被调查者将其情感"投射"在无规定的刺激上,因此被调查者并不直接谈论自己,所以就绕过了防御机制,在被调查者谈论其他事情或者其他人的同时,却透露了自己内心的情感。

(1) 投射技法的分类。统计与心理调查专家将投射技法发展为4种解决方案。

① 联想技法。即调查者给被调查者一个"词语"或者一个"物件",要求其说出自己的感受。这种方法通常用于产品品牌的选择、广告主题测试等方面。在被调查者面前设置某一刺激物,然后了解其最初联想的事物,最常用的为词语联想法。

🕊️📖 **例 4-1** 调查问题:提到国产品牌智能手机,你会想到哪三个品牌?(被调查者可能会说:华为、VIVO、小米,说明这三个品牌、厂家在被调查者心目中的地位或直观感受。)

🕊️📖 **例 4-2** 调查问题:提到"牙膏"一词,你脑海里首先联想到的一个词是什么?(如果被调查者迅速回答是"洁白",则说明其对牙膏的洁齿功效比较看重;如果迅速联想到"佳洁士",则说明被调查者比较偏好"佳洁士"品牌的牙膏。)

② 完成技法。即给出一种不完全的刺激场景或者一般语句,由被调查者来完成,常用的有句子完成法和故事完成法。句子完成法是被调查者拿到一段不完整的句子,根据自己的意愿进行补充完成;故事完成法是给被调查者一段有限制的较有情节的剧情,让其投射在剧情假定的人物上。

🕊️📖 **例 4-3** 调查问题:以下是一些产品的广告语,请根据你的记忆将下面的空格填充完整:① 我们不生产水,＿＿＿＿＿＿＿＿＿＿；② 小米,＿＿＿＿＿＿＿＿＿＿；③ 安踏,＿＿＿＿＿＿＿＿＿＿；④ 科技以人为本,＿＿＿＿＿＿＿＿＿＿。

③ 结构技法。即让被调查者看一些内容模糊、意义模棱两可的图片,然后要求其根据图片编一段故事并加以解释,通过被调查者的解释,了解其性格和态度及潜在需求。

例 4-4　调查问题:以下图片是一位同学看到小米平板电脑上市时发表的议论,如果这是你的同学,且你就在他的旁边,你会说＿＿＿＿＿＿＿＿＿。

④ 表现技法。即给被调查者提供一种文字或形象化的情景,请他们将其他人的态度和情感与该情景联系起来,具体方法有角色扮演法和第三者技法。

(2) 投射技法的运用。多数的投射测试是很容易的,它的问题像其他无规定答案的问题一样被列成表格。投射测试收集的资料比一般提问方法收集的资料更丰富,而且更具有揭示性。投射技法经常与印象调查问卷、观念测试法以及广告测试法一并使用。

4. 家庭访问

家庭访问是指经被调查者同意,调查小组深入被调查者家中进行观察及访问,甚至在被允许的条件下进行拍摄,主要用于了解被调查者这类人群所处的生活环境,了解其价值观念的产生根源。

5. 专家意见法

专家意见法(也称德尔菲法)也是一种常用的定性调查方法,它是 20 世纪 60 年代由美国兰德公司引进的。专家意见法是采用函询或现场深度访问的方式,反复征求专家意见,经过客观分析和多次征询,逐步使各种不同意见趋于一致。专家意见法一般要通过几轮征询才能达到目的。这种专家征询意见的方法,能够真实地反映专家们的意见,并能给决策者提供很多事先没有考虑到的丰富的信息。同时,不同领域的专家可以提供不同侧面极有价值的意见,为决策者进行决策提供充分依据。

📖 课堂自我测评

测 评 要 素	表 现 要 求	已达要求	未达要求
知识目标	能掌握定性调查的含义		
技能目标	能初步认识定性调查具体方法的运用		
课程内容整体把握	能概述并认识定性调查的准备与实施工作		
与职业实践的联系	能描述定性调查的实践意义		
其他	能联系其他课程、职业活动等		

4.3　访 问 调 查

任务提示:这是调查方法学习的第三课。认识市场调查中的访问调查,特别是从市场调查活动实践意义的角度认识访问调查的作用及其特点,在此基础上,认识访问调查工作及职业活动,并理解访问调查活动过程。

重点难点:访问调查的含义、特点、实施方法及适用范围。

由于调查目标的特殊或客观条件限制,所收集的二手资料往往不够用、不好用,这时就必须通过实地调查去收集原始资料。访问调查就是实地调查方法之一,因其收集的资料可以量化处理,访问调查也属于定量调查方法之一。

在市场调查实践中,访问调查常用的具体方法主要有入户访谈、拦截访问、电话调查、邮寄调查等类型。在西方国家,大约有55%的调查访问是通过电话完成的;入户调查大约占10%;邮寄调查相对较少,约占5%,这表明电话调查的应用程度广泛。还有一些是将各种调查方法结合起来进行的调查。

4.3.1　入户访谈

在调查实践中,入户访谈是十分有效的访问方式。对被调查者来讲,可以轻松地在一个自己感到熟悉、舒适、安全的环境里接受访谈;对调查者来说,面对面的访谈,能够直接得到信息反馈,还可以对复杂问题进行解释,从而加快了访问速度、提高了数据质量。入户访谈是定量调查中最常见的方法。

> **重要术语 4-3**
>
> ## 入 户 访 谈
>
> 入户访谈是指被调查者在家中(对企业用户是在单位中)单独接受访谈的一种调查方式,调查者按抽样方案的要求,到被抽中的家庭或企业单位中,按照事先规定的方法,选取适当的被访谈者,依照问卷或调查提纲进行面对面的直接提问,以获取信息的一种调查方法。

然而,今天随着人们家庭结构的变化、生活节奏的加快、观念的更新,在家中面对面访谈越来越少了,取而代之的是,大多数访谈在购物场所、商业街区进行。另外,入户访谈也广泛运用于与工业、企业用户进行的访谈,这类访谈主要指对商务人员在他们的办公室进行有关工业品或服务的访谈,所以也称经理访谈。

1. 入户访谈的特点

(1) 入户访谈的优点。①信息获取的直接性。进行面对面的访谈时,调查者可以采取一些方法来激发被调查者的兴趣。②调查组织的灵活性。调查者依据调查的问卷或提纲,可以灵活掌握提问的次序并及时调整、补充内容,弥补事先考虑的不周。③调查过程的可控制性。整个调查过程有调查者的监督,调查者可直接观察被调查者的态度,判别资料的真实可信度。④调查数据的准确性。由于程序较标准和具体,调查者还可以充分解释问题,从而提高了数据的准确性。

(2) 入户访谈的缺点。①时间限制。现代社会生活节奏快,人们来去匆匆,很难有人能够有时间回答完全部规定问题,调查者不得不费力寻找合格的被调查者,这就提高了调查成本。对于大规模、复杂的市场调查更是如此。②调查者的影响。调查者的素质、人际交往的能力、语言表达能力、责任感和道德观等都会影响调查的质量。③拒访率较高。人们的隐私保护意识加强,导致拒访的现象时有发生。

课堂讨论：目前,我国的家庭结构形式的变化对入户访谈的影响有哪些? 你认为在我国开展入户访谈的主要障碍有哪些?

2. 入户访谈的运用

(1) 访谈前的准备工作。首先是基本情况方面的准备。调查者要了解被调查者的一些基本情况,如生活环境、工作性质及由此形成的行为准则、价值系统。其次要做好工具方面的准备,最常用的如照相机、录像机、录音机、纸张文具以及测量用的表格问卷等。

(2) 访谈的步骤。入户访谈通常应遵循以下步骤。

① 首先要向被调查者做自我介绍。

例 4-5　自我介绍:"您好! 我是××公司的市场调查访问员。我们正在进行一项关于××型号汽车的市场调查,在众多消费者随机抽样中您家正好被抽中,我想占用您一点时间,希望没有打扰您!"

提示:自我介绍时要做到不卑不亢,使对方尽快了解你的身份,并认为你的访问是善意的,他的答复是有价值的,或这项调查研究是与他的切身利益有关的。说话时一定要彬彬有礼,同时可递上介绍信或学生证、工作证,以消除被调查者的戒心。

② 要详细说明这次访谈的目的。向被调查者说明本次访谈的目的与意义。

例 4-6　说明主题:这次调查的主要目的是了解您对我们公司××型号汽车的售后服务的意见或建议,您的回答将为我们服务范围的拓展、质量的提高、措施的改进提供重要的参考。

提示:言简意赅,尽快说明调查的主题范围,与被调查者初步建立起一种互相信任的关系。

③ 开始提问。按照预先的设计,开始向被调查者发问。

例 4-7　开始提问:这是我们印制的一份问卷,我们按顺序开始问答,好吗?

提示:发问开始,一般按问题的先后次序一一提问,可以适当地活跃气氛,避免使被调查者感到枯燥机械而情绪受到影响。即使被调查者答非所问,也要耐心地听,同时设法切入正题,但要选择有利的机会,避免对方察觉而感到不快。有些问题需要进一步"追问"的,使用"立即追问""插入追问""侧面追问"等方法,以被调查者不感到厌烦为限度。

(3) 特殊情况的处理。正在进行的访问也可能出现拒绝访问、因事忙碌或不想继续接待,被调查者身体不适,突然有事外出等。遇到这种情况,调查者不必气馁,除耐心说明调查目的外,还要了解拒访的原因,以便采取其他方法进行,也可以另约时间;或者帮助被调查者做点力所能及的事,争取得到继续的接纳;对于一些较敏感的问题或者被调查者认为有关他安全的问题,应该耐心解释或通过其他途径了解。

思政园地 4-1

央视街头采访：你幸福了吗

2012 年中秋、国庆双节前期,中央电视台推出了《走基层·百姓心声》特别调查节目"幸福是什么"。央视走基层的记者们分赴各地采访包括城市白领、乡村农民、科研专家、企业工人在内的几千名各行各业的工作者,提问的问题都是"你幸福吗"。一时间,"幸福"一词成为媒体热词。"你幸福吗",这个简单的问句背后蕴含着一个普通中国人对于所处时代的政治、经济、自然环境等方方面面的感受和体会,引发当代中国人对幸福的深入思考。

改革开放以来,我国人民物质生活水平大为提高,伴随而来的价值观、人生观和生活方式的变迁对当代中国人特别是青年人幸福观的形成产生了重大影响,中国人产生了新的选择困惑和幸福困惑;当前世界各国在关注经济发展的同时,将注意力转向国民幸福问题,中国政府对此问题的重视程度也不断加强,将提升国民的幸福感作为一项关系民生的重要工作。重提中国人的幸福观,既是时代发展的新要求,也是党和政府关注民生的新表现。

当然,这样一个抽象的问题也引发了不少回复。事实上,回答"你幸福吗"这个问题,在阐述个人主观体验的同时,也需要参考客观"语境"。不少网民认为,节目之所以能红,是因为相比于以往的街访,这次采访为了给民众留下更加"真实"的感想,观众以为"应该被剪掉"的许多片段都原汁原味地呈现在屏幕上。

问题:

(1) 街头访问能问出"幸福"吗?

(2) 如果让你去设计这样一个调查,你会怎么做?

4.3.2 拦截访问

拦截访问又称街头截访,一般有两种方式:一种是由访问员在事先选定的若干个地区选取访问对象,征得其同意后,在现场依照问卷进行面访调查;另一种是先确定地点,然后由访问员在事先选定的若干个地区选取访问对象,征得其同意后,将其引领到确定的地点进行面访调查。

拦截访问是一种十分流行的调查访问方法,通常被用于定量问卷调查的环节中,约占个人访问总量的三分之一。在美国,大约有500多家超市中设有调查机构的访谈室。作为入户访谈的替代方式,拦截访问是一种十分流行的询问调查方法。拦截访问程序如图4-3所示。

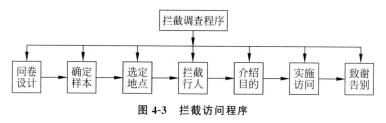

图4-3 拦截访问程序

1. 拦截访问的特点

(1) 拦截访问的优点。①节省费用。由于被调查者出现在调查者的面前,调查者可将大部分时间用于访谈,而省略了入户访谈的行程时间及差旅费用。②避免入户困难。在公开场所,被调查者没有过度的私密感,相对来讲比较容易接受访问。③便于对调查者的监控。拦截访问是在选好的地点进行,可以指派督导现场进行监督,以保证调查的质量。

(2) 拦截访问的缺点。①不适合内容较多、可能会有一些较复杂或不能公开问题的调查,会引起反感而遭到拒访。②调查的精确度可能很低。由于所调查的样本是随机拦截的,调查对象在调查地点出现带有偶然性,这可能会影响调查的精确度。③拒访率较高。调查对象有非常多的理由拒绝接受调查。

2. 拦截访问的运用

为了获得适合于大多数消费者的研究总体样本,购物中心、广场或商业街区往往成为拦截访问最普遍的地方。在大多数拦截访问中,市场调查人员被派到购物中心寻找可能适合于调查的人员。访问员接近被调查者,并请求他们参与现场采访。如果他们同意,调查访问开始,并且要感谢被调查者。如果他们拒绝,调查者继续寻找下一个人。

拦截访问的技巧如下。

(1)地点选择。一般选择繁华交通路口、户外广告牌前、商城或购物中心内(外)、展览会内(外)等。

(2)对象选择。该环节调查者必须有足够的耐心,通过运用自己的知识、经验和职业素养,从过往行人的言行、举止、穿着、大致年龄段等要素大致选定符合调查目标的对象。

(3)拦截对象。语言要求礼貌、具有一定的说服力,同时为了保证随机性,应该按照一定的程序和要求进行拦截。例如,每隔几分钟拦截一位,或每隔几个行人拦截一位等。

例 4-8 拦截对象:女士/先生,您好! 可以打扰您一下吗? 我是××公司的市场调查访问员,这是我的证件! 耽误您几分钟时间,有几个问题想问您一下,可以吗?

(4)面谈调查。征得对象同意后,在现场按照问卷内容进行简短的面谈调查。

3. 拦截访问的质量控制

为了保证拦截访问的质量,调查活动必须按照一定的规范进行。

(1)专人现场监控。按其特点划分不同的区域开展工作,不同的区域均有专人负责现场监控。

(2)调查督导人员随时巡查。由负责督导及复核的人员共同负责巡场工作,不定时巡视,以便及时发现问题并及时解决。

(3)确认被访者资格。由复核人员负责现场二次甄别工作,确保被访者符合被访条件。根据经验布置测试室,减少被访者间的相互干扰,便于收集更多的信息。

(4)详细审核调查问卷。现场对问卷进行百分百审核,审核无误后才让被访者离开及送礼品,以便及时补充访问,以确保问卷质量。

 拓展阅读 4-6

如何降低拒访率

(1)精心准备。调查者准备包括:要求衣装得体、精神饱满、言语诚恳、胆大心细、材料证件齐全;做好培训工作、试访演练、制作证件。

(2)按照被调查者的心理活动进行访问。①适应。开始访问非常关键,调查经验表明,如果被调查者了解要求并回答前三个问题,在一般情况下,对其他所有问题也会给予回答。②达到既定目的。在回答调查问题的过程中,篇幅很长时,为了激发被调查者的兴趣,可使用功能心理问题(如与女被访者谈论服饰,与男被访者谈论运动),调查内容应使被调查者感兴趣。其次,当遇到被调查者明显不真实的答复时,调查者应该及时停止,重复提问,并通过观察被调查者的态度以及客观环境来判断其答复不真实的原因,具体情况具体分析。如果确定被调查者不愿配合,只是敷衍了事,调查者提醒后仍然如此,必须终止访问。③结束访问。结束访问也比较重要。如果被调查者还未说完,或者还有某些紧张感,调查者要设计一些轻松的问题,有助于消除被调查者的紧张状态和为其提供表达感情的可能。

4.3.3 电话调查

电话调查是指调查者通过电话进行语言交流,从被调查者那里获取信息的一种调查方法。在我国,许多企业、调研公司也开始纷纷引入计算机辅助电话访谈系统(GATI)。电话调查通常以电话号码簿为基础随机抽样进行,如果抽样恰当、回访程序科学,就可能获得高质量的样本。

1. 电话调查的优点

(1)效率较高。电话调查省去了花费在路途上的时间,与入户访谈相比,时间短、速度快。电话调查能及时收集被调查者的答案,与邮寄调查相比,速度快,因而是效率较高的调查方式。而且与入户访谈相比,还可以访问到不易接触到的对象。

(2)可以获得更为有效的应答。电话铃响起,一般人都会去接,这就大大降低了拒访的可能;一些比较敏感的问题如教育水平、收入、分期付款等,在入户访谈和拦截访问面对面情况下,被调查者会感到有些不自然,回答率较低,而在电话调查中则能获得较坦诚的回答。

(3)易于控制实施质量。调查者集中在同一房间拨打电话,督导可以随时检查访问情况、访问技巧等,也可以随时对问题进行修改。与入户访谈和邮寄调查相比,其调查质量可以大大提高。

(4)费用较低。电话调查与入户访谈相比,入户调查需要的调查人员多、交通费用高,所花的费用很高。电话调查相对来说费用较低。

2. 电话调查的缺点

(1)电话调查的成功率受限制。电话号码的编制采用的是随机数表的方法,有些号码可能未开通或是空号或已经停用,另外受访对象如果正在忙于其他事务,或误以为是一般推销商的电话,都可能拒绝接受调查。这些原因使电话调查的成功率受限制。

(2)电话调查的时间受限制。设计的问题不宜过长,电话调查的时间一般应控制在20分钟以内,以免引起被调查者的反感。如开车时不方便接听手机,或一些敏感信息不想被人听到。

(3)电话信号的覆盖率不高会影响调查。特别是在边远地区、山区,电话信号覆盖率低,影响样本选择,从而影响样本的代表性。

(4)对被调查者的提示受限。由于无法提供直观教具,不能对被调查者进行现场启发。

课堂讨论：在我国,开展电话调查的主要障碍有哪些? 移动电话的普及对电话访问有哪些影响?

4.3.4　邮寄调查

邮寄调查是指由市场调查人员把事先设计好的调查问卷通过邮寄的方法寄给已经联系好的被调查者,由被调查者填写完成以后再寄回,调查人员通过对问卷进行整理、分析,获取市场信息的一种调查方法。

1.邮寄调查的优点

(1)费用较低。邮寄调查不需要专门进行调查者的招聘、培训、监控以及支付报酬,调查的费用较低。

(2)调查者的影响较小。该方式避免了由于调查者的干扰而产生的信息失真。

(3)调查区域广泛。该方法被调查的对象广泛,调查面广。

(4)应答更确切。被调查者的匿名性较强,又可以有充分的时间来考虑,填写较为灵活、自由、方便。

2.邮寄调查的缺点

(1)问卷回收率低。邮寄调查存在调查问卷没有被收回或未答完就寄回的现象。

(2)缺乏对被调查者的控制。被调查者可以在回答任何问题前浏览和思考所有问题,所以对问题呈现的顺序无法控制,造成结果的真实度降低。

(3)应答者会有选择偏见。这是指那些有别于没有填完问卷就归还问卷的被调查者,他们反馈回来的问卷存在答非所问的情况。因此,通过这种方法获得的样本就不具有普遍意义上的典型性。

3.提高邮寄调查的反馈率的方法

邮寄调查存在回收率低、回收时间长等问题,并且一直是困扰市场调查人员的难题。为了提高邮寄调查的反馈率,从事市场调查的机构和个人进行了许多探索,也总结出不少方法,如物质刺激、贴上回程的邮票、电话提醒等。

 课堂自我测评

测评要素	表现要求	已达要求	未达要求
知识目标	能掌握访问调查的含义		
技能目标	能初步认识访问调查具体方法的运用程序		
课程内容整体把握	能概述并认识访问调查的准备与实施工作		
与职业实践的联系	能描述访问调查的实践意义		
其他	能联系其他课程、职业活动等		

任务 4 小结

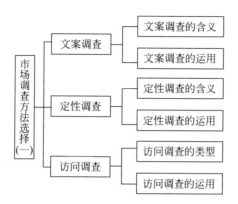

教学做一体化训练

重要术语

文案调查　定性调查　入户访谈

课后自测

一、单项选择题

1. 文案调查中,不直接接触( ),不存在与被调查者的人际关系。

A. 调查人员　　　　B. 被调查者　　　　C. 调查环境　　　　D. 调查数据

2. ( )可以配合原始资料更好地研究问题。

A. 文案调查　　　　B. 实地调查　　　　C. 定性调查　　　　D. 观察调查

3. 定性调查是一种探索人们的动机、态度和对事物的( )的看法的研究方法。

A. 方向　　　　　　B. 范围　　　　　　C. 领域　　　　　　D. 性质

4. 深度访谈用以揭示对某一问题的潜在动机、态度和情感,最常应用于( )。

A. 探索性调查　　　B. 描述性调查　　　C. 预测性调查　　　D. 因果性调查

5. 邮寄调查存在( )、回收时间长等问题,并且一直是困扰市场调查人员的难题。

A. 回收率低　　　　B. 费用昂贵　　　　C. 数据质量较低　　　D. 速度慢

二、多项选择题

1. 文案调查的优点有( )。

A. 受到时空的限制较少,获取的信息资料较丰富

B. 操作起来方便、简单,能够节省时间、精力和调查的费用

C. 内容比较客观,适宜纵向比较

D. 可为实地调查提供经验和大量背景资料

2. 文案调查应该遵循的原则有( )。

A. 广泛性原则　　　B. 针对性原则　　　C. 时效性原则　　　D. 连续性原则

3. 定性调查的缺点有(　　　)。

　　A. 定性调查的代表性不如定量调查,很难有把握地断定参加座谈会的消费者或专家能够代表他们所属的总体

　　B. 不能提供比较具体详细的信息,也不能表现市场机会或细分市场间的细微差异

　　C. 对访谈者和受访者的要求比较严格,双方的条件有任何不足都可能影响调查的质量

　　D. 不能单独运用

4. 入户调查的优点有(　　　)。

　　A. 信息获取的直接性　　　　　　　B. 调查组织的灵活性

　　C. 调查过程的可控制性　　　　　　D. 调查数据的准确性

5. 拦截访问的缺点有(　　　)。

　　A. 不适合内容较多、较复杂或不能公开的问题的调查

　　B. 调查的精确度可能很低

　　C. 拒访率较高

　　D. 问卷长度不能超过 15 分钟

6. 邮寄调查的优点有(　　　)。

　　A. 费用较低　　　　　　　　　　　B. 调查者的影响较小

　　C. 调查区域广泛　　　　　　　　　D. 应答更确切

7. 为降低拒访率,(　　　)。

　　A. 调查者要衣装得体、精神饱满

　　B. 调查者要言语诚恳、胆大心细

　　C. 调查者要材证齐全

　　D. 调查者要依据被调查者的心理活动过程进行访谈

三、判断题

1. 实地调查是收集二手资料的方法之一。　　　　　　　　　　　　　　(　　)

2. "神秘顾客"是非公开观察的一种方法。　　　　　　　　　　　　　(　　)

3. 实地调查采用的方法不同,所必需的费用也不同。　　　　　　　　　(　　)

4. 在面对面访谈调查活动中,调查人员应该灵活变通、因地制宜以求随时掌控访谈进程,取得较好的调查效果。　　　　　　　　　　　　　　　　　　　　　(　　)

5. 文案调查可以使调查人员在足不出户的情况下收集相关信息资料。　　(　　)

四、简答题

1. 为什么要进行实地调查?

2. 入户访谈前应该做好哪些准备?

3. 结构性、非结构性观察各指什么?二者有哪些区别?

4. 简述拦截访问的程序。

案例分析

1986 年暑假,我们一家三口来到北京旅游。那天,骄阳似火,几乎快将整个京城烤焦

了。在北海公园的树荫下,我们正准备休息片刻。不一会儿,一位衣着得体,看上去文静、清秀的女孩微笑着朝我们走来说:"我是北京商学院的学生,暑假里被肯德基公司聘为临时职员,公司为了征求中国顾客对肯德基的意见,在公园里设置了免费品尝点,还准备了一些免费饮料。"她指着公园东南边的小餐厅说:"各位能否帮助我完成工作?谢谢。"

我们随着她走进了餐厅。餐厅内,大理石地面、奶白色的墙纸、粉红色的窗帘,两边墙上各有一排古铜色、方形的红运扇,正面墙上挂着巨大的迎客松图,20多张大圆桌上铺着洁白的桌布,宽大明亮的窗户外是翠绿婆娑的修竹……这里的一切使人仿佛身处春天。

一位衣冠楚楚的男士彬彬有礼地请我们就座,并在每个人面前摆放好以塑料袋盛装的白毛巾,随之送上苏打饼干和白开水,以消除口中异味,片刻后又送上油亮嫩黄的鸡块。

品尝后,一位女士开始发问:"您觉得这鸡块做得老了还是嫩了?""鸡块外表是否酥软?""鸡块水分多了还是少了?""胡椒味重了还是轻了?""是否应加点辣椒?""味精用量如何?""还应加点什么作料?""鸡块大小是否合适?""这块鸡块卖9元是贵还是便宜?"……其项目十分详细,令人赞叹。"那么,您对餐厅设计有什么建议?"她边说边拿出一大本彩色画册,显示了各种风格、色调和座位布置的店堂设计。她一边翻着画册,一边比画着这个餐厅的设计问我们一些问题,诸如墙壁、室内光线明暗等。

为了使气氛更加轻松愉快,她聊起北京的天气和名胜古迹,然后谈话很自然地又引入她的话题。"您认为快餐店设在北京哪儿最好?""像您这样的经济状况的人每周可能光顾几次?""您是否愿意携带家人一起来?"……最后,她询问了我们的地址、职业、收入、婚姻和家庭状况等。

整个询问过程不到20分钟。那位女士几乎收集到了我们能够给予的全部信息。临行前,引我们入座的那位男士又给我们每人送上一袋热乎乎的炸鸡,纸袋上"肯德基"的字样分外醒目。"带给您的家人品尝,谢谢您的帮助。"他轻声说道。

1987年,我们听说美国肯德基炸鸡公司在北京前门开业,他们靠着鲜嫩香酥的炸鸡、纤尘不染的餐具、纯朴洁雅的美国乡村风格的店容,加上悦耳动听的钢琴曲,赢得了来往客人的声声赞许。这时我们才意识到当初肯德基公司设置品尝点的良苦用心及其价值。

从案例中可以看出,肯德基在切入北京市场前采用了访谈调查法。它将这一方法运用得娴熟得当。具体表现为,随机抽取调查对象,保证调查的真实性与可靠性;调查内容非常广泛深入,足以保证调查的收益;访谈调查中间或有些闲话,起到调节气氛的作用,是调查人员经验老到的表现;馈赠小礼物既是一种感情沟通,也是一种宣传手段。整个调查过程流畅自然,既获得了大量的资料,又为塑造企业、产品形象作出不可低估的努力。

阅读材料,回答以下问题:

(1)肯德基在进入北京市场前采用了什么调查方法?

(2)这样的调查收集的信息可信度高吗?为什么?

 同步实训

实训名称:文案调查。

实训目的：认识文案调查的操作要领以及现实意义。

实训内容：

(1) 设定某一调查主题，如 2020 年中国汽车产销状况、2020 年中国对外贸易状况等，围绕这一主题，通过文案调查收集相关资料。

(2) 讨论分析所收集到资料的来源及权威性。

实训组织：学生分小组，讨论资料收集路径与方法，开始资料收集；讨论资料的来源渠道及其权威性；讨论分析文案调查过程中会遇到的问题，以及如何克服，并写出书面的讨论报告。

实训总结：学生小组交流资料收集结果，教师根据讨论报告、PPT 演示、讨论分享中的表现分别给每组进行评价打分。

 # 学生自我学习总结

通过完成任务 4 的学习，我能够作如下总结。

一、主要知识点

任务 4 中主要的知识点如下。

(1)

(2)

二、主要技能

任务 4 中主要的技能如下。

(1)

(2)

三、主要原理

实地调查在市场调查活动中的地位与作用如下。

(1)

(2)

四、相关知识点

任务 4 涉及的主要相关知识点如下。

(1) 文案调查与市场调查成本的关系是：

(2) 定性调查的科学原理有：

(3) 访问调查解决的特定问题有：

五、学习成果检验

完成任务4学习的成果如下。

(1) 完成任务4学习的意义有:

(2) 学到的知识有:

(3) 学到的技能有:

(4) 你对市场调查方法选择(一)的初步印象是:

任务 5

市场调查方法选择(二)

学习目标

知识目标

1. 认识观察调查的含义。
2. 认知实验调查的含义。
3. 认知网络调查的含义。

技能目标

1. 能组织观察调查活动。
2. 能说明实验调查的要领。
3. 能结合实际进行网络调查。

思政目标

1. 培养细致入微的观察能力。
2. 体会我国信息技术发展成就。
3. 遵守互联网调查伦理道德。

任务解析

根据市场调查职业工作活动顺序和职业能力分担原则,"市场调查方法选择(二)"任务可以分解为以下子任务。

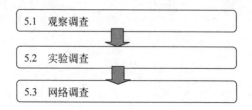

```
5.1  观察调查
        ↓
5.2  实验调查
        ↓
5.3  网络调查
```

课前阅读

"神秘顾客"是国外市场调查活动中比较常用的一种方法。"神秘顾客"又称伪装购物者,与一个正常买商品的顾客一样,会与服务人员进行交流,咨询与商品有关的问题,挑选商品,比较商品,最后作出买或不买某种商品的决定。"神秘顾客"调查法在国外应用很广泛。美国大约有200家这样的专门公司,其中最大的一家公司有100多名职工和500多名"神秘顾客",已经经营了10多年,有十几万美国商店和服务单位接受了它的调查。其方法是让经过专门训练的"神秘顾客"作为普通的消费者,可买也可不买商品,买了觉得不好也可退货。要求他们详细记录下他们购物或接受服务时发生的一切情况,然后填写一份仔细拟订过的调查表。其目的是分析商店或服务单位的服务质量和不良运转情况。在我国,很多外企经常运用"神秘顾客"来调查其在中国的分公司或代理商。

肯德基就用"神秘顾客"监督分店。肯德基国际公司雇用、培训了一批人,让他们佯装顾客、秘密潜入店内进行检查评分,这些"神秘顾客"来无影、去无踪,而且没有时间规律,这就使快餐店的经理、雇员时时感受到某种压力,丝毫不敢疏忽,服务质量也就越来越好。

问题:

(1) 为什么会有"神秘顾客"?

(2) 这种观察对于改善经营有什么作用?

(3) 这种调查还可应用于哪些场合?

在市场调查活动中,一般以收集二手资料作为开始,但有时由于调查目标的特殊要求或一些客观条件的限制,导致二手资料不够用、不好用、不全面、不系统,或者只有现行资料才能帮助调查活动继续进行时,就必须借助于实地调查去收集原始资料,即第一手资料。原始数据收集可以借助于观察调查、实验调查、网络调查等方法。

5.1 观察调查

任务提示:认识市场调查中的观察调查,特别是从市场调查活动实践意义的角度认识观察调查的作用及其特点,在此基础上,认识观察调查工作及职业活动,并理解观察调查活动过程。

重点难点:观察的含义与类型、观察调查的优缺点及应用范围。

人们每天都在有意无意地对事物进行观察、审视,将这种方法引入市场调查工作领域,规定了一定的条件、操作规程,就成为一种实地收集市场信息的方法。

5.1.1 观察调查认知

观察调查主要观察人们的行为、态度和情感,记录调查对象的活动或现场事实,调查者可以用眼看、用耳听,也可以利用电视、网络、移动设备等,一起来测量和分析消费者,以捕捉一些重要信息。如美国尼尔森通过提供两个重要的电视机收视服务,通过多种途径收集家庭数据,包括观众人口统计信息,以此来分析消费者群体。还有许多商家要求消费者下载其移动端APP,通过APP应用情况来观察消费者,为消费者画像。

1. 观察调查的概念

观察调查具体体现为对现象的观察和对顾客的观察。

重要术语 5-1

观 察 调 查

观察调查是调查人员在现场通过自己的感观或借助影像摄录器材,直接或间接
观察和记录正在发生的行为或状况,以获取第一手资料的一种实地调查方法。

有些情况下,观察是唯一可用的调查方法,比如对于由于年龄小而不能准确表达自己偏
好和动机的幼儿,就只能使用观察法去判断他们所要表达的意思。但是,观察法只能观察到
一些表面状况,不能了解到一些内在因素的深刻变化。在实践中,观察法较多地与其他调查
方法结合运用,才能取得更好的效果。

2. 观察调查的条件

要想成功使用观察法,必须具备以下条件:①所需要的信息必须是能观察到并能够从
观察的行为中推断出来的;②所观察的行为必须是重复的、频繁的或者是可预测的;③被调
查的行为是短期的,并可获得结果的。

5.1.2　观察的类型

观察有多种形式,从事市场调查的人员可以根据不同的情况,采取不同的观察方法。作
为收集资料的主要方法之一,观察法可以根据不同的标准划分为以下类型。

1. 参与观察与非参与观察

(1) 参与观察。参与观察是指观察者直接加入某一群体之中,以内部成员的角色参与
他们的各种活动,在共同生活中进行观察,收集与分析有关的资料。

(2) 非参与观察。非参与观察是指观察者不参与被观察者的任何活动,以旁观者的身
份,置身于调查群体之外进行的观察。在非参与观察中,作为一名旁观者,观察结果可信度
高,但却不能了解到被观察者的内心世界,不能获取深入细致的调查资料。

2. 公开观察和非公开观察

(1) 公开观察。公开观察是指被管观察者知道自己正在被观察。通常情况下,观察员
的公开出现将影响被观察者的行为,他们可能会表现出与平常有所偏差的特征。

(2) 非公开观察。非公开观察是在不为被观察的人、物或事件所知的情况下观察他们
行动的过程。非公开观察的最普遍形式是装扮成普通顾客在现场观察人们的行为,观察结
果相对真实、可信。例如,市场调查人员可以装扮成一名购物者来到食品超市,观察购买食
品的顾客如何走到某大类产品前,测量他们在陈列区停留的时间有多长,看看他们是否在寻
找某个产品时遇到了困难,他们是否阅读产品包装,如果读的话,在包装上面寻找信息是不
是看上去很困难等。

课堂讨论:被调查者如果是处在非自然状态下接受观察调查,会怎么样?如果观察
者没有任何目的,只是随便看看,能否得出观察结论?为什么?

3. 结构式观察和非结构式观察

(1) 结构式观察。结构式观察是指调查者事先制定好观察的范围、内容和实施计划的观察方式。由于观察过程标准化,能够得到比较系统的观察材料,以供分析和研究使用,如表 5-1 所示。

表 5-1　书店服务评价表样本

店名_____	日期_____
服务员_____	购买者_____

进入书店的时间_____离开书店的时间_____
等候服务员的时间_____分钟 1　2　3　4　5
问题(三项全部做到的 5 分)
_____微笑迎接顾客
_____主动提问"今天我能为您做什么?"
_____至少提出一个附加性的问题来帮助顾客
否□　是□　带领顾客到相应的图书区
否□　是□　向顾客介绍两种以上的相应书籍

提示:这是某书店为了调查店员服务情况设计的调查表格。

(2) 非结构式观察。非结构式观察是指对观察的范围、内容和计划事先不作严格限定,根据现场的实际情况随机决定的观察。非结构式观察主要适用于对探测性调查或者对被调查者缺乏足够了解的情况下使用,比较灵活,可以充分发挥调查者的主观性、创造性。但是得到的观察资料不系统、不规范,受观察者个人因素影响较大,可信度较差。

4. 直接观察与间接观察

(1) 直接观察。直接观察是指观察者直接到现场观看被观察者的情况,即观察者直接"看"到被观察者的活动。

(2) 间接观察。间接观察是指观察者通过对与被观察者关联的自然物品、社会环境、行为痕迹等事物进行观察,以便间接反映调查对象的状况和特征。例如,通过对住宅小区内停放的车辆档次等方面的观察,也可反映该小区人们生活水平的变化等。

案例 5-1	APP 用户行为观察

用户行为是指用户在产品中进行的操作、留下的痕迹,怎么使用产品,为什么使用产品,包括产品主要功能的使用、页面浏览、使用路径等。为什么用户行为这么重要?因为用户行为反映了用户怎么使用产品,是用户有意识或者无意识的主动操作?了解用户行为有利于企业还原用户使用场景,比如用户怎样使用产品功能、用户使用产品的流程是怎样的、用户内容偏好是怎样的、在什么场景下会有什么样的行为,有利于企业优化产品和运营、提高用户体验。

(资料来源:搜集资料整理改编.)

评析:采集完整的用户行为数据,有利于企业更加了解用户,提升产品和运营效率。

5. 其他类型的观察

(1) 自我观察。自我观察是个人按照一定的观察提纲自己记载自己的行为、行动。进行自我观察,观察者既是主体,又是被观察对象。

(2) 设计观察。设计观察是指观察者没有扮演任何角色,被观察的人没有意识到他们被观察,在这种经过设计的环境中进行的调查活动。

(3) 机器观察。机器观察是指借助机器完成的调查活动,如交通流量计算器、生理测量装置等。在特定的环境中,机器观察比人员观察更客观、精确,更容易完成任务。

 拓展阅读 5-1

"无间道"的人文调查

人文调查是一种新型的、有争议的、在很大程度上依赖观察法的市场调查方法。与传统意义上的调查人员置身于被研究系统之外的研究方法相比,人文调查提倡调查人员深入系统内部进行观察。因此,传统的调查可能会进行一个大规模的调查或实验来检验假设,而人文调查人员从事"浸入式调查",也就是说成为自己所研究的小组的一部分,即像影视作品中的"无间道"。

5.1.3　观察调查的特点及应用范围

1. 观察调查的优点

(1) 实施简便易行。观察调查灵活性较强,观察者可随时随地进行调查,对现场发生的现象进行观察和记录,通过一些影像手段,还可以如实反映或记录现场的特殊环境和事实。

(2) 过程排除干扰。观察者不会受到被观察者回答意愿、回答能力问题的困扰。特别在非参与观察的情况下,观察者不需和被观察者进行语言交流,可以排除语言交流、人际交往给调查活动带来的干扰。

(3) 信息直观可靠。观察调查可以在被观察者不知情的情况下进行,避免了对被观察者的影响,被观察者的行为能够保持正常的活动规律,观察者所观察到的信息客观准确、真实可靠。

2. 观察调查的主要缺点

(1) 耗时过长导致调查成本提高。在实践中,一些特殊的调查项目需要大量观察员进行多次、反复的观察,调查费用随之提高;有时还需要一些特定环境的设计,也会出现调查时间的延长。

(2) 只看表象致使观察深度不够。观察法只能观察表面资料,不能了解一些市场因素发生变化的内在原因,因而观察的深度往往不够。

(3) 人员素质引发观察结论误差。观察法对观察人员的素质提出了较高的要求。观察者熟知市场营销知识、掌握操作技能、具备敏锐的观察力、了解必要的心理学理论、具有良好的道德规范。在进行观察时,人的因素非常关键,观察者的素质不同,观察的结果也不同,易产生观察结论误差。

案例 5-2　　　　　　　　　　观察决定货品陈列

你知道吗? 超市的商品不是随便摆放的! 经营者常常通过观察超市里顾客的轨迹决定

货品的陈列。通常调查者会在通道示意图上标出购物者的行走路线。通过有代表性的购物者之间行走路线的比较,就可以决定哪里是摆放能引起顾客购物冲动的商品的最佳地点。

一般来说,零售商希望商店中的商品尽可能多地暴露在购买者面前。如超市往往将必需品摆放在商店的后部,其目的就是希望购物者在走到通道的另一端去选购牛奶、面包及其他必需品的路上能够产生购物冲动,将更多的物品放进他们的购物篮里。

(资料来源:搜集资料整理改编.)

评析:超市的货品陈列不是随意的,是在分析消费者心理、行进路径的基础上作出的选择。

3. 观察调查的应用范围

观察调查主要用于以下领域:车站码头、商场顾客流量的测定;主要交通要道车流量的测定;对竞争对手进行跟踪或暗访观察;消费者购买行为、动机、偏好调查;产品跟踪测试;商场购物环境、货品陈列、服务态度调查;生产经营者现场考察与评估;与询问调查法结合使用。

 拓展阅读 5-2

购买行为观察

购买行为观察包括对购物者或消费者在各种不同场景中的行为进行现场观察或是先摄影再观察。

一些观察发现包括:设立刊物和书籍等读物架子,可以将顾客结账等候时间缩短 15%;人行横道可以使人们在 8 米内减速,所以没有明显视觉吸引力的商店可能会被错过;店内的特别展品如果移到后面靠近后部"解压区"的地方,可以让更多的顾客看到,因为顾客需要调整适应灯光和环境;老年人趋向于三三两两或是许多人一起购物,所以,商店在通道旁应设有椅子。当他们那些更有活力的朋友浏览其他商品时,可供他们休息;大型玩具商店忽略了那些祖父母身上大有生意可做,他们由于得不到不同年龄段的儿童什么玩具适合和流行的建议而不去购买;购物者在购买一种产品之前的平均接触次数,口红为 6 次、毛巾为 6 次、唱片和玩具为 11 次。

 课堂自我测评

任 务 指 标	表 现 要 求	已达要求	未达要求
知识目标	掌握观察调查的概念、特征和意义		
技能目标	能进行观察调查操作活动		
对课程内容的整体把握	能概述并认识观察调查知识与技能		
与社会实践的联系程度	能描述观察调查的实践意义		
其他	能联系其他课程、职业活动等		

 5.2 实 验 调 查

任务提示:认识市场调查中的实验调查,特别是从市场调查活动实践意义的角度认识实验调查的作用及其特点,在此基础上,认识实验调查工作及职业活动,并理解实验调查活动过程。

重点难点:实验调查的含义、特点、实施方法及适用范围。

5.2.1 实验调查认知

实验调查是将自然科学中的实验求证理论移植到市场调查中,在给定的条件下,对市场经济活动的某些内容及其变化加以实际验证,通过调查分析获得市场资料。

1. 实验调查的概念

实验调查既是一种实践过程,也是一种认识过程,它将实践与认识统一为调查研究过程。调查者经常通过改变某些因素(自变量)来测试对其他因素(因变量)的影响,通过实验对比分析收集市场信息资料。

重要术语 5-2

实 验 调 查

实验调查是指从影响调查问题的许多因素中选出一个或两个因素,将它们置于一定条件下进行小规模的实验,然后对实验结果进行分析,研究是否值得大规模推广的一种实地调查法。

实验调查属于因果关系研究的范畴。如产品的品质、价格(自变量)等改变后,企业产品销售量、市场份额(因变量)有什么样的变化。

2. 实验调查的特点

实验调查是一种具有实践性、动态性、综合性的直接调查方法,它具有其他调查方法所没有的优点,同时也有其自身的局限性。

(1) 实验调查的优点。①能够揭示市场变量之间的因果关系,从而采取相应的营销措施,提高决策的科学性;②能够控制调查环境和调查过程,而不是被动、消极地等待某种现象的发生;③能够提高调查的精确度。

(2) 实验调查的缺点。①在实验过程中,经常会出现随机的、企业不可控的因素和现象,这些因素会在市场上发生作用,并对实验进程产生影响,进而影响实验效果;②调查的时间较长;③调查的风险较大,费用也相对较高;④实验调查的应用在实施时需要专业人员操作,难度较大。

5.2.2 实验调查的实施

实验调查的应用范围很广,如改变商品包装、改变产品价格、改进货品陈列以及进行新产品实验等,均可以用到实验法。

1. 实验调查的基本要素

实验调查有三个基本要素:①实验者,实验者是进行实验调查的有目的、有意识、有计划的行动主体;②实验对象,实验对象是实验调查所要认识和分析研究的客体;③实验环境,实验环境是实验对象所处的各种条件的总和。实验调查的过程就是实验者控制这些条件,使一些条件发生变化,另一些条件不发生变化,或使某几个条件相互作用、相互影响的过程。

2. 实验调查的实施程序

实验调查的实施程序如图 5-1 所示。

明确实验目标 → 选择实验对象 → 确定实验方法 → 控制实验环境 → 测评实验效果

图 5-1 实验调查的实施程序

3. 实验调查的主要方法

(1) 实验前后无控制对比实验。这种实验方法是指通过对实验单位在实验前和实验后的情况进行测量、对比和分析,引入实验因素(自变量和因变量),来了解实验效果的一种方法。

例 5-1 某品牌手机制造商为了扩大销售,计划将手机的 Android 9.0 操作系统升级到 Android10.0,但对手机操作系统的提升会不会大幅度提高销量没有把握,因此决定采用实验前后无控制对比实验的方法进行调查。具体操作步骤如下。

① 选定实验对象,即将该企业 A、B 两种规格的手机作为实验对象。

② 对其实验前一段时间,如一个月内的手机销售额进行统计。

③ 然后销售提升了手机操作系统的手机。

④ 统计相同时间内新手机的销售额。

⑤ 检测试验效果,如表 5-2 所示。

表 5-2 ××型号手机销售统计表　　　　　　　　　　　单位:元

实验单位	实验前销售额 Y_1	实验后销售额 Y_2	前后变化 $Y_2 - Y_1$
A	35 600	54 600	+19 000
B	18 900	25 800	+6 900
合计	54 500	80 400	+25 900

通过表 5-2 的数据,实验变数效果为 $Y_2 - Y_1$,可以看出手机操作系统的提升使销售额增加了。经分析,在手机销售额增加的过程中,无其他因素影响或影响甚少,可以判定是操作系统的提升带来了销售量的扩大,可以作出提升手机操作系统的决策。

(2) 实验前后有控制对比实验。这种实验方法是指为了消除实验期间一些外来因素的影响(如季节变化、供求关系等),提高实验结果的准确性,在同一时间周期内,随机抽取两组条件相似的单位作为实验单位,一组为实验组,选取另一组为参照组或对比组,也称控制组。在实验时,要对这两组分别进行实验前测量和实验后测量,一般将实验前实验组的销售量(额)设定为 X_1,控制组的销售量(额)设定为 Y_1;实验后实验组的销售量(额)设定为 Y_2,控制组的销售量(额)设定为 X_2。然后进行实验前、实验后对比,以得出实验结论,为营销决策提供依据。

$$实验变量效果＝(X_2－X_1)－(Y_2－Y_1)$$

例 5-2　某食品销售企业为了扩大市场份额,欲对其主要产品某品牌的巧克力进行包装调整,但对广告公司提供的包装设计样品没有太大把握。于是公司决定在市区内选择 6 家市场规模及消费水平非常接近的超市作对比测试。其中 A、B、C 为实验组,销售改换包装后的巧克力;E、F、G 为控制组,继续销售未改换包装的巧克力,实验期为一个月。

具体销售数据如表 5-3 所示。

表 5-3　××牌巧克力销售量统计表　　　　　单位:元

组　别	实验前 1 个月的销售额	实验后 1 个月的销售额	变动量
A、B、C 实验组	$X_1＝2\,400$	$X_2＝3\,100$	700
E、F、G 控制组	$Y_1＝2\,400$	$Y_2＝2\,600$	200

从表 5-3 中可以看出,实验组和控制组在实验前的销售额都是 2 400 元;实验组在实验后的销售额为 3 100 元,控制组在实验后的销售额为 2 600 元。实验前后对比,实验组的销售额增加了 700 元;控制组的销售额增加了 200 元。

实验变量效果＝$(X_2－X_1)－(Y_2－Y_1)＝700－200＝500$(元)。该企业设计的新型外包装使巧克力销售额增加 500 元,可以判断,外包装的改变对销售有促进作用,企业便可作出改换外包装的决策。

(3) 实验组与控制组连续对比实验。在实际生活中,控制组与实验组的条件是不相同的,往往会影响实验结果。为了消除非实验因素的影响,可以采用实验组与控制组连续对比实验。控制组在实验前后均经销原产品;实验组在实验前经销原产品,在实验期间经销新产品,然后通过数据处理得出实验结果。

例 5-3　某食品厂为了检测某种巧克力糖果新包装的市场效果,选择了三家商场作为实验组,再另选三家商场作为控制组,实验期为 1 个月,其销售量统计如表 5-4 所示。

表 5-4　××牌巧克力新包装销售量测试统计表　　　　　单位:吨

组　别	实验前	实验后	变动量
A、B、C 实验组	6.5(原包装)	9.8(新包装)	3.3
E、F、G 控制组	6.38(原包装)	7.5(新包装)	1.12

实验组的新包装巧克力比原包装巧克力在实验后增加了 3.3 吨,扣除控制组增加的 1.12 吨,以及实验前两组的差异 0.12 吨,实验结果表明,新包装巧克力比原包装扩大了销售量,改进后的新包装市场效果十分明显。

课堂自我测评

任务指标	表现要求	已达要求	未达要求
知识目标	掌握实验调查的概念、特征和意义		
技能目标	能进行实验调查设计与操作		
对课程内容的整体把握	能概述并认识实验调查整体知识与技能		
与社会实践的联系程度	能描述实验调查的实践意义		
其他	能联系其他课程、职业活动等		

5.3 网络调查

任务提示：认识市场调查中的网络调查，特别是从市场调查活动实践意义的角度认识网络调查的作用及其特点，在此基础上，认识网络调查工作及职业活动，并理解网络调查活动过程。

重点难点：网络调查的含义、特点、实施方法及适用范围。

5.3.1 网络调查认知

网络调查以技术创新为突破口，缩短了数据采集周期，也加快了企业应对市场变化高效决策的进程。网络调查也降低了项目成本，使市场调查从数十万数百万的"奢侈品"，变成了成长型企业也能买得起、用得好的科学管理工具，降低了市场调查的门槛，加速扩大了市场调查行业的规模。

1. 网络调查的概念

传统调查活动中，一般都存在调查样本数据采集困难、费用昂贵、周期过长、调查环节监控滞后等一系列问题。随着互联网的不断发展，网民数量不断递增，网络调查将从一股新生力量向主流形式发展，并将最终取代传统的入户访谈和拦截访问等调查方式。

> **重要术语 5-3**
>
> ### 网络调查
>
> 网络调查是指利用 Internet 技术进行调查的一种方法，主要表现为针对特定营销问题进行简单调查设计、收集资料和初步分析。其大多应用于企业内部管理、商品行销、广告和业务推广等商业活动中。

利用互联网进行市场调查(称为网上市场调查，简称网上调查)，这项活动开展得比较好的是日本和美国。我国起步比较晚，但近年来有了长足发展，不少网络在线调查公司特别注重理论和技术应用研究。2009 年 8 月 12 日，国内首个"在线调查联盟"在京正式成立。来自全国 30 个省市地区，近 50 家调研机构共同签署了承诺书。这是中国网络调查领域的第一个行业性组织，"在线调查联盟"的成立，预示着我国网络调查行业将步入一个新的阶段。业界比较有名的调查组织有问卷星、第一调查网、横智网络调查、易调网、集思网、盖洛特市场研究有限公司、数字 100 市场研究公司、英德知网络调查、Insight. cn(51POINT)、积沙调查、新秦调查、AC 尼尔森、My Survey ASIA、我要调查网等。中国市场信息协会调查分会报告显示，越来越多的公司开始重视网络调查的应用。

2. 网络调查的特点

网络调查活动中，可以充分利用 Internet 作为信息沟通渠道的特性，使网上市场调查具有传统的市场调查手段和方法所不具备的一些特点与优势。

(1) 网络调查信息收集的广泛性。与受区域制约的传统调查方式相比,互联网没有时空、地域限制。如果利用传统方式在全国范围内进行市场调查,需要各个区域代理的配合。

(2) 网络调查信息的即时性和共享性。在数字化飞速发展的今天,网络调查较好地解决了传统调查方法所得的调查结果都存在时效性这一难题。只要轻轻一点,世界任何一个角落的用户都可以加入其中,从用户输入信息到公司接收,只不过几秒钟的时间。利用计算机软件整理资料,马上可以得出调查的结果。而被调查者只要单击"结果"键,就可以知道现在为止所有被调查者的观点所占的比例,使用户了解公司此次的调查活动,增强参与感,提高满意度,实现了信息的全面共享。

(3) 网络调查的便捷性和经济性。在网络上进行市场调查,无论是调查者还是被调查者,只需拥有一台计算机、一个调制解调器、一部电话(或一台多媒体电视机和一部电话)就可以进行。若是采用问卷调查的方法,调查者只要在企业站点上发出电子调查问卷,提供相关的信息,然后利用计算机对访问者反馈回来的信息进行整理和分析。这不仅十分便捷,而且会大大地减少企业市场调查的人力和物力耗费,缩减调查成本。

(4) 调查结果有较高的准确性。调查者不与被调查者进行任何的接触,可以较好地避免来自调查者的主观因素的影响;被调查者接受询问、观察,均是处于自然、真实的状态;站点的访问者一般都具有一定的文化知识,易于配合调查工作的进行;企业网络站点访问者一般都是对企业有一定的兴趣,不像传统方式下单纯为了抽号中奖而被动回答,所以,网络市场调查结果比较客观和真实,能够反映市场的历史和现状。

5.3.2　网络调查的方式

网络调查的适用范围很广,这一点会随着国际互联网应用的普及逐渐显示出来。网络调查已经取代计算机辅助调查,成为 21 世纪应用领域最广泛的主流调查方式。

1. 实际调查

实际调查主要包括在线询问、计算机辅助电话询问系统(CATI)、E-mail 问卷方式等。

(1) 在线询问。通过 Java 编写的网站应用程序,随机选择访问者,并弹出问卷窗口,邀请其参加访问。在线询问与传统询问相似,只是调查人员可以根据计算机显示器上读出的问题,同时向多个被调查者提问,并将他们回答的数据信息直接输入计算机。此法可在同一时间里向 40 个人询问,且具有较高的经济性。同时,也可以消除从询问表到输入计算机的大量工作和差错。

(2) 计算机辅助电话询问系统(CATI)。计算机辅助电话询问系统以前在美国十分普及。它不仅加强了电话询问在时间和成本方面的优势,同时也突出了方法上的优势。当利用这种方式进行调查时,系统可以根据随机数抽样得出电话号码并拨号,每一位访问员都坐在一台计算机终端或个人计算机前,当被访问者的电话接通后,访问员通过一个或几个键启动机器开始提问,需要提出的问题及各选项便立即出现在屏幕上。同时,计算机系统还会根据被调查者对前面问题的回答,自动显示与被访问者个人有关的问题或直接跳过去选择其他合适的问题。

另外,计算机还能帮助整理问卷,省略了数据的编辑及录入工作。当访谈完成时,有关问卷键入的答案随之消失,因为数据已全部输入计算机。CATI的另外一个优点便是统计工作可以在任何时候进行,这是用纸笔进行统计无法做到的。

(3) E-mail问卷方式。调查问卷就是一份简单的E-mail,并按已选好的E-mail地址发出。被访问者回答完毕将问卷回复给调查机构。一般有专门的程序进行问卷准备,列示E-mail地址和收集数据。

2. 虚拟商店

虚拟商店这种市场调查技术是在三维计算机图形技术发展基础上出现的。通过此项技术,市场营销人员可以快速而廉价地在计算机上构建一个真实的零售商场环境,显示产品及服务、处理订购及询问、处理付款交易、透过网络传送产品及服务等。同时,可以通过客户浏览数据了解客户的购买习性,并创造合适的环境以便在网络上提供产品及服务、了解客户,从而使生意再度上门,并应客户回馈意见调整商店。

虚拟商店调查要想追求较高的成功率,必须创造知名度以吸引消费者上网。知名度高,一方面,表示消费者知道这个网站的存在,当有需求时,自然会成为浏览目标;另一方面,知名度高可增加消费者的信赖,而较易在网上进行各种交易。另外,还需建立网上消费者的忠诚度。如网站内容或服务项目契合顾客需要、随时更新数据,以保持各项服务或活动同步进行,也避免消费者看到过时的数据,和顾客建立较密切的关系,主动将新信息传达给顾客等。

◉ 思政园地 5-1

网络调研中的伦理

进入信息时代,智能手机、移动互联网、在线社交软件等日益普及,大数据、云计算、物联网、人工智能、区块链等新兴科技快速发展。截至2018年年底,我国网民规模达到8.29亿,互联网普及率达到59.6%。数字经济规模达到31万亿元,约占国内生产总值的1/3。《数字中国建设发展报告(2018年)》显示,2018年31个省、自治区、直辖市信息化发展指数平均达到67.15%,比2017年提升4.88%。借助信息技术,人们在家中指尖轻点就可远程购物、远程学习、远程就医,"互联网政务服务"让社会治理更加智能化、精准化、科学化。从频出爆款的新媒体到热点不断的网络综艺,从如火如荼的电子商务到改变生活的共享经济,信息技术正在为社会生活带来越来越多的精彩和便利。

但也要看到,同其他新技术一样,信息技术具有明显的双刃剑效应,正当使用带来的是便利,不正当使用则会造成严重的伦理风险,这其中就包括诚信缺失问题。例如,利用信息技术,一些不法分子盗用他人社交账号诈骗钱财;极少数商家通过疯狂刷单来伪造好评;少数新媒体一味求快,未经调查核实就发布信息,导致新闻时有"反转",等等。出现这些问题,一方面表明在信息时代少数人诚实守信的"螺丝帽"拧得还不够紧,另一方面反映出社会诚信建设仍存在一些亟待补齐的短板。

信息时代之所以出现诚信缺失问题,主要有以下几方面原因。从技术层面看,信息技术具有数字化、虚拟化、开放性等特点,借助信息技术,人与人之间的交流更多地呈现出符号化、超地域性、隐匿性等特征。这让人际交往似乎进入一个互不熟识、缺少监督的"陌生人社会",从而使一些人放松或忽视了诚信自律,作出失信行为。从利益驱动层面看,少数门户网站、自媒体重经济效益轻社会效益,为最大限度地攫取经济利益不惜充当"标题党",甚至传递虚假信息,恶意透支社会信用。从体制机制层面看,相较于快速更新迭代的信息技术,诚信监督体系建设比较滞后,对失信者的威慑和惩戒还不够及时、有力,甚至在个别领域存在"牛栏关猫"的现象,从而让失信者有机可乘,造成诚信缺失问题。

中华优秀传统文化历来具有讲诚信、重承诺的优良传统。中国共产党一贯高度重视诚信建设,将诚信作为社会主义核心价值观的重要内容之一,把"说老实话、办老实事、做老实人"作为立身做人、干事创业的基本准则。"人而无信,不知其可也。"如果任由诚信缺失现象蔓延,不仅会带来社会信息交流不畅,还会导致人与人之间缺乏必要的信任感,甚至会出现信任危机。

在信息技术快速发展的当下,有效提升公众诚信意识和社会信用水平,关键是加强网络诚信建设,坚持法治与德治并举、线上与线下联动,推动网络诚信建设法规越来越严密、覆盖越来越广泛、要求越来越严格。要在不断完善顶层设计、解决突出问题、形成长效机制上下功夫,打好网络诚信建设"组合拳",综合运用互联网、大数据、云计算、人工智能等信息技术手段,广泛发动公众监督举报网上失信行为,开展诚信等级评价,动态发布诚实守信"光荣榜"和失信者"黑名单",让诚实守信者受到尊重,令失信违约者处处受限,在人人参与、多元共治中大力营造诚实守信的健康网络生态。

问题:

(1) 信息技术发展给网络调查带来哪些机会?

(2) 网络调查中应该遵守哪些伦理道德?

5.3.3　网络调查的程序

网络调查是企业主动利用 Internet 获取信息的重要手段。与传统调查类似,网络调查必须遵循一定的程序进行,网络调查活动一般包括以下步骤。

1. 确定调查目标

Internet 作为企业与顾客有效的沟通渠道,企业可以充分利用该渠道直接与顾客进行沟通,了解企业的产品和服务是否满足顾客的需求,同时了解顾客对企业潜在的期望和改进的建议。在确定网上直接调查目标时,需要考虑的是被调查对象是否上网,网民中是否存在被调查群体,规模有多大。只有网民中的有效调查对象足够多时,网络调查才可能得出有效结论。

2. 确定调查方式

网络调查主要采用在线询问方式,因此设计网上调查问卷是网上直接调查的关键。由于网络交互机制的特点,网络调查可以采用调查问卷分层设计。这种方式适合过滤性的调查活动,因为有些特定问题只限于一部分调查者,所以,可以借助层次的过滤寻找适合的回答者。

同时,网络调查大部分是被动调查,即将调查问卷放到网站等待被调查对象自行访问和接受调查,如 CNNIC 每半年进行一次的"中国互联网络发展状况调查"就是采用这种方式。因此,吸引访问者参与是调查的关键,为提高受众参与的积极性,可提供免费礼品、调查报告等。另外,必须向被调查者承诺并且做到有关个人隐私的任何信息不会被泄露和传播。

3. 分析调查结果

这一步骤是市场调查能否发挥作用的关键,可以说与传统调查的结果分析类似,也要尽量排除不合格的问卷,这就需要对大量回收的问卷进行综合分析和论证。目前国际上较为通用的分析软件有 SPSS、SAS、BMDP、MINITAB 和电子表格软件。

4. 撰写调查报告

撰写调查报告是网络调查的最后一步,也是调查成果的体现。撰写调查报告主要是在分析调查结果的基础上,对调查的数据和结论进行系统的说明,并对有关结论进行探讨性的说明。

 课堂自我测评

测 评 要 素	表 现 要 求	已 达 要 求	未 达 要 求
知识目标	掌握网络调查的概念、特征和意义		
技能目标	能进行网络调查操作活动		
对课程内容的整体把握	能概述并认识网络调查整体知识与技能		
与社会实践的联系程度	能描述网络调查的实践意义		
其他	能与其他课程、职业活动联系		

 任务 5 小结

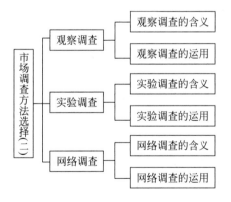

 教学做一体化训练

重要术语

观察调查　实验调查　网络调查

📝 课后自测

一、选择题

1. 观察调查的类型有(　　　)。
   A. 结构观察法和非结构观察法　　　　B. 公开与非公开观察法
   C. "神秘顾客"　　　　　　　　　　　D. 人员观察与机器观察
2. 运用观察调查,必须具备的条件有(　　　)。
   A. 所需要的信息必须是能观察到并能够从观察的行为中推断出来的
   B. 所观察的行为必须是重复的、频繁的或者是可预测的
   C. 被调查的行为是短期的,并可获得结果的
   D. 调查数据的准确性较高
3. 实验调查的基本要素有(　　　)。
   A. 实验者　　　　　B. 实验对象　　　　C. 实验环境　　　　D. 实验参数
4. 实验调查是一种具有(　　　)的直接调查方法。
   A. 实践性　　　　　B. 动态性　　　　　C. 综合性　　　　　D. 广泛性
5. 网络调查主要包括(　　　)。
   A. 在线询问　　　　　　　　　　　　B. 计算机辅助电话询问系统(CATI)
   C. E-mail 问卷方式　　　　　　　　　D. 纸质问卷

二、判断题

1. 实地调查是收集二手资料的方法之一。　　　　　　　　　　　　　(　　)
2. "神秘顾客"是非公开观察的一种方法。　　　　　　　　　　　　　(　　)
3. 实验调查风险较小,费用低廉。　　　　　　　　　　　　　　　　(　　)
4. 在实际生活中,控制组与实验组的条件是相同的。　　　　　　　　(　　)
5. 虚拟商店这种市场调查技术是在三维计算机图形技术发展基础上出现的,属于实验调查。　　　　　　　　　　　　　　　　　　　　　　　　　　　　　(　　)
6. 网络调查大部分是主动调查,即将调查问卷放到网站等待被调查对象自行访问和接受调查。　　　　　　　　　　　　　　　　　　　　　　　　　　　　(　　)

三、简答题

1. 简述观察调查的适用范围。
2. 简述实验调查的适用范围。
3. 结构性、非结构性观察各指什么? 二者有哪些区别?
4. 简述网络调查的程序。
5. 简述实验调查的原理。

📋 案例分析

案例 1:观察的效力

美国恩维罗塞尔市场调查公司有个叫帕科·昂得希尔的人,是著名的商业密探。在进行调查时,他一般会坐在商店的对面,静静地观察来来往往的行人,与此同时,他的同事也正在商店里进行调查工作,他们负责跟踪在商品架前徘徊的顾客,主要调查目的是要找出商店

生意好坏的原因,了解顾客走进商店以后如何行动,以及为什么许多顾客在对商品进行长时间挑选后还是失望地离开。通过他们的详细工作,使许多商店在日常经营过程中作出了多项实际的改进措施。

有一家音像商店由于地处学校附近,大量青少年经常光顾。通过恩维罗塞尔市场调查公司调查,发现这家商店磁带放置的位置过高,不够高的孩子们往往拿不到,从而影响了销售。昂得希尔指出应把商品降低45厘米放置,结果销售量大大增加。

还有一家叫伍尔沃思的公司发现商店的后半部分的销售额远远低于其他部分,昂得希尔通过观察拍摄的现场录像解开了这个谜:在销售高峰期,现金收款机前顾客排着长长的队伍,一直延伸到商店的另一端,妨碍了顾客从商店的前面走到后面。针对这一情况,商店专门安排了结账区,结果使商店后半部分的销售额迅速增长。

阅读材料,回答以下问题:

(1) 一般影像店的磁带应该怎样摆放,才能尽可能地"暴露"在各年龄段的消费者面前?

(2) 为了缓和人们排长队结账而产生的无聊情绪,商店还可以怎样做?

案例2:小红书用户观察分析

小红书是一款内容电商类产品,产品目前主要有笔记内容和电商两个模块:笔记内容是基于UGC的生活笔记;电商部分以自营为主,第三方入驻商家为辅。

1. 用户画像

小红书的用户以女性居多,男女比例在3∶7左右。女性用户对购物、美食、时尚这类话题无法抗拒,她们更愿意分享这类生活内容,比较容易形成传播效应。用户年龄范围主要集中在18~35岁,约占70%。其中18~23岁用户是最大使用人群,说明小红书越来越受"95后"欢迎。

在一组极光大数据关于大学生群体APP行为观察报告中可以看出,大学生人群网络购物APP偏好指数(指数与目标用户应用渗透率TGI正相关)排行榜中,小红书的偏好指数最高。

现在的大学生群体正值18~23岁这个年龄段。可以看出,小红书上涌入了越来越多的"95后"们还爱上了在小红书上购物。

在地域分布上,小红书的用户主要集中北上广深江浙沪等经济比较发达地区,其中广东省的用户最多。

从消费能力上看,小红书用户中,中等消费者占比达36.49%,环比增加5.31%;高消费者占比29.38%,环比增加16.91%;中高消费者占比23.05%,环比减少19.71%。小红书的受众更多是中等消费及以上人群,该类人群总和将近90%。这可能与社区早期内容主要以出境购物有关。出境购物消费用户的经济水平相对偏高,出境购买的奢侈品等高价商品偏多。出境购物之后,通过把购物体验以及商品评价等通过笔记的形式分享在社区里,这些笔记内容又吸引更多相似消费水平的用户前来。

2. 用户使用场景与用户类型

(1) Abby,女,21岁,在广州上大学。平时喜欢在网上购物,日常生活中需要购买某款洗面奶,会先去小红书上搜索该款洗面奶的笔记,看看其他人是如何评价该款洗面奶的,自己是否适合。另外再看下福利社是否可以购买该款洗面奶。

(2) 露露,女,27岁,在上海工作,兼职网红。平时上班内容枯燥,喜欢在网上晒自己平时的穿衣打扮,通过在网上社区中他人的认可获得满足感,并积攒粉丝。下班后,会在小红书上更新自己的一些穿搭笔记,笔记以图文形式为主。另外,还会与小红书上的粉丝互动留言,回复其他用户的一些问题。通过高质量的笔记积累收藏数,获取更多粉丝,吸引商家注意,进行合作接广告。

(3) Sophia,女,25岁,在杭州工作,白领。闲暇时间,喜欢在小红书上看博主推荐分享的笔记。通过笔记,学着化妆,自制健康营养便当,查看去东南亚旅游的攻略等。

(4) 小羽,女,23岁,在北京工作,小透明。平时喜欢追星,在小红书上关注很多明星,购物喜好比较偏向相信明星口碑,购买明星发布笔记推荐的产品。

阅读材料,回答以下问题:

(1) 小红书为什么能够对用户进行画像?

(2) 企业通过用户观察分析可以获得哪些市场机会?

 同步实训

实训名称:观察调查运用。

实训目的:认识观察调查的实施要领。

实训内容:

(1) 针对特定观察对象,进行观察准备。

(2) 尝试进行观察调查。

实训组织:结合身边实际,选择一家自选超市或大型家居卖场,在确定某一调查目标的基础上,观察其人流、车流、物流等情况,在记录的基础上,总结观察数据,并得出书面的观察结论。

实训总结:学生小组讨论观察调查结论,教师根据讨论、评价结果、PPT演示、讨论分享中的表现分别给每组进行评价打分。

 学生自我学习总结

通过完成任务5,我能够作如下总结。

一、主要知识点

> 任务5中主要的知识点如下。
>
> (1)
>
> (2)

二、主要技能

> 任务5中主要的技能如下。
>
> (1)
>
> (2)

三、主要原理

市场调查方法与市场信息来源、性质的关系如下。

(1)

(2)

四、相关知识点

任务 5 涉及的主要相关知识点如下。

(1) 观察调查与整个市场调查工作的关系是:

(2) 实验调查能够解决的问题有:

(3) 网络调查的好处是:

五、学习成果检验

完成任务 5 学习的成果如下。

(1) 完成任务与学习的意义有:

(2) 学到的知识有:

(3) 学会的技能有:

(4) 你对市场调查方法的整体认识有:

任务 6

市场调查抽样设计

学习目标

知识目标

1. 认识抽样调查的含义。
2. 认知抽样调查的特征。
3. 认知抽样调查的程序。
4. 认知抽样调查的意义。

能力目标

1. 能选择抽样方式。
2. 能说明抽样误差及其影响。
3. 能结合实际进行简单抽样。

思政目标

1. 提升观察力、思维力，养成科学发展观。
2. 积极参与调查实践，增强社会责任感。
3. 体会我国人口普查工作的重大意义。

任务解析

根据市场调查职业工作活动顺序和职业能力分担原则，"市场调查抽样设计"任务可以分解为以下子任务。

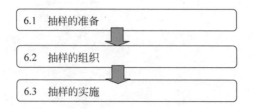

课前阅读

一家陶瓷制品企业为了检验最新一批产品的抗震性，总会从中选取几只然后打碎来推断这一批产品的整体质量水平。这就是生活中最常见的抽样调查。

20世纪30年代早期,美国有位学者名叫盖洛普,制订了一套抽样方案。他举例说,有7 000个白豆子和3 000个黑豆子十分均匀地混在一起,装在一只桶里。当你舀出100个豆子时,你大约可以拿到70个白豆子和30个黑豆子,而且你失误的概率可以用数学方法计算出来。他将这套方法运用于民意测验。1932年,一家广告代理商邀请他去纽约创立一个评估广告效果的调查部门。同年,他利用他的民意测验法帮助他的岳母竞选艾奥瓦州议员。这使他确信他的抽样调查方法不仅在数豆子和报纸读者调查方面有效,并有助于选举人。只要你了解到抽样范围具有广泛性:白人、黑人,男性、女性,富有、贫穷,城市、郊区,共和党、民主党。只要有一部分人代表他们所属的总体,他就可以通过采访相对少的一部分人,来预测选举结果或反映公众对其关心问题的态度。盖洛普证实,通过科学抽样,可以准确地估测出总体的指标。同时,在抽样过程中,可节省大量资金。

总结:通过数豆子发明了抽样调查,这就是现代抽样方法的先驱——盖洛普的经历。今天,抽样调查已经成为比较科学的一种调查方式,发挥着越来越重要的作用。

6.1　抽样的准备

任务提示:这是抽样调查设计学习的第一课。认识抽样调查中的基本概念,特别是从市场调查活动实践意义的角度认识抽样调查的作用及其特点,在此基础上,认识抽样调查工作的有关术语,并理解抽样调查的意义。

重点难点:抽样调查的概念、特点与基本术语。

如前所述,根据调查对象的涵盖面大小,市场调查可以分为全面调查和非全面调查。全面调查是指通过对总体中的每个个体信息进行调查,并汇总得到其特征的一种调查方式,具体形式主要是普查,如我国2020年11月1日零时为标准时的全国第七次人口普查。非全面调查是指按照一定的方式,从总体中抽选出一部分个体作为样本进行调查,并据此推断总体特征和趋势的调查活动,具体的形式就是抽样调查。

6.1.1　抽样调查认知

作为一种非全面调查,抽样调查是从全部调查研究对象中抽选一部分单位进行调查,并据以对全部调查研究对象作出估计和推断的一种调查方法。其目的在于取得反映总体情况的信息资料,因而,也可起到全面调查的作用。

1. 抽样调查的含义

作为目前国际通行的一种比较科学的现代调查方式,抽样调查的理论基础是概率论;在实践中,科学、合理设计的抽样调查也具有其他调查方法无法相比的优点。

重要术语 6-1

抽 样 调 查

　　抽样调查也称为抽查,是指从所要调查的总体中挑选出一部分个体作为样本,对样本进行调查,并根据抽样所得到的结果推断总体的一种专门性的调查活动。抽样调查的使用非常广泛,且作用很大。

　　抽样调查的概念有广义和狭义之分。广义上,抽样调查是一种专门组织的非全面调查,即指从总体中抽取一部分样本进行观察,根据观察结果来推断总体的调查方法,包括随机抽样与非随机抽样。狭义上,抽样调查是指随机抽样。日常生活中所说的抽样调查大多是指随机抽样调查。

2. 抽样调查的特点

　　与普查相比,抽样调查有以下优点。

　　(1) 费用较低廉。样本容量只是总体中的一小部分,确定合理的样本容量既可以把调查对象降低到较小的程度,又能保证调查的有效性,减少调查工作量,降低费用开支。同时,由于抽样调查只需要较少的人力、财力、物力,企业易于承担,容易组织和实施。

　　(2) 质量可控,可信度高。由于抽样调查是建立在科学的数理统计分析基础之上的,因此,只要能够按照科学合理的程序进行抽样,就可以排除个人主观因素的影响,保证样本的代表性,将误差控制在一定的范围内,确保获取信息资料的可靠性和准确性。同时,由于调查样本的数量较少,可以最大限度地减少工作性误差,从而提高调查的质量。

　　(3) 时间短,收效快。对市场营销预测和决策来说,要求相关信息在较短的时间内得到,特别适合用抽样方式来调查部分总体,从而使企业迅速适应市场的变化。

　　(4) 应用范围广泛。在市场调查中,调查的内容很多。抽样调查所适用的范围是广泛的,它可用于不同所有制企业的调查,也可用于不同地区的调查,还可用于不同商品的调查。此外,对不同商品的消费者及对商品的价格进行调查等都可以采用抽样调查。

　　当然,抽样调查也有缺点。抽样技术方案设计比较复杂,对设计人员的要求较高。如果抽样技术方案设计存在比较严重的缺陷,将会导致整个调查工作的失败。

　　课堂讨论:为什么说抽样调查是一种较为科学的调查方式?

6.1.2　抽样术语认知

　　为了进一步理解抽样调查的含义,我们还应该首先了解以下基本术语。

1. 总体和抽样总体

　　总体又称全及总体、母体,是指所要调查对象的全体,有有限和无限之分。有限总体的数量可以确定,无限总体的具体数值则无法准确确定。抽样总体又称为样本量或样本,是指从总体中抽取出来所要直接观察的全部单位。每一个被抽到的个体或单位就是一个样本。

　　一般来说,样本量大,样本的误差就小;反之,样本的误差则大。通常样本单位数大于30 的样本可称为大样本,小于 30 的样本则称为小样本。在实际应用中,应该根据调查的目的认真考虑样本量的大小。

✎ **例 6-1** 某高职院校想要了解全校大学生平板电脑的使用情况,可以按照抽样理论从全体学生中抽取部分学生进行分析。其中,全校大学生就是总体,抽取出来的部分学生就是抽样总体。

2. 抽样框

抽样框是所有总体单位的集合,是总体的数据目录或全部总体单位的名单,是抽样调查中的基础工作。抽样框往往只是我们脑海中的理想情况,多数情况下,这种理想情况是不存在的,调查者只能寻找一些事物来代替,如现成的电话簿、企业名录、企事业单位职工名单、工商局企业数据库、行业年鉴等。

在可供选择的抽样框中,选取一个尽可能与理想的完整抽样框相近的抽样框,应具备以下几个条件:①包含尽可能多的样本单位,而且总体是清晰的、易确定的;②所有样本单位出现在这一集合中的概率相等,即在这一抽样框中每个样本单位出现的机会相同。当以上条件难以在现实中得到满足时,可以按照一定原则方法进行人为的假定。

3. 抽样单元

为了方便抽样,人们常常将总体划分成互不重叠且又有限的若干部分,每个部分称为一个抽样单元。

✎ **例 6-2** 某高职院校为了解学生信用卡使用情况进行抽样时,可以先按照年级把全校学生划分为一年级、二年级、三年级,作为一级抽样单元,再按照学院(系部)划分为二级抽样单元,还可以再按照专业进一步细分为三级抽样单元。

4. 重复抽样与不重复抽样

按抽取样本的方式不同,抽样可以分为重复抽样和不重复抽样。

重复抽样又称放回式抽样,是指每次从总体中抽取的样本单位,经检验之后又重新放回总体,参加下次抽样。这种抽样的特点是总体中每个样本单位被抽中的概率是相等的。

不重复抽样也叫作"不放回抽样""不回置抽样",是从全及总体中抽取第一个样本单位,记录该单位有关标志表现后,这个样本单位不再放回全及总体中参加下一次抽选的抽样方式。

可见,不重置抽样时,总体单位数在抽选过程中是在逐渐减少,各单位被抽中的可能性前后不断变化,而且各单位没有被重复抽中的可能。

5. 置信度与置信区间

置信度也称为可靠度或置信水平、置信系数,即通过抽样对总体作出估计时,由于样本的随机性,其结论总是不确定的。因此,采用一种概率的陈述方法,也就是数理统计中的区间估计法,即估计值与总体参数在一定允许的误差范围以内,其相应的概率有多大,这个相应的概率称作置信度。

置信区间是指在某一置信水平下,样本统计值与总体参数值间的误差范围。置信区间越大,置信水平越高。

6. 总体分布与样本分布

总体分布是指各总体单位标志值的分布状况,又称总体结构;样本分布是指样本中各样本单位标志值的分布状况,又称样本结构。当样本量足够大时,样本分布趋于总体分布。

● 思政园地 6-1

人口普查的重大意义

第七次全国人口普查是在中国特色社会主义进入新时代开展的重大国情国力调查,将全面查清我国人口数量、结构、分布、城乡住房等方面情况,为完善人口发展战略和政策体系、促进人口长期均衡发展、科学制订国民经济和社会发展规划、推动经济高质量发展、开启全面建设社会主义现代化国家新征程,向第二个百年奋斗目标进军提供科学准确的统计信息支持。开展第七次全国人口普查具有以下重大意义。

(1) 开展第七次全国人口普查,是摸清我国人口家底的重要手段。我国已进行过六次人口普查,世界各国也都定期开展人口普查。当前,中国特色社会主义进入新时代,及时开展人口普查,全面查清我国人口数量、结构、分布等方面的最新情况,既是制定和完善未来收入、消费、教育、就业、养老、医疗、社会保障等政策措施的基础,也为教育和医疗机构布局、儿童和老年人服务设施建设、工商业服务网点分布、城乡道路建设等提供决策依据。

(2) 开展第七次全国人口普查,是推动经济高质量发展的内在要求。当前,我国经济正处于转变发展方式、优化经济结构、转换增长动力的攻关期。及时查清人口总量、结构和分布这一基本国情,摸清人力资源结构信息,才能够更加准确地把握需求结构、城乡结构、区域结构、产业结构等状况,为推动经济高质量发展、建设现代化经济体系提供强有力的支持。

(3) 开展第七次全国人口普查,是完善人口发展战略和政策体系、促进人口长期均衡发展的迫切需要。自2010年第六次全国人口普查以来,我国人口发展的内在动力和外部条件发生了显著改变,出现重要转折性变化,人口总规模增长惯性减弱,劳动年龄人口波动下降,老龄化程度不断加深。开展人口普查,了解人口增长、劳动力供给、流动人口变化情况,摸清老年人口规模,有助于准确分析判断未来我国人口形势,准确把握人口发展变化的新情况、新特征和新趋势,深刻认识这些变化对人口安全和经济社会发展带来的挑战与机遇,对于调整完善人口政策、推动人口结构优化、促进人口素质提升具有重要意义。

问题:

(1) 人口普查为什么不能是抽查?

(2) 人口普查对大学生就业选择有哪些指导意义?

6.1.3　抽样误差的确定

抽样调查的基本原理是用少量样本去推断总体,而在这一过程中,抽样误差是衡量抽样调查准确性的一个重要指标。抽样误差越大,表明抽样总体对全及总体的代表性越小,抽样检查的结果越不可靠;反之,抽样误差越小,表明抽样总体对全及总体的代表性越大,抽样检查的结果越准确可靠。

1. 抽样误差的含义

要了解抽样误差的含义,我们应该首先认识市场调查活动中引发抽样误差的一些其他概念或术语,并理解它们之间的关系。

（1）统计误差。统计误差是指调查结果所得的统计数字与调查总体实际数量之间的离差。如对某市的工业增加值进行调查的结果为84亿元,而该市工业增加值实际为83亿元,那么,统计误差就是1亿元。

（2）登记性误差与代表性误差。根据产生原因的不同,统计误差可分为登记性误差和代表性误差。①登记性误差是由于主观原因引起的登记、汇总或计算等方面的错误登记而发生的误差,不管全面调查或是非全面调查都会产生登记性误差。②代表性误差只在非全面调查中才有,全面调查不存在这类误差。非全面调查由于只对调查现象总体的一部分单位进行观察,并用这部分单位算出的指标来估计总体的指标,而这部分单位不能完全反映总体的性质,它与总体的实际指标会有一定差别,这就发生了误差。

（3）偏差与随机误差。代表性误差又可以分为偏差与随机误差。①偏差是指抽样过程中违反随机原则或抽样方式不恰当而产生的误差。②随机误差是指抽样过程中由于随机从总体中抽取部分单位作为样本,这一活动本身就具有一定的随机性与偶然性,因此样本和总体在结构上就不可能一致,据此计算的样本指标数值与总体指标数值之间存在误差。

（4）实际误差与抽样平均误差。随机误差又可以分为实际误差与抽样平均误差。①实际误差是指某一次抽样结果所得的样本指标数值与总体指标数值之间的差别,一般无法获知。②抽样平均误差是指一系列抽样可能结果的样本指标的标准差,即通常所说的抽样误差。它反映了样本统计量于相应总体参数的平均误差程度,也表示用样本统计量推断总体的精准程度。

2. 抽样误差的影响因素

（1）被调查总体各单位标志值的差异程度。被调查总体各单位标志值的差异程度越大,即总体的方差和均方差越大,抽样误差也就越大;反之,抽样误差越小。如果总体各单位标志值之间没有差异,那么抽样指标和总体指标相等,抽样误差也就不存在了。

（2）抽取的调查个体数目。在其他条件不变的情况下,抽样单位数越多,抽样误差就越小;反之,抽样误差就越大。当抽样单位数大到与总体单位数相同时,就相当于全面调查,抽样误差也就不存在了。

（3）抽样调查的组织方式。抽样误差也受到抽样调查组织方式的影响。通常,按照系统抽样和分层抽样方式组织抽样调查,由于经过排队或分类可以缩小差异程度,因而在抽取相同数目样本的情况下,其抽样误差要比用简单随机抽样方式小。

（4）抽样方法。重复抽样中每个单位可以有多次重复被抽中的机会。不重复抽样中每个单位最多只有一次被抽中的机会。一般来说,不重复抽样误差小于重复抽样误差。

案例 6-1	样本设计带来的误差

1936年,美国正从经济大恐慌中复苏,全国仍有900万人失业。当年的美国总统大选,由民主党员罗斯福与共和党员兰登进行角逐。《文学文摘》(*Literary Digest*)杂志对结果进行了调查预测。他们根据当时的电话号码簿及该杂志订户俱乐部会员名单,邮寄1 000万份问卷调查表,回收约240万份。工作人员获得了大量的样本,对此进行了精确的计算,根据数据的整理分析结果,他们断言:在总统选举中,兰登将以370:261的优势,即以59%比

41%，领先18个百分点击败罗斯福。与之相反，一个名叫乔治·盖洛普的人，对《文学文摘》调查结果的可信度提出质疑。他也组织了抽样调查，进行民意测验。他的预测与《文学文摘》截然相反，认为罗斯福必胜无疑。结果，罗斯福赢得了2 770万张民众选票，兰登得到1 600万张选票；罗斯福赢得了除缅因州、佛蒙特州以外48个州的民众选票，获得选举团523张选票的98%，而兰登的选票低于2%(8张)。最终，罗斯福以62%比38%压倒性地大胜兰登。这一结果使《文学文摘》销声匿迹，而盖洛普则名声大噪。

在1936年，能装电话或订阅《文学文摘》杂志的人，在经济上都相对富裕。而《文学文摘》杂志忽略了许多没有电话及不属于任何俱乐部的低收入人群。因当时政治与经济分歧严重，收入不太高的大多数选民选罗斯福，占投票总数比例较小的富人则倾向选兰登，所以选举结果使《文学文摘》大跌面子。

（资料来源：搜集资料整理改编.）

评析：《文学文摘》的教训告诉我们，抽样调查时，既要关注样本的多少，又要关注样本的代表性。

 ## 课堂自我测评

测评要素	表现要求	已达要求	未达要求
知识目标	能掌握抽样调查、术语的含义		
技能目标	能初步认识抽样的原理		
课程内容整体把握	能概述并认识抽样准备工作		
与职业实践的联系	能描述抽样调查的实践意义		
其他	能联系其他课程、职业活动等		

 # 6.2　抽样的组织

任务提示：这是抽样调查设计学习的第二课。认识抽样调查中的抽样误差的控制工作，特别是从市场调查活动实践意义的角度认识抽样调查的程序，在此基础上，认识抽样调查工作的有关步骤，并理解抽样调查的组织工作。

重点难点：抽样误差的控制、抽样调查的程序。

由于多种原因，不同的抽样工作人员往往会带来抽样误差。与此同时，采用不同的抽样组织形式，抽样误差的大小也是不同的。

6.2.1　抽样误差的控制

抽样误差尽管是客观存在的，但却是可以控制的，而且必须要控制在一定范围内。为了减小误差，可以从以下几个方面着手。

1. 精心选择抽样组织形式

为了减小抽样误差，在抽样之前，可以将抽样组织形式分类或排队，来对误差加以控制。

如在概率抽样下,根据调查经验,按有关标志排队的等距抽样方式的误差最小;其次是类型抽样(也称分层抽样)的误差;再次是按无关标志排队的等距抽样;最后是简单随机抽样的误差;整群抽样的抽样误差最大。

> **重要术语 6-2**
>
> # 概 率 抽 样
>
> 概率抽样也称为随机抽样,是指按照随机的原则从总体中抽取一定数量的单位作为样本进行调查分析。这种方式下,每个单位被选为样本的可能性相同。

2. 合理确定样本数量

通常情况下,样本数量与抽样误差之间是一种反方向变动关系,即样本数目越多,抽样误差越小;反之,抽样误差越大。因此,确定样本数量时,应该在调查的经济性前提下,尽可能使样本数量多一些。

3. 保证人员的专业性

为了保证抽样调查的质量、减少误差,一般应由专门的市场调查人员负责抽样工作,并严格按照规范操作,尽可能地减少由于抽样系统本身引起的误差和人员因素造成的误差。

6.2.2 抽样操作的程序

市场调查抽样中,特别是随机抽样,有比较严格的程序,只有按一定程序进行调查,才能保证调查顺利完成,取得应有的效果。通常,抽样操作程序如图 6-1 所示。

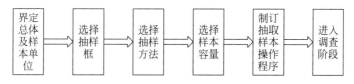

图 6-1 抽样操作程序

1. 界定调查总体及样本单位

为了满足调研目的,应该详细说明和描述提供信息或与所需信息有关的个体或实体所具有的特征,确定调查范围及总体单位。

调查总体是指市场调查对象的全体。它可以是一群人、一个企业、一个组织、一种情形或一项活动等。调查总体界定不准确,轻则使调查无效,重则误导调查。调查总体的界定就是确定在实施抽样时哪些对象应包括在内,哪些对象不应包括在内。调查总体应根据个体、抽样单位、范围和时间来界定。

样本单位是对总体划分成的互不相交的各个部分,也就是说,总体中的每一个个体应该属于而且只属于一个单位。样本单位是抽样的基本单位,有时是个人,有时为家庭或公司等。假设某公司想了解其目标消费者中"25 周岁以下的青年人"对某新型移动电话的评价,一种选择是直接对 25 周岁以下的青年进行抽样调查,此时样本单位与个体相同;另一种选择是对所有包含 25 周岁以下青年的家庭抽样,然后再访问 25 周岁以下的青年人,这里的样本单位是家庭。

 拓展阅读 6-1

调查总体描述

调查总体通常可以从以下几个方面进行描述。

(1) 地域特征。地域是指总体单位活动的范围或区域,可能是一个城镇、一个城市、整个国家或是许多国家。有时指的是总体单位的户籍所在地或长期居住地,如在向山西推介北京的房地产前进行的市场调查,山西即为此次调查活动的地理区域。

(2) 人口统计学特征。考虑到调查目标和企业产品的目标市场,我们要着重考虑人口统计学变量方面具有某些特征的总体单位。如在调查卷烟市场时,被调查者主要为男性,而其中 18 岁以上 50 岁以下被调查者的意见,是最关键的,其他年龄段被调查者的意见相对意义不大(许多国家的法律规定,未成年人是不允许吸烟的)。

(3) 产品或服务使用情况。同质产品的共同特征通常根据产品或服务的需求情况来定义。如调查本企业产品的满意程序时,被调查者应该是其产品的使用者,甚至还要根据其使用本产品的行为如频率和次数的描述来判断与确定。

(4) 对产品或服务的认知度。企业在传递其产品信息时,所采取的方式有很多种,而企业总是想了解每一种方式传递信息的效果、消费者对产品的理解状况等。

确定调查总体是开展市场调查的第一步,是调查的前提和基础。只有明确调查总体,才能正确地进行抽样并保证抽取的样本符合要求。

2. 确定抽样框

这一步骤的任务是依据已经明确界定的总体范围,收集总体中全部抽样单位的名单,并通过对名单进行统一编号来建立可供抽样使用的抽样框。常见的抽样框有电信部门黄页电话表、工商企业名录、居民户籍册等。

如前所述,理想状态下的完整抽样框是很难获得的,往往需要其他的事物代替,如果无可代替物,可由调查员自行编制。需要注意的是,在这些可选择的代替物中有的可能包括了部分非总体单位,调查人员仍然可以使用它,但是要注意应对样本按照确定的总体单位特征进行过滤。

抽样框的作用是便于准确、方便地抽样。通常,总体和抽样框之间不一定完全一致,某些情况下,这种不一致性可以忽略不计,但大多数情况下,调查人员必须处理抽样框误差。这里介绍两种处理方法。

(1) 根据抽样框重新界定总体。如果抽样框是电话簿,则家庭成员总体可以被重新界定为指定区域内被正确地列入电话簿中的那部分家庭的成员。

(2) 筛选个体。在数据收集阶段,通过筛选被调查对象来解释并说明抽样框误差。可以依据人口统计特征、产品的使用习惯特征等筛选回答者,该做法的目的是剔除抽样框中不适当的个体。

3. 选择抽样方法

抽样方法的选择取决于调查研究的目的、调查问题的性质以及调查经费和允许花费的时间等客观条件。调查人员应该掌握各种类型和各种具体抽样方法,只有这样才能在各种环境特征和具体条件下及时选择最为合适的抽样方法,以确定每一个具体的调查对象。

有多种抽样方法可供选择,可以在放回抽样和无放回抽样中选择,也可以在非随机抽样和随机抽样中选择。放回抽样是一种完全重复抽样方法,在放回抽样中,工作人员先将一个个体从抽样框中抽出,并记录有关的数据,然后再将该个体放回抽样框。这种抽样方法不能避免某一个体被多次抽中的情境。在不放回抽样中,一旦一个个体被抽中,它将从抽样框中永久地消失。抽样技术从大的范围可分为随机抽样和非随机抽样。非随机抽样依据的是调查人员的主观判断,即由调查人员确定哪些个体应包括在样本中。非随机抽样有时可以对总体特征作出较好的估计。但是,由于每一个个体被抽中的概率未知,所以不能估计抽样误差。经常采用的非随机抽样包括方便抽样、判断抽样、配额抽样和滚雪球抽样。

随机抽样的抽样单位是按照已知概率随机抽取的,所以可以应用统计方法来估计抽样误差。当抽样资料的有效性需要用统计方法去验证时,应该尽量使用随机抽样。经常采用的随机抽样包括简单随机抽样、系统抽样、分层抽样和整群抽样等。

4. 确定样本容量

对于一个特定的抽样调查,当样本容量达到一定数量后,即使再有增加,对提高调查的统计准确度起不了多大的作用,而现场调查的费用却成倍地增加。因此,在选择好抽样方法以后,就要确定合适的样本容量。随机抽样需要在允许误差的目标水平(抽样结果与总体指标的差异绝对值)、置信水平(置信区间的概率值,置信区间是样本结果加减允许误差形成的一个能涵盖总体真实值的范围)和研究对象数量特征波动水平下计算样本容量。而非随机抽样通常只依靠预算、抽样原则、样本的大致构成等来主观地决定样本容量。总之,样本容量确定的原则是控制在必要的最低限度内,但要能够尽可能准确和有效地推断总体特征,获得调研信息。

样本容量的确定较复杂,要从定性、定量的双重角度考虑。一般地,决策越重要,需要的信息量就越大,信息的质量要求也应更高,此时就需要较大的样本容量。但是,样本容量越大,单位信息的获取成本就越高。此外,调查的性质对样本容量的确定也有影响。探索性调查所需样本容量较小,而描述性调查则需要较大的样本。同样,当变量较多时,或需要对数据详细分析时,也需要较大的样本。

🏛 **课堂讨论:** 确定样本容量应该考虑哪些因素?

5. 制订抽样计划

为保证抽样资料的可靠性,必须在具体操作过程中对调查者的行为进行规范,所以只有制订明确的抽样计划,才能保证抽样调查结果的可信度。对于随机抽样,这一程序显得尤为重要。

在实施抽样计划前,应先充分地对其进行研究。在调查现场,要完全熟悉抽样背景、抽样区域,然后再进行抽样。遇到特殊情况不能拿定主意时要多问,还要把取样的详细情况清楚地记录下来,保证调查实施时能够有据可查。

<table>
<tr><td>案例6-2</td><td>以调查方式取胜</td></tr>
</table>

英国一家房产代理商为了了解其顾客心理,决定发布广告,通过招投标的形式聘请一家

市场调查公司来为其进行顾客心理调查。

AB调查公司通过竞标击败了其他调查公司,并最终获得了这份合同。分析原因发现,AB公司所出的标价大约只有竞标最低标价的50%。AB公司之所以敢这样做的主要原因在于其所选择的调查方式。在调查项目建议书中,该公司说明它们可以雇用大学生来收集调查数据,并称将在全英国范围内随机地选择20所大学,然后与每所学校的商业或管理系的系主任进行联系,并要求每个系主任提供有兴趣参与调查同时还愿意打工赚钱的10个学生的名单,然后该公司的高级顾问再与每个学生进行接触,确定调查事宜。

很显然,这家调查公司的报价和做法赢得了企业的信任。

(资料来源:搜集资料整理改编.)

评析:抽样方法的合理性、科学性可以保证调查结论的科学性。在校大学生是一个相对较负责任的市场信息收集群体,且要求报酬也较低。因而,调查公司能够中标。

 课堂自我测评

测 评 要 素	表 现 要 求	已达要求	未达要求
知识目标	能掌握抽样调查的程序		
技能目标	能初步认识抽样误差控制的方法		
课程内容整体把握	能概述并认识抽样组织工作		
与职业实践的联系	能描述抽样误差控制的实践意义		
其他	能联系其他课程、职业活动等		

 # 6.3　抽样的实施

任务提示:这是抽样调查设计学习的第三课。认识抽样调查中的抽样的实施工作,特别是从市场调查活动实践意义的角度认识抽样调查的实施方式,在此基础上,认识抽样调查不同方式的特点,并理解抽样调查的实施工作。

重点难点:抽样调查的实施、抽样调查的方式。

如前所述,抽样活动中,不同抽样方式的选用关系到所抽取样本的代表性,进而影响整个调查结论的准确性。

从大的角度分,抽样实施方式可以分为随机抽样与非随机抽样两大类,每一类又可以进一步细分为若干具体的调查方式,如图6-2所示。

6.3.1　随机抽样

随机抽样也称概率抽样,是指按照随机的原则,即保证总体中每个单位都有同等机会被抽中的原则抽取样本的方法。这种方法的最大优点是在根据样本资料推论总体时,可用概率的方式客观地测量推论值的可靠程度,从而使这种推论建立在科学的基础上。因此,随机抽样在社会调查和社会研究中应用较广泛。常用的随机抽样方法包括简单随机抽样、系统

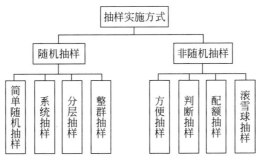

图 6-2　抽样实施方式

抽样、分层抽样和整群抽样等。

1. 简单随机抽样

简单随机抽样也称为单纯随机抽样,是指从总体 N 个单位中任意抽取 n 个单位作为样本,使每个可能的样本被抽中的概率相等的一种抽样方式。简单随机样本是从总体中逐个抽取的,是一种不放回抽样。其概率公式为

$$抽样概率 = \frac{样本单位数(n)}{总体单位数(N)}$$

简单随机抽样是抽样技术中最简单,也是最完全的随机抽样,这种方法一般应用于调查总体中各个体之间差异程度较小的情况,或者调查总体数量不太多的情形。如果市场调查的范围较大,总体内部各个体之间的差异程度较大,则要与其他概率抽样技术结合使用。

简单随机抽样方法常用的有:直接抽取法、抽签法、随机数表法。

(1)直接抽取法。直接抽取法,即从总体中直接随机抽取样本。如从货架商品中随机抽取若干商品进行检验;从农贸市场摊位中随意选择若干摊位进行调查或访问等。

(2)抽签法。先将调查总体的每个个体编上号码,然后将号码写在卡片上搅拌均匀,任意从中选取,抽到一个号码,就对上一个个体,直到抽足预先规定的样本数量为止。此方法适用于调查总体中的个体数量较少的情况。如从全班学生中抽取样本时,可以利用学生的学号、座位号等。

(3)随机数表法。随机数表法也称为乱数表法,是指含有一系列级别的随机数字的表格,一般利用特制的摇码设备摇出随机数字,也可以用电子设备自动产生随机数字。随机数表是这样形成的:对 0 到 9 这 10 个数字进行重复抽样,记录每一次的结果,进行成千上万次后,就形成了一个庞大的数表,数表中数字的排列是随机的,毫无规律可言,因而也称为乱数表,如表 6-1 所示。

表 6-1　随机数表

39657	64545	19906	96461	20263	63162	58249	71493
73712	37090	65967	01211	31563	41919	47837	55133
72204	73384	51674	79719	98400	71766	23050	95180
75172	56917	17952	17858	24334	57748	69818	40929
37487	98874	63520	63430	01316	01027	35077	97153
02890	81694	85538	32995	56270	92443	21785	50982

87181	57007	37794	91238	48139	35596	41924	57151
98837	17015	89093	95924	00064	14120	14365	92547
10085	80704	76621	64868	58761	71486	59531	15221
47905	63731	71821	35041	27551	02492	28046	75344
93053	10307	34180	45235	74133	93522	68952	39235
21891	14799	11209	94518	76519	48486	13799	33755
95189	40697	27378	32871	79579	51391	09618	72521
97083	15573	10658	19259	77316	19546	20449	03264
69268	88613	59717	41732	48387	59329	73373	20405
41471	02503	87639	39517	81838	30449	77458	55051
91941	46362	08617	45169	92794	38979	29189	45123
80065	41847	08528	50840	48403	59422	72657	10886
67727	76399	89858	44606	64710	62166	89372	07001
59402	41375	42297	22319	06947	61008	81301	53914

例 6-3　随机数表法操作：以表 6-1 为例，从 300 人中抽取 10 人。用随机数表法，如何抽取？

分析：总体单位数量为 300，样本单位数量为 10。利用随机数表进行抽样，其程序如下。

第一步：给总体各单位编号，号码的位数要一致，都是三位，不够位的在前加"0"，总体各单位编号是从 001～300。

第二步：以随机数表中第 8 行、第 13 列的数字"0"作为起点，往后取两位数字，构成一个与总体所有单位具有相同位数的号码"093"作为起始号码。

第三步：从起始号码开始，从左到右依次抽取 10 个不重复的位于 001～300 之间的号码，分别是 093，240，006，120，143，254，008，216，115，221。这 10 个号码对应的 10 个人就是抽取的样本。

课堂讨论：随机抽样的优点表现在哪些地方？

2. 系统抽样

系统抽样又称等距抽样，它根据一定的抽样距离从母体中抽取样本，抽样距离是由母体总数除以样本数而得的，经常作为简单随机抽样的替代方式。

（1）系统抽样的操作。在系统抽样中，先将总体从 1～N 相继编号，并计算抽样距离 $K=N/n$（式中 N 为总体单位总数，n 为样本容量）。然后在 1～K 中抽一随机数 k_1，作为样本的第一个单位，接着取 k_1+K，k_1+2K，…，直至抽够 n 个单位为止。

例 6-4　系统抽样操作：母体若为 10 000 个消费者，抽 200 人作为样本进行调查，则样本区间为 10 000÷200＝50，假定从 01 到 50 中随机抽出 07，则样本单位的号码依次为 07，57，107，157，……直到抽出 200 个样本为止。

（2）系统抽样的优缺点。①系统抽样最主要的优点就是其经济性，方便简单，省去了一个个抽样的麻烦，适用于大规模调查，还能使样本均匀地分散在调查的总体中，不会集中于某些层次，增加了样本的代表性。②系统抽样最大的缺点在于总体单位的排列上。一些总体单位数可能包含隐蔽的形态或者是"不合格样本"，调查者可能把它们抽选为样本。由此可见,只要抽样者对总体结构有一定了解时,充分利用已有信息对总体单位进行排队后再抽样,则可提高抽样效率。

🎓 课堂讨论:教师依照某种规律点名(如 2 号、12 号、22 号、32 号……)是采用了哪种抽样方法? 此方法的优缺点表现在哪些方面?

3. 分层抽样

分层抽样方法是一种优良的随机调查组织形式。它将总体按其属性不同划分为若干层次(或类型),然后在各层次(或类型)中随机抽取样本的技术。例如,常见分析标志为年龄、收入、职业等,其实质是科学分组与抽样原理的结合。

分层抽样的方式一般有等比例分层抽样与非等比例分层抽样两种。

(1) 等比例分层抽样。等比例分层抽样是按各层(或各类型)中的个体数量占总体数量的比例分配各层的样本数量。

📖 **例 6-5** 某城区共有居民 2 万户,按经济收入高低进行分类,其中高收入居民有 4 000 户,中等收入居民有 12 000 户,低收入居民有 4 000 户。要从中抽取 400 户进行购买力调查,采用等比例分层抽样,如何抽取?

分析:因为购买力是与家庭的收入水平密切相关的,所以以收入水平作为分层变量是合适的。按此变量将总体分为高收入户、中等收入户和低收入户三层。具体的抽样程序如下。

第一步,计算各层在总体中的比例。

高收入户:$4\ 000 \div 20\ 000 = 20\%$

中等收入户:$12\ 000 \div 2\ 000 = 60\%$

低收入户:$4\ 000 \div 20\ 000 = 20\%$

第二步,计算样本在各层中的具体分布数量。各层在总体中所占的比例与各层在样本中所占的比例是一样的。

高收入户:$400 \times 20\% = 80$(户)

中等收入户:$400 \times 60\% = 240$(户)

低收入户:$400 \times 20\% = 80$(户)

第三步,在各层中采取等距抽样的方法抽取样本单位。

这种方法简便易行,分配合理,方便计算,误差较小,适用于各类型之间的个体差异不大的分类抽样调查。但如果各类型之间的个体差异过大,则应采用非等比例分层抽样。

(2) 非等比例分层抽样。非等比例分层抽样不是按照各层中个体数占总体数的比例分配样本个体,而是根据其他因素,如各层平均数或成数均方差的大小,抽取样本的工作量和费用大小等,调整各层的样本数。其结果表现为:有的层可能多抽些样本个体,有的层可能会少抽些样本个体。此方法能够适用于各类总体的个数相差悬殊的情况。

 拓展阅读 6-2

分层抽样的应用

(1) 分层抽样的程序:①找出突出的与所调查项目相关的分类特征,如人口统计学特征;②按照所选定的特征,把总体各单位分成两个或两个以上的相互独立的完全的层(组),

其中分层所用的标志一般根据常识来判断;③在每个层中进行简单的随机抽样,在同一层的所有个体被抽取的概率要相同;④各层中抽出的子样本共同构成调查样本。

(2)分层抽样的优点:①该方法与简单随机抽样等其他方法相比更为精确,能够通过较少的抽样单位调查,得到比较准确的推断,总体越大、越复杂,其相对优越性越大;②分层抽样在对总体进行推断时,还可以对每一层进行推断。

(3)分层抽样的局限:①关于分层抽样中的分组工作并不容易,尤其是选择适当的标志要有一定的经验,还需收集许多必要的信息,耗时费力;②分层抽样要求每层的大小都是已知的,当它们不精确时,就需估计,必然会增加抽样设计的复杂性,从而带来新的误差。

4. 整群抽样

整群抽样也称为分群抽样,是指当总体所在基本单位自然组合或被划分为若干个群后,从中随机抽取部分群并对抽取的群内全部或部分单位进行调查的一种抽样组合方法,如图 6-3 所示。

图 6-3　整群抽样后的各群

(1)整群抽样的操作。在整群抽样中,目标整体被无遗漏且无重复地划分成若干个部分或群,每个群内的个体差异较大,而群体与群体之间的差异性较小。在进行抽样时,不是一个一个地抽取个体,而是一次抽取一个群体或几个群体,对于每个被抽取到的群体,内部所有的个体都包含在样本中。

例 3-6　整群抽样操作:某高职院校有学生 2 000 名,计划从中抽 160 名进行调查。可将学生宿舍作为抽样单位。假设该校共有学生宿舍 250 个,每个宿舍住 8 个学生。我们可以从 250 个宿舍中随机抽取 20 个,其中男生宿舍 10 个,女生宿舍 10 个,对抽中的每个宿舍的所有学生进行调查,这 20 个宿舍共 160 名学生就是此次抽样的样本。

(2)整群抽样的优缺点。①其优点是与以前的抽样方法相比,整群抽样主要是为了便于调查,节省人力、时间和费用,提高抽样的效率。②其缺点是往往由于不同群之间的差异较大,样本分布面不广、样本对总体的代表性相对较差,由此而引起的抽样误差往往大于简单随机抽样。

(3)整群抽样的适用。整群抽样常用于两种情况:①调查人员对总体的组成很不了解;②调查人员为省时省钱而把调查局限于某一地理区域内,如对北京市区的家庭进行调查,可把北京市按行政区域分为几个群体,东城区、西城区、朝阳区、海淀区、丰台区、石景山区等,或将各个区进一步按居委会分群,抽取所需样本数进行调查。

整群抽样是假定样本群中单位特征与总体特征一样存在差异性,其可靠程度主要取决于群与群之间的差异大小,当各群之间的差异性越小时,抽样调查的结果越精确,所以,当进行较大规模的市场调查时,群体内个体间的差异性越大,而各群之间的差异性越小时,最适合用整群抽样方式。

6.3.2 非随机抽样

在实际市场调查中,出于以下原因常常要用到非随机抽样:受客观条件的限制,无法进行严格的随机抽样;为了快速得到调查的结果;调查对象不确定或其总体规模无法确定;调查人员比较熟悉调查对象,且有较丰富的经验,据此快速推断,做到快、准、省。

1. 方便抽样

方便抽样又称为便利抽样、任意抽样或偶遇抽样,是根据调查者的方便与否(随意性原则)去选择样本的抽样方式。方便抽样的基本理论依据是,认为被调查总体的每个单位都是相同的,因此把谁选为样本进行调查,其调查结果都是一样的。而事实上并非所有调查总体中的每一个单位都是一样的。只有在调查总体中各个单位大致相同的情况下,才适宜应用任意抽样法。

方便抽样常用的形式有拦截访问、利用客户名单访问等,被访问者一般与调查者比较接近。

(1)抽样操作。运用方便抽样技术进行抽样,一般由调查人员从工作方便的角度出发,在调查对象范围内随意抽选一定数量的样本进行调查。①拦截访问是在街上或路口任意找某个行人,将他(她)作为被调查者,进行调查。例如,在街头向行人询问对市场物价的看法,或请行人填写某种问卷等。②空间抽样法是对某一聚集的人群,从空间的不同方向和方位对他们进行抽样调查。例如,在商场内向顾客询问对商场服务质量的意见;在劳务市场调查外来劳工打工情况等。

(2)方便抽样的优缺点。①方便抽样的优点是对于调查条件要求低、难度小、简便易行;接受访问的成功率较高,容易得到受访者的配合;省时省力,且对访问的进度容易控制。②方便抽样的不足之处是由于没有概率论作为理论基础,所以无法推断总体,且代表性差,偶然性强。

2. 判断抽样

判断抽样也称为目的抽样,主要凭借调查者的主观意愿、经验和知识,从总体中选取具有代表性的个体样本作为调查对象的抽样方法。判断抽样要求调查者对总体的有关特征有相当程度的了解。

判断抽样广泛应用于商业市场调查中,特别是样本量小且不易分类时,更具优势。它方便快捷、成本低,但需要调查者有较强的知识、经验和判断力,结果的可靠性不易控制。

判断抽样的做法通常有两种。

(1)典型调查。选择最能代表普遍情况的调查对象,常以"平均型"和"多数型"为标准。如了解一国的民风,应该入乡随俗,和当地最普通的人生活一段时间。

(2)重点调查。对那些占被调查总体内较重要的个体进行抽取调查,如调查消费者满意度时,对大客户或贵宾进行调查。

3. 配额抽样

配额抽样也称定额抽样,是指调查人员将调查总体样本按一定标志分类或分层,确定各类(层)单位的样本数额,在配额内任意抽选样本的抽样方式。

　　配额抽样和分层抽样既有相似之处,也有很大区别。配额抽样和分层抽样都是事先对总体中所有单位按其属性、特征分类,这些属性、特征称之为"控制特性"。例如,市场调查中消费者的性别、年龄、收入、职业、文化程度等。然后,按各个控制特性分配样本数额。但它与分层抽样又有区别,分层抽样是按随机原则在层内抽选样本,而配额抽样则是由调查人员在配额内主观判断选定样本。

　　按照配额抽样的要求不同,可将配额抽样分为独立控制配额抽样和交叉控制配额抽样两种。

　　(1)独立控制配额抽样。根据调查总体的特性不同,对具有某个特性调查样本分别规定单独分配额,因此,调查员有较大自由去选择总体中的样本。如在购买电视机时,按收入、年龄、性别三个属性分别规定三者之间的关系。每种属性控制下的配额都不必考虑其他因素的影响,简单易行,调查员选择余地大,注意不要过多抽取某一种属性的样本。

　　(2)交叉控制配额抽样。交叉控制配额抽样是对调查对象的各个特性的样本数额交叉分配,也就是任何一个配额者会受到两个以上的控制属性的影响,从而提高了样本的代表性。

　　控制配额的目的是以相对较低的成本来获取有代表性的样本,成本低,且调查者可根据每一配额方便地选择个体。其缺点是:选择偏见问题严重,也不能对抽样误差进行估计。

4. 滚雪球抽样

　　滚雪球抽样又称推荐抽样,是指先随机选择一些被访者并对其实施访问,再请他们提供另外一些属于所研究目标总体的调查对象,根据所形成的线索选择此后的调查对象。

　　例6-7　滚雪球抽样:对劳务市场中的保姆进行调查,因为其总体总处于不断流动中,难以建立抽样框,研究者因一开始缺乏总体信息而无法抽样,这时可先通过各种方法,如街坊邻居或熟人介绍、家政服务公司、街道居委会等,找到几个保姆进行调查,并让他们提供所认识的其他保姆的情况,然后再去调查这些保姆,并请后者也引荐自己所认识的保姆。依此类推,可供调查的对象越来越多,直到完成所需样本的调查,如图6-4所示。

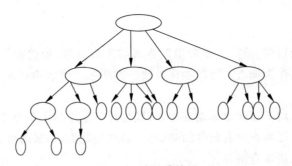

图 6-4　滚雪球抽样

　　市场调查人员可以先找到一个符合条件的受访者,在对其进行访问后,再请其推荐或介绍其他符合条件的受访者。充分利用同一类人通常有着某种联系这个因素,快速找到足够的样本进行调查。

　　滚雪球抽样的主要目的是估计在总体中十分稀有的人物特征。其优点是可以大大增加接触总体中所需群体的可能性,便于有针对性地找到被调查者,并且大大降低调查费用,其抽样误差也较低。其局限性主要表现在要求样本单位之间必须有一定的联系,并且愿意保持和提供这种关系,否则,将会影响这种调查方法的使用和结果。

 课堂自我测评

测 评 要 素	表 现 要 求	已达要求	未达要求
知识目标	能掌握随机抽样与非随机抽样的含义		
技能目标	能初步认识两种抽样方法的运用		
课程内容整体把握	能概述并认识抽样实施工作		
与职业实践的联系	能描述不同抽样方式的实践意义		
其他	能联系其他课程、职业活动等		

 任务6 小结

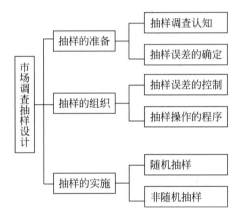

 教学做一体化训练

重要术语

抽样调查　样本容量　概率抽样　整群抽样

课后自测

一、单项选择题

1. 狭义上,抽样调查就是指随机抽样。日常生活中所说的抽样调查大多是指(　　)。
　　A. 非随机调查　　　B. 随机调查　　　C. 抽查　　　D. 普查

2. (　　)就是所有总体单位的集合,是总体的数据目录或全部总体单位的名单。
　　A. 抽样框　　　B. 样本　　　C. 抽样量　　　D. 总体单位

3. 置信区间是指在某一置信水平下,样本统计值与总体参数值之间的(　　)。置信区间越大,置信水平越高。
　　A. 误差范围　　　B. 距离　　　C. 区别　　　D. 差异

4. 登记性误差是由于(　　)引起的登记、汇总或计算等方面的错误登记而发生的误差。

A. 客观原因　　　　B. 主观原因　　　　C. 统计分析　　　　D. 资料整理

5. 简单随机样本是从总体中逐个抽取的,是一种(　　)、不放回抽样。

A. 不放回抽样　　　B. 放回抽样　　　C. 科学抽样　　　D. 无误差抽样

6. 下面关于方便抽样的说法正确的有(　　)。

A. 可以科学推断总体　　　　　　　　B. 偶然性差

C. 代表性强　　　　　　　　　　　　D. 难度小,简单易行

二、多项选择题

1. 随机抽样调查包括(　　)。

A. 简单随机抽样调查　　　　　　　　B. 分层随机抽样调查

C. 整群随机抽样调查　　　　　　　　D. 系统抽样调查

2. 非随机抽样调查包括(　　)。

A. 判断抽样　　　B. 方便抽样　　　C. 配额抽样　　　D. 滚雪球抽样

3. 抽样误差的影响因素有(　　)。

A. 被调查总体各单位标志值的差异程度

B. 抽取的调查个体数目

C. 抽样调查的组织方式

D. 抽样时间

4. 样本设计误差的产生原因有(　　)。

A. 抽样框误差　　　　　　　　　　　B. 调查对象范围误差

C. 抽选误差　　　　　　　　　　　　D. 回答误差

5. 简单随机抽样方法常用的有(　　)。

A. 直接抽取法　　　B. 抽签法　　　C. 随机数表法　　　D. 判断抽样法

6. 分层抽样的方式一般有(　　)。

A. 等比例抽样　　　　　　　　　　　B. 非等比例抽样

C. 等距抽样　　　　　　　　　　　　D. 配额抽样

三、判断题

1. 抽样调查的结果是从抽取样本中获取的信息资料中推断出来的。　　　　(　　)

2. 对于那些有必要进行普查的调查项目,运用抽样调查一样可以达到目的。　(　　)

3. 样本数量在一般情况下与抽样误差成正比例关系。　　　　　　　　　　(　　)

4. 随机抽样调查是对总体中每一个个体都给予了平等的抽取机会。　　　　(　　)

5. 使用非随机抽样调查的主要不足是可以判断其误差的大小。　　　　　　(　　)

6. 放回抽样是一种完全重复抽样方法。　　　　　　　　　　　　　　　　(　　)

四、简答题

1. 抽样调查可以分为哪些类型?各有哪些特点?

2. 怎样运用简单随机抽样技术进行抽样?

3. 如何运用分层随机抽样法?

4. 什么是抽样误差?影响误差大小及数量多少的因素有哪些?

5. 抽样调查的实施包括哪些程序?

案例分析

案例1：百货店的调查

杰罗姆的客户是中等或中等以上收入的群体,商店以经营质量上乘、耐穿而不太时尚的服装著称。该商店同时也出售流行的化妆品,像所有声誉良好的百货店一样,该商店有各种各样的商品,从瓷器、珠宝到软家具与陈列品等。该商店还曾一度销售过主要的家用电器,但是由于竞争太激烈,商店最后决定从该市场撤离。

在过去的12个月,该商店经历了服装销售的缓慢下滑。管理层感到也许是由于该店所提供的服装对潮流不是很敏感,于是,该店决定进行市场调查,以确定是否应在男士、女士、儿童服装部多储备一些服装。该商店计划在消费者家中进行调查访谈,调查将持续一个半小时左右。杰罗姆计划向调查对象展示所能增加的许多潜在产品线,包括服装设计师的服装样板及相关信息。调查成本是管理层关心的问题,因此,管理层特别关注调查数量,因为这将显著影响调查的整体成本。

（资料来源：[英]托尼·普罗科特.市场调研精要[M].吴冠之,译.北京：机械工业出版社,2005.）

阅读材料,回答以下问题：

(1) 杰罗姆如何着手进行市场调查？

(2) 该公司可以采用哪种抽样方法？

案例2：错误的抽样

市场营销教师给学生布置了一项任务：想出一种新产品的创意,然后对此进行市场调查。学生们可以使用任何一种看起来可行的调查方法,但是在他们设计调查计划之前,希望学生们进行二手调查。大多数学生发现,想出产品创意很有趣,而市场调查却很困难,但他们很珍惜把自己的一些想法付诸行动的机会。

共计有42项关于新产品的创意,有些想法是可行的,但是有些在技术上不可行或不能获利。无论如何,作业是有关市场调查的,而不是针对产品的技术设计,因此产品的可行性或其他因素与调查无关。

学生们进行了必要的二手调查,然后设计了自己的一手调查计划。大多数使用问卷调查方法,极少数使用了深入面谈、观察、实验或其他方法。

在某种程度上让学生自行想办法,目的是让学生从自己的错误中发现市场调查的陷阱。在大多数情况下,学生竭力想获得相当好的调查结果,但是很明显,他们中的一些人犯有严重的错误。

结果表明,问卷调查是导致更多困难的调查方法之一。除了设计问卷的问题外,大多数学生犯了最基本的抽样错误。以下是一些摘自学生书面报告的实例。

- 我们星期六上午在街头拦截行人,进行了购物者的随机抽样。（新型购物筐）
- 为了探明年轻人的观点,我们访问了大学的23名志愿者。（广播电台）
- 我们调查了10名女士和10名男士。喜欢该产品的女士比男士多20%左右,有60岁以上的人喜欢该产品。总计,40%的调查对象喜欢该产品。（园艺用具）
- 对100个调查对象的电话调查表明,32%的调查对象将会购买屋顶密封帆布。遗憾的是,进一步的调查显示,8个人是家中成年的孩子而不是房屋的主人。（应急屋顶

密封帆布)

- 我们在调查中遇到的主要问题是大多数人太忙,没有时间停下来接受我们的访问,无论如何,最终我们努力完成了70份有效的问卷。(银行服务)
- 在托儿所进行了调查。在母亲接孩子的时候,我们给她们分发了问卷,我们将在第二天进行回收。不幸的是,我们只收回了一半问卷,但这足以使我们得出某些结论。

焦点小组的结果好多了,但仍然有很多明显的问题。

- 我们的小组由6个男孩和2个女孩组成,年龄在18～20岁。我们向他们展示了产品的模型,并要求他们对模型进行评论。一开始,他们好像说的并不是很多,但经过一些鼓励之后,他们便开始自由地讨论了。(汽车真空吸尘器)
- 当我们向他们展示产品时,他们中的大多数人感到很迷惑。一组有6个家庭主妇,所有的人都来自在早上聚在一起喝咖啡的朋友群体。(割草机安全装置)
- 我们组常常偏离主题。我们有一个具有代表性的样本,其中有3个青少年(1个男生,2个女生)、2个中年人和3个退休的老年人。(地毯清洁装置)

虽然学生们(大多数情况下)能弄清楚在哪里出现了问题,但是,他们并不总是知道如何把事情做好。

这意味着教师需要花费大量的时间与他们在一起更正错误的概念,并帮助他们理解在调查中出现的问题。

但是尽管如此,所有的参与者,包括教师和学生,仍感觉到这种实习对市场调查提供了有益的指导。

(资料来源:[英]托尼·普罗科特.市场调研精要[M].吴冠之,译.北京:机械工业出版社,2005.)

阅读材料,回答以下问题:

(1) 你认为其中的抽样方法存在哪些错误?

(2) 你认为学生们应该怎样做?

(3) 在以后的调查中如何避免这些抽样误差?

 同步实训

实训名称:抽样设计。

实训目的:认识抽样设计的原理。

实训内容:

(1) 自行设定市场调查主题,进行抽样设计。

(2) 尝试运用抽样原理。

实训组织:学生分小组,观察班级、学院(系部)同学的手机使用情况,并尝试运用抽样调查中的某一种方式,设计抽样方案,并以样本指标推断总体指标,描述同学手机购买及使用情况。

实训总结:学生小组交流不同设计成果,教师根据抽样的设计、对回答问题的分析、PPT演示、讨论分享中的表现分别给每组进行评价打分。

学生自我学习总结

通过完成任务 6 的学习,我能够作如下总结。

一、主要知识点

任务 6 中主要的知识点如下。

(1)

(2)

二、主要技能

任务 6 中主要的技能如下。

(1)

(2)

三、主要原理

抽样设计在市场调查活动中的地位与作用如下。

(1)

(2)

四、相关知识点

任务 6 涉及的主要相关知识点如下。

(1)抽样调查与市场调查成本的关系是:

(2)抽样调查的科学原理有:

(3)抽样调查解决的特定问题有:

五、学习成果检验

完成任务 6 学习的成果如下。

(1)完成任务 6 学习的意义有:

(2)学到的知识有:

(3)学到的技能有:

(4)你对我国人口普查工作的印象是:

任务 ⑦ 市场调查问卷设计

学习目标

知识目标
1. 认识问卷设计的含义。
2. 认知问卷设计的原则。
3. 认知问卷设计的程序。
4. 认知问卷设计的意义。

能力目标
1. 能进行问卷问题设计。
2. 能对问卷进行有效编排。
3. 能结合实际对问卷进行评价。

思政目标
1. 认识经济数据的重要性。
2. 具备专业分析的职业素养。
3. 秉承实事求是的工匠精神。

任务解析

根据市场调查职业工作活动顺序和职业能力分担原则,"市场调查问卷设计"任务可以分解为以下子任务。

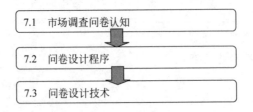

课前阅读

一阵电话铃声响过,你接听后,听到的是悦耳的女声"先生,您好！我们是××公司,在开展一项××的调查……";走在街头,经常会被一些调查人员拦住并问及若干问题,如"你用某某产品吗？某某产品怎么样"等;买了一些书,书后面会附有一些连邮票都事先贴好的"读者调查表"或"读者反馈卡"……这就是我们最常见的问卷调查。

　　有一家肉类经销商拟对肉类销售市场进行调查,在设计好问卷后,派营销调查人员进行了街头拦截调查。一位调查人员将调查地点选在了一个商业闹市区,正巧迎面走来了四个人。调查人员马上上前问道:"对不起,打扰一下,您能谈谈对目前肉类供应短缺的看法吗?"结果四人的回答让人啼笑皆非。A 说:"短缺是什么?"B 说:"肉指的是什么?"C 说:"什么是看法?"D 说:"什么是打扰了?"这个例子说明了在实施问卷调查时,在问卷的设计、问题的提问等环节必须充分运用一定技能的重要性及必要性。在市场调查活动中,询问调查的每一种方法都用到了问卷。问卷几乎成为调查者收集市场信息、进行数据分析处理的基本思路和重要载体。

　　问题:

　　(1) 你接触过问卷调查吗?

　　(2) 上文中肉类经销商的调查为什么会失败?

7.1　市场调查问卷认知

　　任务提示:这是调查问卷设计学习的第一课。认识调查问卷的基本概念,特别是从市场调查活动实践意义的角度认识问卷调查的作用及其特点,在此基础上,认识问卷调查工作的有关术语,并理解问卷调查的意义。

　　重点难点:问卷调查的概念、特点、结构与内容。

　　伴随着人们快节奏的生活,问卷调查成为目前调查业中广泛采用的调查方法。问卷调查中,调查机构根据调查目的设计各类调查问卷,通过调查员对样本的访问,完成事先设计的调查项目,并经统计分析后得出调查结果。

　　通过访问采集市场信息是国际通行的一种调查方式,也是在我国近年来发展最快、应用最广的一种调查手段。访问中常常要借助于调查问卷,调查问卷既是访问调查的一种控制工具,又是管理者重要的决策依据。

7.1.1　问卷的含义

　　问卷调查源于中国古代和古埃及以课税和征兵为目的所进行的调查活动。现代意义上的问卷调查始于 20 世纪 30 年代,美国新闻学博士乔治·盖洛普的美国总统选举预测调查。也正是这一事件之后,问卷调查开始迅猛发展,被运用于多个领域。我国自 20 世纪 80 年代引入问卷调查,目前已有了长足的发展。

　　1. 问卷的概念

　　问卷调查中,调查者依据心理学原理,将精心设计的各种问题全部以询问的形式在问卷中排列出来,许多问题还给出了多种可能的答案,提供给被调查者进行选择。这种方式提高了调查的系统性和准确性。

重要术语 7-1

问　卷

　　问卷是指调查者事先根据调查的目的和要求所设计的,由一系列问题、说明以及备选答案组成的调查项目表格,所以又称调查表。

2. 问卷的类型

　　根据不同的分类标准,市场调查问卷可以分为以下类型。

　　(1) 自填式问卷和访问式问卷。①自填式问卷是指向被调查者发放,并由被调查者自己填写答案的问卷。这种问卷适合于面谈调查、邮寄调查、网络调查及媒体发放的问卷调查时使用。②访问式问卷是指向被调查者进行询问,由调查人员根据被调查者的回答代为填写答案的问卷。这种问卷适合于面谈调查、座谈会调查和电话调查中采用。

　　(2) 结构式问卷和开放式问卷。①结构式问卷也称封闭式问卷,是指问卷中不仅设计了各种问题,还事先设计出一系列各种可能的答案,让被调查者按要求从中进行选择。这种问卷适合于规模较大、内容较多的市场调查。比如,请选择两者中其一作为回答。如您家有汽车吗? 回答只能是有或没有。②开放式问卷又称为无结构式问卷,是指问卷中只设计了询问的问题,不设置固定的答案,被调查者可以自由地用自己的语言来回答和解释有关想法。这种问卷适合于小规模的深层访谈调查或实验调查。如您为什么喜欢某产品的广告呢?

　　课堂讨论:结构式问卷与封闭式问卷有哪些区别?

　　(3) 传统问卷与网络问卷。①传统问卷是指目前在一些传统方式(如面访调查、邮寄信函调查、电话、媒体刊载问卷及书籍后附问卷)进行的调查中仍在大量使用的纸质问卷。②网络问卷是指随着电子计算机和互联网技术的发展而出现的,网上调查所用的无纸化问卷。

 拓展阅读 7-1

问卷的作用

　　问卷的诞生使市场调查获得了质的飞跃,使问题的用语和提问的程序实现了标准化,大大降低了统计处理的难度,具体作用表现如下。

　　(1) 使调查活动简单易行。问卷提供了标准化和统一化的数据收集程序,使问题的用语和提问的程序标准化。每一个访问员询问完全相同的问题,每一个应答者看到或听到相同的文字和问题。只要被调查者有一定的文化水平和语言表达能力,就能完成问卷。由于此种方法简洁易行,因此问卷调查的适用面非常广泛。

　　(2) 方便调查资料的统计分析。问卷调查的结果统计可以用计算机将每一个被选择的答案进行汇总、归类,大大方便了数据资料的整理和分析。通过提问和回答的方式,问卷将消费者实际的购买行为体现出来,同时也揭示出了消费者的态度、观点、看法等定性的认识,并将其转化为定量的研究,这样使调查人员既了解了调查对象的基本状况,同时,对于与调查对象有关的各种现象也可以进行相关分析。如果不用问卷,对不同应答者进行比较的有效基础就不存在了,从统计分析的角度看,收集到一大堆混乱的数据也难以处理。所以,问卷是一种作用非常大的控制工具,它使数据资料的收集、整理和分析工作变得有章可循。

(3)节约调查时间,提高作业效率。经过调查人员的工作,许多项目被设计成由被调查者以备选答案的形式回答的问题,调查人员对调查问卷只需稍作解释,说明意图,被调查者就可以答卷。而且一般不需要被调查者再对各种问题作文字方面的解答,只需对所选择的答案做上记号或标识即可。因此,可以节省大量时间,使调查者能在较短的时间内获取更多有用的信息,而且不需要访问人员做大量记录,因此在加快调查进度的同时,调查的内容也更全面、更准确,更能反映被调查者的意愿。

7.1.2　问卷的结构与内容

一份完整的市场调查问卷具有特定的结构与内容要求,只有这样,问卷才能在调查实践中发挥应有的作用。

1. 问卷的结构

从结构来讲,问卷主要包括三个部分:介绍部分、问卷主体部分和基础数据部分。

(1)介绍部分。这一部分的主要作用是使调查活动获得被调查者的认同,被调查者的资格得到确认,调查活动得以有效展开。因而,除了必须具有说服力外,还要提一些识别合格应答者的问题,即设置甄别部分,也称过滤性问题。这一部分的内容主要包括问卷标题、问卷说明等。

 拓展阅读 7-2

问卷中的甄别部分

问卷中的甄别部分也称过滤性问题,是指在对被访者做一份正式的、完整的调查问卷之前,首先对被访者是否是符合自己问卷调查的人群进行筛选。它是一次成功的问卷调查中十分重要的一步。如果没有经过甄别而直接开始问卷调查,很有可能得出的结果是毫无意义的。

(2)问卷主体部分。问卷主体部分包括各种问题与答案,这些问题中蕴含着大量用以解决市场营销中存在问题的信息,问题的具体内容应与被调查对象所具备的知识背景相一致,主要目的是提高调查结论的有效度。

(3)基础数据部分。基础数据主要指被调查者的重要信息,其主要作用是了解被调查者的人口统计特征以及有关生活方式和心理测量方面的问题,以便于后期分析。这一部分内容主要包括被调查者的背景资料、编码、调查作业记录。

课堂讨论:问卷中为什么要设计过滤性问题?

2. 问卷的内容

市场调查问卷通常是由标题、说明词、填表说明、问题与备选答案、被调查者的背景资料、编码、调查作业记录等项内容组成。

(1)标题。问卷的标题是对调查主题的大致说明。与写论文一样,题目应该醒目、吸引人。问卷标题就是让被调查者对所要回答的问题先有一个大致的印象,能够唤起被调查者积极参与调查的兴趣。问卷的标题要开门见山,直接点明调查的主题和内容,而不要简单、笼统地采用"问卷调查"这样过于简单的、不明确方向的词汇,容易引起回答者因不必要的怀疑而拒答。

例 7-1 问卷标题的举例。

A. 关于智能手机系统升级需求的调查

B. 麦当劳外卖市场需求状况调查

C. 2020 年中国汽车市场消费状况调查

D. 2020 年应届大学毕业生就业情况调查

(2) 说明词。说明词主要用来说明调查目的、需要了解的问题及调查结果的用途。说明词一般包括这样几方面的内容:①问候语。有称呼和问候。如"××先生、女士:您好"。问候语需要用尊敬的称呼、诚恳的态度,激发被调查者的兴趣与热情。②调查人员自我介绍,表明调查者的个人身份或组织名称。③调查的目的与意义,简单地介绍内容,同时对调查的目的进行说明,并请求合作,这是问卷设计中一个十分重要的问题。④关于匿名的保证,如涉及需为被调查者保密的内容,必须指明予以保密、不对外提供等,以消除被调查者的顾虑,以期获得准确的数据。⑤填表说明,是对被调查者回答问题的要求,主要在于规范和帮助被调查者对问卷的回答,用来指导被调查者回答问题的各种解释和说明。如关于选出答案做记号的说明,关于选择答案数目的说明。例如,凡在回答中需选择"其他"一项作为答案的,请在后面的"——"中用简短的文字注明实际情况。或只需在选中的答案中打"√"即可。⑥最后要对回答者的配合表示真诚的感谢,或说明将赠送小礼品。

说明词在问卷调查中非常重要,它可以消除被调查者的顾虑,激发他们参与调查的意愿。

例 7-2 调查问卷的说明词。

女士/先生:您好!

我是××的市场调查员,目前,我们正在进行一项有关北京市郊区旅游需求状况的问卷调查,希望从您这里得到有关消费者对郊区旅游需求方面的市场信息,请您协助我们做好这次调查。本问卷不记名,回答无对错之分,请您如实回答。

下面我们列出一些问题,请在符合您情况的项目旁的"(　　　)"内打"√"。占用了您的宝贵时间,向您致以深切的谢意!

操作要点:语气应礼貌、热情、诚恳;内容简要介绍调查目的、需了解的问题及调查结果的用途;对涉及被调查方的隐私或商业机密作保密承诺,以争取被访者的积极参与。这样才能提高调查的有效性,降低调查成本。

(3) 填表说明。填表说明的目的在于规范和帮助受访者对问卷的回答。填表说明可以集中放在问卷前面,也可以分散到各有关问题之前。尤其对自填式问卷,填表说明一定要详细清楚,而且格式位置要醒目。否则,即使被调查者理解了题意,也可能回答错误,引起数据偏差或误差。例如,可能造成单选题回答成多选,排序题回答成选择题,该跳答处没有跳答,要求填写的数量单位是"克"却回答成"盒"等。填表说明如果是仅针对问卷中个别的复杂问题,则要紧跟该问题之后列出;如果是针对问卷中全部的问题和答案,可以单独作为问卷的第三部分,在说明词后列出。如专门用来识别合格应答者,即问卷的甄别部分。

📝 **例7-3** 自填式问卷的填表说明。

A. 凡符合您的情况和想法的项目,请在相应的括号中画"√";凡需要具体说明的项目,请在横线上填写文字。

B. 每页右边的阿拉伯数字和短横线是计算机汇总资料用的,不必填写。

C. 请回答所有问题。如有一个问题未按规定回答,整个问卷会作废。

D. 访问员注意:有意向购车者回答完Q15(第15个问题)后跳至第二部分,Q16~Q20仅供已购车者回答!

操作要点:填表说明是为了帮助和规范被调查者对问卷的回答,应该做到格式位置醒目、内容详细清楚;语言表述要求通俗易懂,忌用生僻的、过于专业的词或词句。

📝 **例7-4** 甄别部分。

Q1 您的年龄是_____。

A. 18岁以下　　　终止访问

B. 18~45岁　　　继续

C. 45岁以上　　　终止访问

Q2 您的性别是_____。

A. 男　　　终止访问

B. 女　　　继续

Q3 在过去6个月内,您是否接受过市场调查公司的访问?

A. 是　　　终止访问

B. 否　　　继续

(4) 问题与备选答案。问题与备选答案是问卷的主体部分,也是问卷中的核心内容。它主要以提问的方式提供给被调查者,让被调查者进行选择和回答。显然,这部分内容设计得好坏关系到整个问卷的成败,也关系到调查者能否很好地完成信息资料的收集,以实现调查目标。

问卷中所要调查的问题可分为三类:①事实、行为方面的问题,了解市场中已发生或正在发生的客观现象、人们的行为和结果;②观点、态度和动机等方面的问题,主要是了解被调查者的主观认识、消费偏好等;③未来的可能行为,主要是了解被调查者未来的一种态度,而不是一种准确的行为预测。这三类问题的性质、作用不同,使用的询问方式和询问技术也不一样。

📝 **例7-5** 问卷中的问题与备选答案。

请在您选中答案的方框内打"√"。

A. 您通过什么途径知道了这本书:□听别人介绍　□在书店看到　□杂志　□网络　□报纸　□培训班购买　□其他

B. 您认为这本书的质量:□好　□中　□差

C. 您的性别:□男　□女

D. 您所在单位的行业:□制造业　□咨询业　□金融业　□服务业　□机关　□教育

(5) 被调查者的背景资料。被调查者的背景资料也称问卷中的基础数据,是指被调查者的一些主要特征。被调查者的有关背景资料也是问卷的重要内容之一,被调查者往往对这部分问题比较敏感,但这些问题与研究目的密切相关,必不可少,如在消费者调查中,消费者的性别、年龄、婚姻状况、家庭的类型、人口数、文化程度、职业、经济情况等,单位的性质、规模、行业、所在地等,具体内容要依据研究者先期的分析设计而定;又如在企业调查中的企业名称、企业类型、所有制性质、商品销售额、利润总额、职工人数情况等。通过这些项目,可以对调查资料进行分组、分类,以方便后期的分析。

例 7-6　调查问卷中所列的背景资料。

请填写您单位的基本情况。

A. 单位名称 _____

B. 行业类型:大□　中□　小□

C. 所有制类型 _____

D. 通信地址 _____

E. 2020 年销售额 _____

F. 2020 年利润总额 _____

G. 2020 年所得税额 _____

H. 2020 年年末职工人数 _____

(6) 编码。编码是指问卷中事先确定了一个数字作为每一个问题及答案的代码。这是为了调查后期数据处理的方便。一般情况下,市场调查问卷都应该编码,以便分类整理,方便计算机处理和统计分析。编码工作一般在问卷设计时完成,即将代表了相应变量的阿拉伯数字标在答案的最右边,在调查结束后直接输入计算机。与此同时,问卷本身也需要进行编码,该编码除了表示问卷顺序之外,还应包括与该样本单位有关的抽样信息。

例 7-7　调查问卷中的编码。

在目前的市场环境中,贵公司所追求的主要经营目标是什么?

① 实现当年的销售额和利润计划　　　　　(　　)　①_____

② 提升自己的社会责任感,重塑商业伦理　(　　)　②_____

③ 大幅度提高主要产品的市场占有率　　　(　　)　③_____

④ 进一步加大国际化的步伐　　　　　　　(　　)　④_____

(7) 调查作业记录。调查作业记录主要包括记录调查人员的姓名、访问日期、访问时间、访问地点等(如果有必要,还可以登记被调查者的一系列资料,但必须是在征得被调查者同意的情况方可列入),其目的是核实调查作业的执行和完成情况,以便对调查人员的工作进行监督和检查。有些重要的调查还需要记录调查过程中有无特殊情况发生,及被调查者的配合情况等,因为这些情况的发生和处理方式都将影响调查结果。

例 7-8　简要的作业纪录。

被调查者电话 _____

调查员姓名 _____　调查日期 _____

调查开始时间 _____　调查结束时间 _____

问卷审核日期 _____

课堂自我测评

测 评 要 素	表 现 要 求	已达要求	未达要求
知识目标	能掌握调查问卷的含义、作用		
技能目标	能初步认识问卷的不同类型		
课程内容整体把握	能概述并认识市场调查问卷的框架内容		
与职业实践的联系	能描述市场调查问卷的实践意义		
其他	能联系其他课程、职业活动等		

 # 7.2 问卷设计程序

任务提示：这是调查问卷设计学习的第二课。认识调查问卷设计的基本程序，特别是从市场调查活动实践意义的角度认识调查问卷设计的基本方法，在此基础上，认识调查问卷设计的有关原则要求，并理解问卷设计的意义。

重点难点：问卷设计的方法、基本要领。

一份完整合理的问卷，有赖于设计者的精心构思、辛勤劳动，也有赖于设计者的知识、能力、经验和创造性思维。所以，问卷设计既是一种科学，更是一种艺术。

市场调查问卷设计应遵循一定的设计原则，按照规范的程序、基本格式要求，有序地进行。首先，我们来了解市场调查问卷设计的含义。

重要术语 7-2

问 卷 设 计

问卷设计是依据市场调查的目标，明确调查所需的信息、设计问题的格式和措辞，并以一定的格式，将其有序地排列组合成调查表(问卷)的活动过程。

7.2.1 问卷设计的原则

调查问卷设计的根本目的是设计出符合调查与预测需要及能获取足够、适用和准确信息资料的调查问卷。为实现这一目的，调查问卷设计必须遵循以下原则。

1. 目的性原则

问卷设计人员必须了解调查项目的主题，设计出可从被调查者那里得到最多资料的问题，做到既不遗漏一个问句以致需要的信息资料残缺不全，也不浪费一个问句去取得不需要的信息资料。因此，问卷设计必须从实际出发拟题，问题目的明确，重点突出，没有可有可无的问题。

2. 逻辑性原则

一份设计成功的问卷,问题的排列应有一定的逻辑顺序,符合应答者的思维程序,一般是先易后难、先简后繁、先具体后抽象。只有这样才能使调查人员顺利发问、方便记录,并确保所取得的信息资料正确无误。

例 7-9 问卷设计中的逻辑。

Q1 您通常每天看几份报纸?

A. 不看　　　　　　B. 1 份　　　　　　C. 2 份　　　　　　D. 3 份以上

Q2 您通常看报纸花费多长时间?

A. 10 分钟以内　　B. 半小时左右　　C. 1 小时以内　　D. 1 小时以上

Q3 您经常看的是下面哪种(或几种)报纸?

A. ×市晚报　　　　B. ×市日报　　　　C. 老年日报　　　　D. 参考消息

E. 经济日报　　　　F. 其他_____

3. 简明性原则

问卷设计用词应该简明扼要、表述准确,使应答者一目了然,并愿意如实回答。问卷中语气要亲切,符合应答者的理解能力和认识能力,避免使用难懂的专业术语。对敏感性问题采取一定的技巧调查,使问卷具有合理性和可答性,避免主观性和暗示性,以免答案失真。

4. 非诱导性原则

非诱导性指的是问题要设置在中性位置、不参与提示或主观臆断。如果设置具有诱导和提示性,就会在不自觉中掩盖事物的真实性。

5. 方便整理分析原则

成功的问卷设计除了考虑紧密结合调查主题与方便收集信息外,还要考虑容易得出调查结果和调查结果的说服力。这就需要考虑问卷在调查后的整理与分析工作。如要求调查指标是能够累加和便于累加;指标的累计与相对数的计算是有意义的;能够通过数据清楚明了地说明所要调查的问题等。

7.2.2　问卷设计的流程

在设计调查问卷的过程中,设计者必须注意各个环节、各个项目及内容的相关性,依据一定的程序进行,才能保证问卷的科学性和易操作性。调查问卷设计的具体流程可分为准备阶段、主体设计阶段、复核验证阶段等步骤,如图 7-1 所示。

1. 准备阶段

问卷设计准备阶段的主要工作包括以下内容。

(1) 明确目的与内容。在问卷设计之前,调查者必须明确调查课题的范围和项目,将所需的资料全部列出。为此,调查者需首先将所要了解的信息划分类别,列出资料清单,并归纳出具体的调查项目。

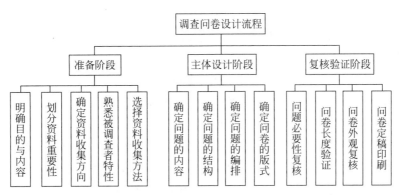

图 7-1 调查问卷设计的流程

（2）划分资料重要性。设计人员应该划分哪些是主要资料，哪些是次要资料，以确定调查人员分工收集资料时的着力点。

（3）确定资料收集方向。设计人员应该依据调查项目确定资料的收集方向，即解决向谁收集、从哪里收集的问题。如要了解企业的市场营销行为，调查者需要了解市场调查、市场细分、目标市场选择、市场定位、市场拓展、市场竞争等宏观资料，还应该了解产品、价格、渠道、促销等微观项目资料。依据所列的调查项目，调查者就可以设计出一系列具体的需要被调查者回答的问题，从而获得所需要的信息资料。

（4）熟悉被调查者特性。在此阶段，调查者还需要区分和了解被调查者的各种特性，如被调查者的社会阶层、收入水平、行为习惯等社会经济特征；文化程度、知识结构、理解能力等文化特征；需求动机、购买心理、消费意向等心理特征，以此作为拟定问卷的出发点和基础。同时应该广泛听取有关人员的意见，做到使问卷符合客观实际，以满足未来分析的需要。

（5）选择资料收集方法。市场资料可以分为原始资料和二手资料。调查目的不同，所需收集的资料也不同，调查者所选择的调查方式和方法也会随之不同。如在面谈调查中，由于可以与被调查者面对面地交谈和沟通，故可以询问一些较长和复杂的问题。在电话调查中，由于时间限制，调查者只能问一些较短和简单的问题。邮寄问卷由于是被调查者自己填写，故询问的问题可以多一些，但要给出详细的填表说明。网络调查收集资料的速度快，且多是匿名访问，故可以询问一些社会热点和敏感性问题。

2. 主体设计阶段

在确定了调查需要收集的资料和调查方法的基础上，设计准备工作已经基本就绪。调查者就可以根据所需收集的资料，遵循设计原则开始设计问卷的初稿，即主要对提问的问题和答案进行设计并进行编排。

（1）确定问题的内容。在这一阶段，调查者首先应将调查项目细分，即把调查的项目转化成具体的调查细目，并根据调查细目来确定问题的具体内容。如调查项目是"了解新生对学校的基本印象"，那么，可以将学生对学校的印象细化为对学校教学设施设备、公寓服务、餐饮服务、文娱活动设施、整体校园环境等方面的印象。在此基础上，就可以依据不同方面印象的典型特征来确定问卷问题的主要内容。

　　(2) 确定问题的结构。问卷问题的内容决定了所需资料的提问方式,一定程度上也决定了问题的结构。问题的结构一般指封闭式问题与开放式问题,大多数问卷以封闭式问题为主,辅以少量开放式问题。

　　(3) 确定问题的编排。设计问卷时,应站在被调查者的角度,顺应被调查者的思维习惯,使问题容易回答。问题编排的一般原则是:①排序应注意逻辑性。问题的编排应该注意尽量符合人们的思维习惯,这样才可能使调查有一个良好的开端。②排序应该先易后难。甄别部分的问题放在最前面,一般性问题、简单易回答的问题紧随其后,逐渐增加问题的难度。③特殊问题置于问卷的最后。许多特殊问题如收入、婚姻状况、政治信仰等一般放在问卷的后面,因为这类问题非常容易遭到被调查者的拒答,从而影响回答的连续性。如果将这类问题放在后面,即使这些问题被拒答,前面问题的回答资料仍有分析的价值。并且,此时应答者与访问者之间已经建立了融洽的关系,被调查者的警惕性降低,有助于提高回答率,从而增加了获得回答的可能性。

　　(4) 确定问卷的版式。问卷的设计工作基本完成之后,便要着手问卷的排版和布局。问卷的排版和布局总的要求是整齐、美观,便于阅读、作答和统计。

　　🔲 课堂讨论:问卷问题编排的主要原则有哪些?

3. 复核验证阶段

　　一般来说,在问卷的初稿完成后,调查者应该在小范围内进行实验调查,了解问卷初稿中存在哪些问题,以便对问卷的内容、问题和答案、问题的次序进行检测和修正。

　　(1) 问题必要性复核。调查人员应该根据调查目标确定问卷中所列的问题是否都是必需的,能否满足管理者决策的信息要求。每个调查目标都应该有相应的提问,不能有遗漏。而且每一个问题都必须服从一定的目的,比如过滤性、培养兴趣、过渡用的。更多的问题是直接与调查目的有关;如果问题不能达成上述目的中的任何一个,就应当删除。

　　(2) 问卷长度验证。调查人员应该通过实验来确定问卷的长度。一般情况下,对于拦截访问,问卷的长度应控制在 15 分钟之内,否则,应考虑适当删减。对于电话式调查,应控制在 20 分钟之内。对于入户访谈,如果超过 45 分钟,也应当给应答者提供一些有吸引力的刺激物,如电影票、钢笔、铅笔盒、现金或其他小礼品等。

　　(3) 问卷外观复核。针对邮寄问卷和留置问卷等自填式问卷,外表要求质量精美,非常专业化;适当的图案或图表会调动被调查者的积极性;正规的格式和装订、高质量的纸印刷、精心设计的封面等是很有必要的。被访者能感觉到研究者的认真态度,也更愿意予以合作。开放式问题在问卷内部要留出足够的空间,方便提问、回答、编码以及数据处理;重要的地方注意加以强调,以引起被调查者的注意。

　　(4) 问卷定稿印刷。对问卷进行了修订以后,就可以定稿并准备印刷了。在问卷定稿阶段,调查者要确定问卷说明词、填表说明、计算机编码等,再一次检查问卷中各项要素是否齐全,内容是否完备。在印刷阶段,调查者要决定问卷外观、纸张质量、页面设置、字体大小等。问卷只有做到印刷精良、外观大方,才能引起被调查者的重视,才能充分实现调查问卷的功能和作用。

课堂自我测评

测评要素	表现要求	已达要求	未达要求
知识目标	能掌握问卷设计的含义、原则		
技能目标	能初步认识问卷设计的程序		
课程内容整体把握	能概述并认识市场调查问卷设计的工作流程		
与职业实践的联系	能描述市场调查问卷设计原则的实践意义		
其他	能联系其他课程、职业活动等		

7.3 问卷设计技术

任务提示：这是调查问卷设计学习的第三课。认识调查问卷设计的基本技术，特别是从市场调查活动实践意义的角度认识调查问卷设计中问题的基本类型，在此基础上，认识问卷设计的有关具体要求，并完整理解问卷设计的意义。

重点难点：问卷设计的技术、基本要领。

7.3.1 问卷问题的设计

问题是问卷的核心内容，问题设计不仅要考虑调查目的和被调查者的类型，还要考虑访问的环境和问卷长度，最为重要的任务之一是适合于应答者或潜在的应答者。

设计者如果仅从自己设计提问角度来决定问卷形式，忽略被调查者的感受，主观假定被调查者对不同形式问题的反映无显著差异，结果必然导致计量误差。

1. 问题的类型

（1）直接性问题和间接性问题。直接性问题是指通过直接提问立即就能够得到答案的问题。直接性问题通常是一些已经存在的事实或被调查者的一些不很敏感的基本情况。

例7-10 你喜欢在什么场所购买衬衫：（可多选）

□品牌专卖店　　　□大型百货商场　　　□超市品牌专柜

□就近的商店　　　□大卖场品牌专柜

这类型的问题应该是事实存在的，一般不涉及态度、动机方面的问题，应答者回复时不会感觉到有压力和威胁。

间接性问题是指被调查者的一些敏感、尴尬、有威胁或有损自我形象的问题，应答者往往有顾虑，不愿或是不敢真实地表达自己的意见。这类问题一般不宜直接提问，而必须采用间接或迂回的询问方式发问，才可能得到答案。通常是指那些被调查者思想上有顾虑而不愿意或不真实回答的问题。

例7-11 你每月的收入是：3 000～4 000元□　5 000～7 000元□　7 000～9 000元□。

如家庭人均收入、消费支出、婚姻状况、政治信仰等方面的内容，如果不加思考直接询问,可能会引起被调查者的反感,导致调查过程出现不愉快而中断。因此,应该采取间接询问的方式,获得应答者的回复。如例 7-11 中的收入问题,可以请应答者在相应的收入区间进行选择。

(2) 开放式问题和封闭式问题。开放式问题是指调查者对所提出的问题不列出具体的答案,被调查者可以自由地运用自己的语言来回答和解释有关想法的问题。

例 7-12   开放式问题。

A. 你认为目前大学生就业难的主要原因有哪些?(自由回答法)

B. 看到"电视"你会想起什么食品?(词语联想法)

C. 请说出你所知道的 MP5 品牌?(回忆法)

D. 你购买智能手机最主要的考虑是_____(句子完成法)

E. 看到这幅图片,你最直接的感受是_____(视觉测试法)

开放式问题的优点:①比较灵活,能调动被调查者的积极性,使其充分自由地表达意见和发表想法。②对于调查者来说,能收集到原来没有想到或者容易忽视的资料。同时由于应答者以自己的提回来回答问题,调查者可以从中得到启发,使文案创作更贴近消费者。这种提问方式特别适合那些答案复杂、数量较多或者各种可能答案尚属未知的情形。

开放式问题的缺点:被调查者的答案可能各不相同,标准化程度较低,资料的整理和加工比较困难,同时还可能会因为回答者表达问题的能力差异而产生调查偏差。

封闭式问题是指事先将问题的各种可能答案列出,由被调查者根据自己的意愿选择回答的问题。

例 7-13   你购买这款智能手机的主要原因是什么?

A. 价格便宜   B. 玩游戏不卡   C. 整机性能良好   D. 售后服务好

E. 外观造型别致   F. 性价比高

封闭式问题的优点:①标准化程度高,回答问题较方便,调查结果易于处理和分析;②可以避免无关问题,回答率较高;③可节省调查时间。

封闭式问题的缺点:①被调查者的答案可能不是自己想准确表达的意见和看法;②给出的选项可能对被调查者产生诱导;③被调查者可能猜测答案或随便乱答,使答案难以反映自己的真实情况。

(3) 动机性问题和意见性问题。动机性问题是指为了了解被调查者的一些具体行为的原因和理由而设计的问题。

例 7-14   你为什么购买某一品牌的化妆品?

动机性问题所获得的调查资料对于企业制定市场营销策略非常有用,但是收集难度很大。调查者可以多种询问方式结合使用,尽最大可能揭示调查者的动机。

意见性问题主要是为了了解被调查者对某些事物的看法、想法或态度而设计的问题,也称态度性问题。

例 7-15   你对学校餐厅服务的总体满意程度为_____。

意见性问题在营销调查中也经常遇到,它是很多调查者准备收集的关键性资料,因为意见常常影响动机,而动机决定着购买者的行为。

理想的问句设计应使调查人员能获得所需要的信息,同时被调查者又能轻松、方便地回答问题。在实际的市场调查中,几种类型的问题常常是结合使用的。在同一份问卷中,既会有开放式问题,也会有封闭式问题;甚至同一个问题,也可能隶属于多种类型。调查者可根据具体情况选择不同的提问方式,使用不同的询问技术。

2. 问题设计的用词

不管采用什么样的询问技术,最终都会归结到问题的措辞上。从语言文字表述的角度来讲,问题的提出又有以下要求。

(1) 清晰、简明扼要。问题设计用词要求简明扼要、直截了当,措辞通俗并为被调查者所熟悉,忌用一些技术味很重的专业术语。

🕊️ **例 7-16** 你觉得这一品牌的饮料分销充分吗?(差的提问)

分析提示:分销是市场营销工作中的专门术语,对于一般意义上的消费者来讲,对市场营销工作本身不一定了解,对一些专业词汇可能更加陌生。如果这样设计问题,调查结果显然会出现误差。所以在决定问题措辞时,应避免使用过于专业的术语。

🕊️ **例 7-17** 当你想购买这一品牌的饮料时,你是否容易买到?(好的提问)

分析提示:剔除专业术语"分销",将问题设计为消费者购买活动的切身感受,应答者易理解问题的意思,回答的真实性与效率都会有所提高。

(2) 意思明确。问题设计要意思明确,避免一般化、笼统化,否则,应答者提供的答案资料没有太大的意义。一个表述清楚的问题应尽可能地把人物、事件、时间、地点、原因和方式六个方面的信息具体化。

🕊️ **例 7-18** 某大学在军训结束后对新生进行了入学调查,问卷中有一个问题:你对我们学校印象如何?

□好　　　□不好　　　□不了解

分析提示:这样的问题提法过于笼统,意思不很明确,使刚入学的新生不好回答。因为对于新生来讲,对学校的第一印象可能来自宿舍条件、就餐环境、社团生活、校园环境等方面。

🕊️ **例 7-19** 你最常去购物的商店是哪家?(差的提问)

在最近两个月内,你最常去购物的东城区的商店是哪一家?(好的提问)

🕊️ **例 7-20** 你通常每周锻炼多少次?(差的提问)

你在过去的一周内锻炼了多少次?(好的提问)

(3) 避免诱导性或倾向式问题。诱导性或倾向式问题是指明确暗示出答案或者揭示出调查人员的观点的问题。这样的问题设计会影响应答者最终作答的客观性。

🕊️ **例 7-21** 目前,大多数人认为商品房价格偏高,你认为呢?

□是　　　□不是　　　□不清楚

分析提示:这是一个诱导性问题,问题中已经包含了建议答案或推荐被调查者在该问题上应该采取的立场。

🕊️ **例 7-22** 你对"韩流文化"给我国本土文化发展造成的冲击有什么看法?

分析提示:这是一个倾向式问题,这种提问已经揭示了调查人员的基本观点,对被调查者的回答有诱导作用。

(4) 不用要求评价或假设性的问题。

🕊️ **例 7-23** 你每月在饮食方面的消费是多少?

分析提示:这是一个要求总结或评价的问题,作为消费者一般很难在短时间内精确地统计出自己每月饮食方面的消费。

例 7-24　你毕业后是否会马上进入大公司工作？

分析提示：作为在校生来讲，这是一个假设性的问题。被调查者可能因假设不成立说不，也可能会选择自由职业者而说不。

7.3.2　问题答案的设计

在问卷调查实践中，无论哪种问题类型，都要进行答案设计，尤其是封闭性问题，必须全面、系统、详尽地进行设计，才可以将调查内容信息准确地传输给被调查者，与对方充分合作，使其不带偏见地去回答有关问题。一般较常用的答案设计方法如下。

1. 二项选择法

二项选择法也称是非法，是指所提出的问题只有两种对立、互斥的答案可供选择，被调查者只能从两个答案中选择一项。

例 7-25　"你已经购买了人身保险吗？"答案只能是"是"或"否"。

分析提示：这样的答案设计态度明朗，利于选择，可以得到明确的回答，能迫使倾向不定者偏向一方，能够在较短的时间内得到答案，统计处理方便；其缺点是不能反映意见的差别程度，调查不够深入，由于取消了中立意见，结果有时不准确。

2. 多项选择法

多项选择法是指所提出的问题有两个以上的答案，让被调查者在其中进行选择。多项选择时，要求答案尽可能包括所有可能的情况，避免应答者放弃回答或随意回答。

例 7-26　你在毕业后选择就业时考虑的主要因素是什么？（应注明选项数量）

A. 工资福利　　　　B. 经济发达城市　　C. 有利于自身今后发展　　D. 专业对口
E. 才能得以施展　　F. 积累社会经验　　G. 其他

分析提示：多项选择法的优点是可以缓和二项选择法强制选择的缺点，应用范围广，能较好地反映被调查者的多种意见及其程度差异，由于限定了答案范围，故统计比较方便。其缺点是回答的问题没有顺序，且答案太多，不便归类，对问卷设计者的要求较高。

3. 顺序法

顺序法又称排序法，是指提出的问题有两个以上的答案，由被调查者按重要程度进行顺序排列的一种方法。在实践中，顺序法主要有两种：有限顺序法和无限顺序法。

例 7-27　请按重要程度排列出你在购买文具用品时考虑的前三位的影响因素：

A. 价格　　　　　　B. 品牌　　　　　　C. 包装　　　　　　D. 使用方便
E. 商场促销　　　　F. 同学推荐　　　　G. 其他

例 7-28　请按重要程度排列出你在购买文具用品时考虑的下列全部影响因素：

A. 价格　　　　　　B. 品牌　　　　　　C. 包装　　　　　　D. 使用方便
E. 商场促销　　　　F. 同学推荐　　　　G. 其他

分析提示：顺序法不仅能够反映被调查者的想法、动机、态度、行为等多个方面的因素，还能比较各因素的先后顺序，既便于回答，又便于分析。但是在实践应用中应注意：备选答案不宜过多，以免造成排序分散，加大整理分析难度；调查内容必须要求对备选答案进行排序时再使用。

4. 比较法

比较法是指采用对比的方式,由被调查者将备选答案中具有可比性的事物进行对比作出选择的方法。

🕊️ **例 7-29** 请比较下列每一组不同品牌的智能手机,哪一种你更喜欢使用?(每一组中只选一个)

A. 联想　华为　　　B. 小米　华为　　　C. 华为　三星　　　D. 联想　小米

E. 小米　三星　　　F. 华为　小米

分析提示:这种方法采用了一一对比方式,具有一定的强制性,使被调查者易于表达自己的态度。但在实际应用时应注意:比较项目不宜过多,否则会影响被调查者回答的客观性,也不利于统计分析。

7.3.3　态度量表的设计

在市场调查工作中,经常需要对被调查者的态度、意见或感觉等心理活动进行测定和判别,这些工作需要借助各种数量方法进行度量。量表就是对定性资料进行量化的一种度量工具。

重要术语 7-3

态 度 量 表

态度量表是通过一些事先确定的用语、记号和数目,来测量被调查者的态度、意见或感觉等心理活动的程度的度量工具。它可以对被调查者回答的强度进行测量和区分,而且将被调查者的回答转化为数值以后,可以进行编码计算,便于深入地进行统计分析。

1. 量表的类型

(1)类别量表。类别量表又称名称量表、名义量表,是根据被调查者的性质分类的,用来测量消费者对不同性质问题的分类。

🕊️ **例 7-30** 您来自我国以下哪一地理区域?

① 东部　　　② 中部　　　③ 西部

🕊️ **例 7-31** 您喜欢大学城的新校区吗?

① 喜欢　　　② 无所谓　　　③ 不喜欢

类别量表中所列答案都是不同性质的,每一类答案只表示分类,不存在比较关系,被调查者只能从中选择一个答案,而不必对每个答案加以比较。如:是、否等。表中的数字分配,仅仅是用作识别不同对象或对这些对象进行分类的标记。

(2)顺序量表。顺序量表又称等级量表、位次量表或秩序量表,是比较性量表,是将许多研究对象同时展示给受测者,并要求他们根据某个标准对这些对象排序或分成等级。

🕊️ **例 7-32** 以下是一些手机品牌名称,请将它们按你所喜好的程度排序。(其中1表示你最喜欢,5表示你最不喜欢。)

OPPO(　　) 小米(　　) 华为(　　) 中兴(　　) VIVO(　　)

在测量过程中,顺序量表根据事物某一特点,将事物属性分成等级,用数字表示。这种测量水平不仅能区分不同类别,而且能排出等级或顺序,如胖瘦、大小、高矮、上中下、名次等。

(3) 等距量表。等距量表也称区间量表,用于测量消费者对于喜欢或不喜欢某种商品次序之间的差异距离。等距量表中相邻数值之间的差距是相等的,1 和 2 之间的差距就等于 2 和 3 之间的差距。有关等距量表最典型的实际例子是温度计。在市场调查活动中,给一个产品的外观设计打分,某产品得 9 分与 6 分之间的差距和 7 分与 4 分之间的差距也是相同的。需注意的是,等距量表不能计算测量度之间的比值,如某同学数学考试成绩为 0 分,并不能简单说他没有数学知识。利用等距量表得到的态度数据一般经常作为等距数据来处理。

(4) 等比量表。等比量表又称比率量表,是既具有类别、等级、等距特征,也具有绝对零点的量表。根据测量的不同水平以及测量中使用的不同单位和参照点,测量量表从低到高可分为命名量表、顺序量表、等距量表、比率量表四种类型。等比量表具有命名量表、顺序量表、等距量表的一切特性,并有固定的原点。如在物理测量中,长度、重量、开氏温度量表(绝对温度量表)等。市场调查活动中,销售额、生产成本、市场份额、消费者数量等变量都要用等比量表来测量。

2. 市场调查常用量表

目前,市场调查中常用的量表主要有以下几种。

(1) 评比量表。评比量表是比较常用的一种定序量表,调查者在问卷中事先拟定有关问题的答案量表,由应答者自由选择回答。

例 7-33　你觉得大学园区的新校区整体环境怎么样?

① 很好　　② 较好　　③ 一般　　④ 较差　　⑤ 很差

评价量表用不同的数值来代表某种态度,目的是将非数量化的问题加以量化,而不是用抽象的数值随意排列。一般情况下,选项不应超过 5 个,否则普通应答者可能会难以作出选择。评比量表的优点:省时、有趣、用途广、可以用来处理大量变量。

(2) 等级量表。等级量表是顺序量表的一种,就是让受访者对评价对象的不同等级予以区分,也就是说,以受访者自己心目中的评价方式给出某种顺序的相对分值。在调查品牌偏好、广告片效果比较、形象和地位评选等方面的问题时,可以使用这种方法。

例 7-34　在你的心目中,你认为自己对下列五种电视机品牌的喜欢顺序依次为(顺序由 1 标到 3)。

长虹_____　康佳_____　海尔_____　TCL_____　海信_____

例 7-35　下面有四个品牌,请你评选出 1,2,3,4 名并把序号写在括号里。

品牌 A(　　)　品牌 B(　　)　品牌 C(　　)　品牌 D(　　)

(3) 矩阵量表。矩阵量表也称语义差异量表,是用成对的反义形容词测试被调查者对某一事物的态度。在市场调查中,它主要用于市场与产品、个人及集体之间的比较,人们对事物或周围环境的态度的研究。具体做法是在一个矩阵的两端分别填写两个语义相反的术语,中间用数字划分为 7 个等级,由回答者根据自己的感觉在适当位置画记号。

(4) 李克特量表。李克特量表是李克特于 1932 年提出的,也是运用得非常广泛的量表。它要求被调查者表明对某一表述赞成或否定,回答者将赞成和不赞成分成若干等级,以区别它们的态度。

 拓展阅读 7-3

如何设计一份好的问卷

简而言之,一份问卷必须具有以下功能:第一,它必须完成所有的调查目标,以满足管理者的信息需要;第二,它必须以可以理解的语言与应答者沟通,并获得应答者的合作;第三,对访问员来讲,它必须易于管理,方便记录应答者的回答,而且必须有利于方便快捷地编辑和检查完成的问卷,并易于进行编码和数据输入;第四,问卷必须可转换为能回答问题的有效信息。

 课堂自我测评

测评要素	表现要求	已达要求	未达要求
知识目标	能掌握调查问卷问题与答案的类型、作用		
技能目标	能初步认识问卷设计的技术要领		
课程内容整体把握	能概述并认识市场调查问卷设计的技术要求		
与职业实践的联系	能描述市场调查问卷设计技术的实践意义		
其他	能联系其他课程、职业活动等		

 任务 7 小结

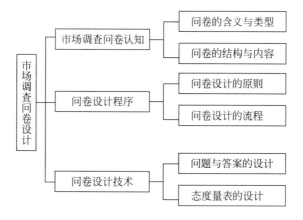

 教学做一体化训练

重要术语

问卷　问卷设计　量表

课后自测

一、单项选择题

1. 关于问卷中甄别部分叙述正确的是(　　)。
   A. 简单易懂的放在前面　　　　　　　B. 特殊性问题放在前面
   C. 用来识别合格应答者　　　　　　　D. 开放性问题放在后面

2. 一般情况下,问卷的长度应控制在(　　)的回答时间。
   A. 0～30 分钟　　　B. 30～40 分钟　　　C. 0～50 分钟　　　D. 50～60 分钟

3. 问卷设计是否合理、调查目的能否实现,关键就在于(　　)的设计水平和质量。
   A. 前言部分　　　B. 主体内容　　　C. 附录部分　　　D. 说明部分

4. 调查问卷的说明部分主要是对(　　)的说明。
   A. 调查的目的与意义　　　　　　　　B. 调查的对象
   C. 调查的问题　　　　　　　　　　　D. 有关事项

5. "您是否喜欢××牌子的自行车?"问句是(　　)。
   A. 事实性问句　　　B. 行为性问句　　　C. 动机性问句　　　D. 态度性问句

6. 问卷设计的首要步骤是(　　)。
   A. 进行必要的探索性调查　　　　　　B. 设计问句项目
   C. 把握调查的目标和内容　　　　　　D. 收集和研究相关资料

7. 某调查问卷的问题"您对网上购物有什么看法?"属于(　　)问题。
   A. 公开式　　　B. 开放式　　　C. 保守式　　　D. 封闭式

二、多项选择题

1. 自填式问卷是指向被调查者进行询问,由被调查者自己填写答案的问卷。这种问卷适合于(　　)时使用。
   A. 面谈调查　　　B. 邮寄调查　　　C. 网络调查　　　D. 电话调查

2. 问卷中所要调查的问题可分为(　　)。
   A. 事实、行为方面的问题　　　　　　B. 观点、态度等方面的问题
   C. 未来的可能行为　　　　　　　　　D. 动机方面的问题

3. 在问卷设计实践中,往往要求设计者注意(　　)。
   A. 用词必须清楚、简洁　　　　　　　B. 选择用词应避免对被调查者的诱导
   C. 应考虑被调查者回答问题的能力　　D. 应考虑被调查者回答问题的意愿
   E. 避免所提出的问题跟答案不一致

4. 你认为在今后我国住房价格的上涨幅度将:
   □加快
   □趋缓
   以上问题属于(　　)。
   A. 开放式问题　　　　　　　　　　　B. 多项式选择问题
   C. 二项选择问题　　　　　　　　　　D. 比较式问题

5. 量表可以测量消费者的(　　)。
   A. 态度　　　B. 意见　　　C. 感觉　　　D. 行为

三、判断题

1. 问卷中问题与答案的设计应该生动、新颖,以吸引被调查者的注意,有时为了使其配合调查,可以将问句偏离调查目标与内容。　　　　　　　　　　　　　　　（　　）

2. 为了保证收集到重要资料,问卷设计一定要面面俱到,时间控制在 30 分钟以上。

（　　）

3. 问卷中的一些词汇,如"经常""通常"等已经成为人们有较大共识的词语,可以在设计时大量采用。　　　　　　　　　　　　　　　　　　　　　　　　　　　（　　）

4. 在现实生活中,许多人认为年龄、收入、受教育程度等都属于个人隐私,不愿意真实回答,所以在设计问卷时可以把这些问题省略,以免影响整体回答的真实性。　　（　　）

5. 对于被调查者不清楚的某些问题,调查人员可以适当加以提示,以引导被调查者完成调查来迅速达到调查目标。　　　　　　　　　　　　　　　　　　　　　（　　）

6. 量表可以作为一种独立的手段,对客观、具体的消费者行为进行测试。　（　　）

四、简答题

1. 简述问卷的基本结构。

2. 问卷设计的步骤有哪些?

3. 问卷中问题的排序应注意什么?

4. 问卷的外观设计有哪些要求? 其主要目的是什么?

5. 为什么对严格按照程序设计好的问卷还要进行检测与修正? 可不可以省略?

📖 案例分析

案例:读者基本情况调查问卷

我们期待您填写登记卡,您的回答将严格保密并进入读者数据库。届时,您可在邮购图书时得到优惠(不但可免邮寄费,更可享受书价九折优惠)。您对所购书籍有任何意见,请另附纸张一并寄给我们公司,我们将十分感谢!

请在您选中答案的方框内打"√",或将您的答案填在横线上。

1. 姓名 _____

2. 性别:□男　□女

3. 年龄: _____岁

4. 您所在单位的行业:□制造业　□咨询业　□金融业　□服务业　□商业　□机关　□教育

5. 您的职位:□总经理　□营销总监　□部门经理　□职员　□教师　□公职人员　□学生　□其他

6. 您单位的(成)员工数:□100 人以下　□100～500 人　　□500～1 000 人　□1 000～5 000 人　□5 000 人以上

7. 您的收入:每月 _____元人民币

8. 文化程度:□高中　□高职　□本科　□硕士　□博士

9. 通信地址: _____　邮政编码: _____

10. E-mail 地址: _____

11. 您购买的书名是: _____

12. 您每月购书消费：_____元。

13. 您是怎样知道这本书的：□别人介绍　□在书店看到　□杂志　□网络　□报纸 □培训班购买　□其他

14. 您认为这本书怎么样：□好　□中　□差

15. 请在以下几个方面予以评价。

	很好	好	一般	不太好	差
(1) 理论、专业水平的角度	5	4	3	2	1
(2) 实用、可操作性的角度	5	4	3	2	1
(3) 内容新颖、创新的角度	5	4	3	2	1
(4) 文笔、案例生动的角度	5	4	3	2	1
(5) 印刷、装帧质量的角度	5	4	3	2	1

以上是我们最常见的问卷,仔细阅读后回答以下问题：

(1) 问卷中问题的排序有无不当之处？

(2) 问卷中一些问题的措辞有无不当的地方？怎样改正？

 同步实训

实训名称：问卷问题设计。

实训目的：认识市场调查问卷问题的设计方法。

实训内容：

(1) 设定某一调查主题,如本校、班级同学的智能手机、计算机等购买使用情况的调查。在搭建起的调查问卷框架内容基础上,进行问卷问题的设计。如开放性问题、结构性问题；直接性问题、间接性问题。

(2) 尝试运用不同类型问题的设计方法。

实训组织：学生分小组,观察班级、学院(系部)同学的手机购买使用情况,并尝试运用不同类型问题的设计思想,设计出一些问题,并说明这样设计的理由。

实训总结：学生小组交流不同设计成果,教师根据问题的设计、对回答问题的分析、PPT 演示、讨论分享中的表现分别给每组进行评价打分。

 学生自我学习总结

通过完成任务 7 的学习,我能够作如下总结。

一、主要知识点

> 任务 7 中主要的知识点如下。
>
> (1)
>
> (2)

二、主要技能

任务 7 中主要的技能如下。

(1)

(2)

三、主要原理

问卷设计在市场调查活动中的地位与作用如下。

(1)

(2)

四、相关知识点

任务 7 涉及的主要相关知识点如下。

(1) 问卷设计与调查资料收集的关系是：

(2) 问卷问题编排的科学原理有：

(3) 量表能够解决的特定问题有：

五、学习成果检验

完成任务 7 学习的成果如下。

(1) 完成任务 7 学习的意义有：

(2) 学到的知识有：

(3) 学到的技能有：

(4) 你对市场调查问卷设计的初步印象是：

任务 8

市场调查资料处理

学习目标

知识目标

1. 认识资料整理的含义。
2. 认知资料审核预编码的方法。
3. 认知资料整理的程序。
4. 认知资料分析的意义。

技能目标

1. 能进行资料审核、分类。
2. 能对资料进行图表化显示。
3. 能对资料进行初步分析。

思政目标

1. 具备数据分析的专业素养。
2. 体会我国数据分析技术的发展成就。
3. 领悟我国社会经济发展数据分析的意义。

任务解析

根据市场调查职业工作活动顺序和职业能力分担原则，"市场调查资料处理"任务可以分解为以下子任务。

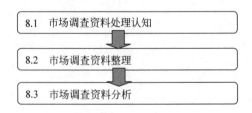

8.1 市场调查资料处理认知

8.2 市场调查资料整理

8.3 市场调查资料分析

课前阅读

互联网的明天会怎样？谷歌执行董事长埃里克·施密特在爱丁堡国际电视节上表示："如果我们能够明确知道你是一个真实的人，而不是一条狗、一个假冒别人的人或垃圾邮件发送者，互联网会变得更美好。"这也是前 Facebook 营销总监兰迪·扎克伯格的观点——她曾断言："网络匿名必须终结。"

在我国,有许多被称作"网络水军"的人,即有偿在线发帖和评论(主要出于营销目的)的一群人。学术研究发现,这些人正在降低互联网信息的质量。对于商家而言,付费发帖是影响产品公众口碑的一种方式。如果一家公司雇用了足够多的在线用户,那么它就可以创建热点话题以获得关注。进而,这些由一群付费发帖者发布的文章或评论就很有可能获得普通用户的关注,进而影响他们的决定。

2021 年 2 月 3 日,中国互联网络信息中心(CNNIC)发布的第 47 次《中国互联网络发展状况统计报告》勾勒出了我们的网络"自画像":截至 2020 年 12 月,我国网民规模达 9.89 亿,手机网民规模达 9.86 亿,互联网普及率达 70.4%。其中,40 岁以下网民超过 50%,学生网民最多,占比为 21.0%,中国互联网已进入移动互联网时代。由于线上的国际边界消失,充满了市场营销机会,全世界的顾客将聚集在公司的网站上。面对浩如烟海的互联网信息,该如何有效整理利用,显然是个严峻的问题。

问题:

(1) 网络资料表现怎样?

(2) 我们应该怎样正确利用网络信息?

8.1 市场调查资料处理认知

任务提示:这是市场调查资料处理的第一课。认识市场调查资料处理的主要工作,特别是从市场调查活动实践意义的角度认识市场调查资料整理与分析的重要作用及其特点,在此基础上,认识市场调查资料处理工作的具体内容,并理解调查资料整理与分析的意义。

重点难点:市场调查资料处理的含义与作用。

随着市场调查活动阶段性工作的结束,回收的大量数据资料还处于"毛坯"阶段,要想使其成为半成品、成品,尚需对其进行进一步的加工处理,进而揭示出这些数据的本来面目。这就是市场调查数据资料处理工作。具体来讲,这项工作包括市场调查数据资料的整理、市场调查数据资料的分析与市场调查数据资料的存储。

从工作顺序角度讲,在调查活动中,根据项目大小的不同,市场调查资料可能来自于各个分散的被调查单位,这些数据须经整理、确认、汇总后,才能为进一步的分析研究做准备。所以,我们首先遇到的工作是市场调查数据资料的整理。

8.1.1 市场调查资料整理认知

市场调查资料整理是根据市场分析研究的需要,对市场调查获得的大量原始资料进行审核、确认,或对所收集的二手资料进行再加工的过程。

1. 资料整理的概念

简单来讲,资料整理是通过一系列的操作将收集到的第一手或是第二手资料转变成数据结果,以便于研究者了解、提示其中的含义。在调查实践中,调查者整理的资料多为问卷资料。

重要术语 8-1

市场调查资料整理

市场调查资料整理是指按照一定程序与科学的方法,对所收集到的资料加以整理、分析及统计运算,把庞大、复杂、零散的资料集中简化,使资料变成易于理解和解释的形式,为揭示和描述市场现象的特征、问题和原因提供初步加工信息的过程。

2. 市场调查资料整理的内容

市场调查资料整理的基本内容包括以下三个方面。

(1) 数据确认。数据确认是指对调查所收集到的原始数据或二手资料进行审核,查找问题、采取补救措施、确保数据质量。

(2) 数据加工。数据加工是指对调查问卷或调查表提供的原始数据进行分类和汇总,或者对二手数据进行再分类和调整。

(3) 数据陈示。数据陈示是指对加工整理后的调查数据用统计表、统计图、数据库、数据报告等形式表现出来。

3. 市场调查资料整理的意义

为了理解市场调查资料整理的重要性,我们可以简要总结这一环节工作的意义。

(1) 资料整理是市场调查的必要环节。市场调查的根本目的是获取足够的市场信息,为正确的市场营销决策提供依据。从市场调查的过程可知,在市场信息的收集与使用之间,必然有一个市场信息的加工处理环节。这是因为运用各种方法,通过各种途径收集到的各类信息资料,尤其是各种第一手资料,大都处于无序的状态,很难直接运用,即使是第二手资料也往往难以直接运用,必须经过必要的加工处理。对市场信息的加工处理,可以使收集到的信息资料统一化、系统化、实用化,从而方便使用。

(2) 资料整理提高了调查资料的价值。未经处理的信息资料由于比较杂乱、分散,其使用价值有限。资料整理是一个去伪存真、由此及彼、由表及里、综合提高的过程,它能大大提高市场信息的浓缩度、清晰度和准确性,从而提升调查资料的价值。

(3) 资料整理可以激发新信息的产生。在信息资料的处理过程中,通过调查人员的智力劳动和创造性思维,使已有的信息资料相互印证,从而有可能促使一些新信息的产生。应用各种历史和现状信息资料,推测和估计市场的未来状态,这种预测信息也是一种新的信息。

(4) 资料整理可以纠正调查工作偏差。在市场调查工作的各个阶段、各具体环节,都会出现计划不周或工作中的偏差等问题。比如,对市场调查问题的定义可能并不十分全面;对市场调查的设计可能忽视了某些工作;信息资料的收集可能存在遗漏或者收集方法的欠缺等。这些问题有可能在实施过程中通过检查、监督、总结等活动被发现,并加以纠正。但是,很难避免有些问题未被人们发现。在信息加工处理过程中往往能发现一些问题,通过及时反馈,就能够采取措施,对存在的问题加以纠正,以免造成更加不良的后果。

课堂讨论:市场调查资料整理过程中为什么产生新的信息?

4. 市场调查资料整理程序

市场调查资料整理的一般程序如图 8-1 所示。

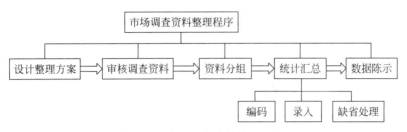

图 8-1 市场调查资料整理程序

（1）设计整理方案。市场调查资料整理方案一般包括整理的目的与要求、资料审核、整理的内容与方式、汇总办法、整理时间、人员安排、数据管理等方面的一些设计和规定。

（2）审核调查资料。审核调查资料主要是审核调查问卷或调查表的完备性、完整性和填答的准确性，以便发现问题进行纠正、补充或删除，防止有问题的问卷或调查表进入整理的流程。或者对二手资料的可靠性、准确性、时效性、可比性等进行评估，以决定其取舍。

（3）资料分组。原始资料和二手资料审核无误后，即可进行分组处理。分组是根据研究的需要，按一定的标志或标准将总体各单位区分为若干组（类）的一种数据加工处理方法。资料分组用以划分市场现象的不同类型，揭示总体的内部结构和分布特征，显示市场现象之间的依存关系。市场调查资料分类的标准有属性、数量、时间、空间、关联性等，利用这些分类标准可以对问卷或调查表数据进行多方向、多层次的加工开发和交叉开发。

（4）统计汇总。统计汇总是在分组处理的基础上，利用手工汇总或计算机汇总技术求出各种分组的各组单位数、总体单位数、各组指标、总体综合指标等。其中手工汇总技术主要有过录法、折叠法、卡片法、问卷分类汇总法，等等；计算机汇总一般包括编码、数据录入、缺省值处理等工作程序，它具有速度快、精度高和便于存储数据等特点，特别适合于大批量的数据处理。

（5）数据陈示。市场调查资料整理的最终结果需要借助于一定的形式表现出来，以供调查者和用户阅读、使用和分析研究。数据陈示的形式主要有统计表、统计图、数据库、数据报告等。

 拓展阅读 8-1

市场调查资料整理的原则

（1）目的性原则。市场调查资料的整理要服从市场调查的目的要求，针对市场调查需要解决的问题，即用户管理决策的信息需求，有针对性地加工开发出以总括性数据与结构性（分类的）数据相结合的语法信息。

（2）核查性原则。为确保数据处理质量，市场调查资料整理应注意事前、事中和事后都必须对数据质量进行核查，以求发现问题，查找差错，确保数据的准确性和可靠性，为进一步的分析研究提供高质量的语法信息。

（3）系统化原则。市场调查资料的整理不能停留在调查问卷或调查表数据的简单加工汇总上,应实行多方向、多层次的加工开发,以及调查项目之间的交叉开发,使加工开发的语法信息序列化,能最大限度地满足分析研究的需要。

(4)时效性原则。市场调查资料的整理是数据处理的过程,需耗费一定的时间,如果不提高加工整理的效率,数据的时效性就会受到影响。因此,应利用计算机自动汇总技术、数据库技术等对数据进行及时加工处理、及时传输和反馈。

8.1.2 市场调查资料分析认知

市场调查资料经过整理后得到了反映总体特征的统计图表,使我们对数据的分布类型和特点有了大致了解,但是,这种了解只是表面上的,为了进一步掌握数据分布的特征和规律,以反映市场现象,还需要对资料做进一步的分析。

1. 资料分析的概念

简单来讲,资料分析是指根据一定的调查目的,采用一种或几种数据分析方法,按照一定的程序,对通过调查并经过整理的数据资料进行分析,发现得到所调查事物或市场现象的本质及其规律,进而指导营销决策。

对市场调查资料的分析,既是市场调查的具体工作过程,也是市场调查人员的思维活动过程。这一过程中,要采用各种科学的数据分析方法,耗费大量的智力劳动,使原始数据信息成为加工信息。数据分析是市场调查工作中的重要阶段,它与市场调查前期的调查设计、数据收集及整理阶段密不可分。

2. 资料分析的方法

从大的角度分,调查资料的分析方法包括静态分析方法和动态分析方法,两种方法相互补充,同等重要,在市场调查中都具有广泛的实用价值。

(1)静态分析方法。市场调查数据的静态分析是指不考虑时间因素和具体变动过程,静止地对比分析数据之间的相互关系。常见的静态分析方法有数据的集中趋势分析和数据的离中趋势分析。

(2)动态分析方法。动态分析又称时间数列描述性分析,其核心是处理和分析动态数据,用来解释现象发展变化的水平、速度、趋势和规律。动态分析主要包括水平分析、速度分析、季节变化分析等方法。

 拓展阅读 8-2

市场调查资料分析的原则

(1)针对性原则。针对性是指要采用与调查目的、调查资料性质、现有资源相适应的分析方法,对调查资料进行分析。任何一种分析方法都有各自的优点和不足,各有不同的使用范围和分析问题的角度。某一种情况可能就需要某一种或几种特定的统计分析方法,所以分析人员就需要对各种分析方法的特点和作用有准确的把握,将多种与调查目的相匹配的方法组合应用,形成最准确、恰当的方法系统,取长补短,相互配合,从而得出全面和准确的结论。

(2)完整性原则。完整性是指对调查资料进行多角度的全面的分析,以反映和把握调查资料的总体特征。它不是对资料进行局部的分析,而是全面考察各种相关因素的现状和趋势,分析现象之间的关系。

(3)客观性原则。客观性是指必须以客观事实和调查的资料为依据进行分析,不能受到外来因素或内部主观倾向的影响,否则,就会使前面各阶段的努力化为乌有,更重要的是会误导企业决策者作出背离实际的决策,而使企业陷入困境。

(4)动态性原则。动态性是指对调查资料的分析,不但要分析把握其现状,更要分析把握其变化趋势。要注意分析各相关因素的变化特点,用发展的观点、动态的方法来把握问题,从而正确地引导企业的发展。在具体的操作中,要主动掌握并合理运用科学的预测方法,得出符合市场变动趋势的分析结论。

8.1.3 市场调查资料存储认知

对于以文字为载体的市场调查数据资料,在经过整理与分析之后,就进入了存储阶段,以备作为编写市场调查报告素材之用,或作为历史数据支持未来的市场调查业务活动。

1. 资料存储的准备

在资料存储阶段,市场调查数据处理人员一般应该做好资料库的划分、资料的排列、资料的剔除等工作,以区别数据资料的重要程度、排列顺序以及时效性。

2. 资料存储的方法

信息技术的发展使调查数据处理变得更加容易,计算机除了处理文字信息外,还能够处理大量图片信息,成为一个庞大的数据库。其中的数据按一定的数据模型组织、描述和储存,具有较小的冗余度、较高的数据独立性和易扩展性,并可为各种用户共享。

 课堂自我测评

测 评 要 素	表 现 要 求	已达要求	未达要求
知识目标	能掌握市场调查资料整理的含义、意义		
技能目标	能初步认识市场调查资料整理的技术		
课程内容整体把握	能概述并认识市场调查资料的整理、分析过程		
与职业实践的联系	能描述市场调查资料整理的实践意义		
其他	能联系其他课程、职业活动等		

 8.2 市场调查资料整理

任务提示:这是市场调查资料处理的第二课。认识市场调查资料整理的主要工作,特别是从市场调查活动实践意义的角度认识市场调查资料整理的重要作用及其特点,在此基础上,认识市场调查资料整理工作的具体内容,并理解市场调查资料整理的意义。

重点难点:原始资料的整理、二手资料的整理。

从大的角度划分,市场调查资料整理可以分为实地调查获取的原始资料的整理和文案调查获得的二手资料的整理。资料整理有一定的要求与规范,那么,这些要求与规范是怎样的? 实际操作又如何呢?

8.2.1　原始资料整理

原始资料整理是指对问卷或调查表提供的原始数据进行加工整理和开发,即对经过审核的问卷或调查表中的原始数据进行分类和汇总,使数据系统化、综合化和条理化,得出能够反映所研究现象总体数量特征的综合资料,并用数据表的形式反映出来。在制订整理方案的基础上,原始资料整理的基本程序如图 8-2 所示。

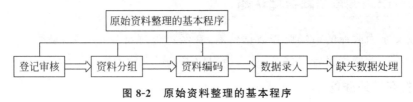

图 8-2　原始资料整理的基本程序

1. 登记审核

市场调查问卷回收之后,为了避免信息损失以及评价访问员的工作成绩,要先对资料进行登记分类。分类的标准可以是时间、地区、访问员等。在登记过程中,分别记录各地区、各调查员交回的问卷数量、交付时间、实发问卷数量、丢失问卷数等情况。在此基础上,对数据资料进行审核,以免不合格、有差错的问卷或调查表进入分类汇总作业流程。

(1)审核的内容。原始资料审核主要是对市场调查活动、受访者条件、调查过程是否符合标准、收回的问卷或调查表的齐备性、完整性、准确性、时效性和真伪性进行分类汇总前的审核。问卷审核的内容如表 8-1 所示。

表 8-1　问卷审核的内容

要求	内　　容
齐备性	问卷或调查表的份数是否齐全,是否达到了调查方案设计的样本量的要求
完整性	问卷或调查表填答的项目是否完整。不完整一般有三种情形:①大面积无回答或者相当多的问题无回答,应作废卷处理;②个别问题无回答应视为有效调查问卷,所留空白以后补救,或直接归入"暂未决定""其他答案"中;③相当多的问卷对同一问题无回答,仍作为有效调查问卷,对此项提问可作删除处理
准确性	问卷或调查表中的项目是否存在填答错误,一般有三种情形:①逻辑性错误。明显不符事实,前后不一致。可用电话核实更正,无法核实,按"不详值"对待。②答非所问的答案。一旦发现,应通过电话询问纠正,或者按"不详值"对待。③无兴趣回答的错误。一般是被调查者对回答的问题不感兴趣。如果仅属个别调查问卷,应彻底抛弃;如果有一定数目,且集中出现,应把这些问卷作为一个独立的子样本看待,在资料分析时给予适当的注意
时效性	对调查问卷或调查表的访问时间、有关数据的时间属性进行检查,以评价调查数据是否符合时效性的要求。若延迟访问对调查结果没有什么影响,则问卷仍然是合格的;若延迟访问影响数据的时间属性不一致,则应废弃这样的调查表或问卷
真伪性	对调查表或问卷的真实性进行检验,评价访问员是否存在伪造问卷或调查表的行为。一般采用抽样复检的办法进行核实

（2）审核的方式。较大规模的市场调查项目收回的问卷或调查表往往是大量的,需要聘用审核员进行集中审核。审核的作业方式应该是在问卷或调查表分配给审核员的基础上,实行一卷或一表从头审到尾。审核的具体方式有两种:①逻辑审核,即利用逻辑和经验判断的方法,检查问卷或调查表中的填答项目是否合理,项目之间有无相互矛盾的地方;②计算审核,即对数据进行计算性检查,如分项相加是否等于小计,小计相加是否等于合计,数据之间该平衡的是否平衡。

课堂讨论:为什么要对问卷进行审核? 问卷审核的要点有哪些? 发现有问题的问卷该怎样处理?

2. 资料分组

原始资料经过审核,问卷或调查表的质量得到确认之后,即可对问卷或调查表中的问题及答案进行分组处理。分组处理的目的在于使原始数据分门别类,使资料综合化、条理化和层次化。

（1）资料分组的方法。根据资料统计分组时采用标志的多少,资料分组的方法可以分为简单分组和复合分组。简单分组是对所研究的现象只采用一个标志进行的单一分组;复合分组是对所研究的现象采用两个或两个以上的标志进行连续分组。

例8-1　简单分组:在对某高校学生手机使用情况调查资料整理中,按性别这一单一标准对资料进行分组,将手机使用者分为男生和女生。

例8-2　复合分组:同上例,在资料整理汇总中,可以先采用性别标志进行分组,然后按照年级进行分组,还可以进一步根据生源地、手机消费偏好等标志进行第三次、第四次分组。

但是,需要注意的是,如果采用的标志太多,会使所分组数成倍增加,导致各组单位数过少,反而达不到分组目的。因此,不宜采用过多标志进行分组。在封闭型问卷中,每个调查问题都是分组的标准,问题下的备选答案都是分组后的组别或类别。由于调查问题及备选答案是在调查设计阶段事先设计好的,又称事前分组处理。调查资料收集工作结束后,问卷的数量和质量得到确认,调查者只需要统计每个问题下面备选答案的被调查者的填答次数,就可得到一系列的简单分组的结果。

重要术语 8-2

分 组 标 志

分组标志就是将统计总体划分为几个性质不同部分的标准或依据。按照标志特征的不同,分组标志可以分为品质标志与数量标志。品质标志表示事物的质的特征,如性别、职业等,是不能用数值直接表示的属性。数量标志表示事物的量的特征,如人口、收入、年龄等,是可以用数值直接表示的属性。

（2）资料分组的操作。进行资料分组,一般这样操作:①选择恰当的分组标志。分组标志就是对市场调查资料分组的依据和标准,划分各组界限就是在分组标志变异范围内划定各相邻族之间的性质界限和数量界限。总体内各总体单位有很多标志,究竟选择哪个标志作为分组标志,要根据调查研究的目的和总体本身的特点决定。②确定分组界限。即根据分组标志设定组与组织之间划分的界线。对于品质标志分组而言,性别、职业等分组界限就比较明确;数量标志分组则需确定组数、组距、组限、组中值等。③按某一标志进行分组,不要遗漏任何原始资料所提供的数据,组距尽可能取整数,各组的组距尽可能相等,即尽可能多用等距分组,少用不等距分组;问卷中回答项目本身就已经分类的,今后表格化时就按上述分类进行排列;对非区间范围的某一具体数字,应设计出分组,使其在分组的间隔中。

重要术语 8-3

数量标志分组概念

组数是指分组的数量;组距是指各组中最大值与最小值的差额;组距相等的称作等距分组,当标志值变动不均匀时,可采用不等距分组;组限是指组距的两个端点,每组最小值为组的下限,最大值为组的上限,组中值＝(上限＋下限)÷2。

(3)资料分组的意义。①通过分组,可以对各种市场现象的类型在本质上进行区分,可以识别各种类型的本质特征及其发展变化的规律。②可以用来分析、研究市场现象之间的依存关系以及因果关系,便于企业通过一些促销手段来改变目标人群的观点、态度,从而改变其行为。③通过分组能反映事物内部结构及比例关系,从而为企业寻找目标市场提供基础数据。科学的分组方法,一方面,可以明显表明各组中频(次)数的分布情况,从而使研究者对被调查对象的结构情况有一个大体的了解;另一方面,还可以使许多普通分组显示不出来的结论明显化,从而为企业寻找目标市场提供基础数据。

例 8-3 按营业额分组。

某公司通过市场调查了解当地用户对其某类产品的采购方式。发现各家公司的采购方式与各自公司的规模大小、经营产品类别密切相关。于是,在资料分析时,根据营业额把这几家公司划分为五类:营业额每年 1 000 万元以上;营业额每年 500 万～1 000 万元;营业额每年 250 万～499.9 万元;营业额每年 100 万～249.9 万元;营业额每年 100 万元以下。

分类之后,市场调查人员只需要将这五类规模大小各异的公司进行分类,各类公司相互进行比较即可说明问题,而不必逐一进行相互比较。

3. 资料编码

编码是把原始资料转化为符号或数字的资料标准化过程。即问卷设计者在编写题目时,给予每一个变量和可能答案一个符号或数字代码,也称为事前编码;如问题已经作答,为每个变量和可能答案给予一个符号或数字代码,则称为事后编码。编码要与分组相适应,具有唯一性、完备性。通过编码,不但使资料简单方便地输入计算机中,更重要的是,通过合理编码,使不同信息易于分别、理解、计算,对于统计计算和结果解释工作产生较大影响。

(1)封闭式问题编码。一般来说,标准化的封闭式问题资料的编码过程比较简单,常用事前编码,可节省时间。

例 8-4 您家里有第二辆汽车吗? ①有 ②没有 (18)

在这个问题中,代码①代表"有",代码②代表"没有",括号中的数字表示这个答案记录在编码表中的 18 栏。

(2)开放式问题编码。开放性的问卷资料或讨论、记录资料的编码过程比较复杂,常用事后编码。其主要工作包括以下内容:①列出答案。编码人员首先应尽可能地列出每个开放式问题的答案。当总体数量较小时,所有答案都应该列出。在大型调查活动中,也需列出一定数量样本的答案。②合并答案。根据开放式问题答案的性质,编码人员可以将相近类型的答案进行合并处理。合并时,需考虑分组标志的意义,以及对数据分析的影响。某调查项目开放式问题"为何选择某品牌手机"的答案合并处理如表 8-2 所示。③设置编码。答案合并处理后,分别赋予每一个类别答案一个数字编号,如表 8-3 所示。④ 其他情况。非问卷题目的有关问题,如地区划分时,将北京定为"1",上海定为"2"。对于开放性问题,按收集信息的内容,用 X1、X2、X3 来表示。

表 8-2 "为何选择某品牌手机"的答案合并处理

问 卷 答 案	合并答案
1. 质量好 4. 耐用 7. 科技含量高	质量好
3. 名牌 6. 大家都买这个牌子 9. 许多人推荐	名牌
⋮	⋮

表 8-3 开放式问题答案的合并与编码

答案描述	表 8-2 合并答案	编码
质量好	1、4、7	5
名牌	3、6、9	9
⋮	⋮	⋮

(3) 编制编码手册。当所有问题答案编码都规定清楚之后,编码人员要编写一本编码手册,说明各英文字母、数码的意思。编码手册具备下列功能:①录入人员可根据编码手册说明来录入数据;②研究人员或计算机程序员根据编码手册拟统计分析程序;③研究者阅读统计分析结果,不清楚各种代码的意义时,可以从编码手册中查询。例如,在空调消费者调查问卷时所用的编码手册如表 8-4 所示。

表 8-4 编码手册

变量代码	变量含义	题号	变量名称	是否跳答	数 据 说 明
1	长虹的知名度	Q1	Q1-1	否	1＝选中,2＝未选中
2	海尔的知名度	Q1	Q1-2	否	1＝选中,2＝未选中
⋮	⋮				
10	其他品牌知名度	Q2	Q1-10	否	1＝选中,2＝未选中
11	最常用品牌知名度	Q2	Q2-1	否	1＝长虹,2＝海尔,……,11＝其他,99＝漏答
12	次常用品牌知名度	Q2	Q2-2	否	同上
13	第三常用品牌知名度	Q2	Q2-3	否	同上
⋮	⋮				
30	长虹价格合理排序	Q10	Q10-1a	是	1＝最合理,……,6＝最不合理
31	海尔价格合理排序	Q10	Q10-1b	是	1＝最合理,……,6＝最不合理
⋮	⋮				

表 8-4 中,变量是指问卷中所调查的问题或项目;变量代码序号是给各变量的一个新的数码,表示各变量在数据库中的输入顺序;变量含义是对问卷中问题意思的概括;题号是指变量属于问卷中的第几题;变量名称是变量的代号,便于计算机识别与统计操作;是否跳答是指该问题或项目是否是跳答答案;数据说明是对各数码代表受访者的某种反应的说明。

 拓展阅读 8-3

分 组 编 码

分组编码是根据调查对象的特点和信息资料分类及其处理的要求,把具有一定位数的代码单元分成若干组,每个组的数字均代表一定的意义。所有项目都有同样的数码个数。例如,在对目前在校大学生进行一次关于使用信用卡意向的调查,相关的信息包括性别、类别、月消费、使用意向四项。用分组编码法进行编码如下。

性别	类别	月消费	意向
1＝男性	1＝本科生	1＝小于 150 元	1＝已有卡
2＝女性	2＝硕士生	2＝150 元～300 元	2＝准备使用
	3＝博士生	3＝301 元～500 元	3＝不准备使用
		4＝501 元～700 元	4＝无意向
		5＝701 元～1 000 元	
		6＝1 001 元～2 000 元	
		7＝大于 2 000 元	

编码 1234 就表示一名男性硕士生,每月消费 301～500 元,并且无意向办理信用卡。

课堂讨论:编码手册的基本内容包括哪几部分？在市场调查数据整理中有哪些用途？

4. 数据录入

数据的录入形式有两种:一种是以单独数据文件的形式录入和存在;另一种是直接录入专门的统计分析软件中(如 Excel、SPSS)。数据录入前,一般应对所有的问卷进行编号,以便按照问卷编码顺序进行每份问卷数据的录入。数据录入一般是由数据录入员根据编码的规则(编码手册)将数据从调查问卷上直接录入计算机数据录入软件系统中,系统会自动进行记录和存储。录入过程中,为了避免发生差错,应随时进行错误检查,如利用软件自动识别错误。也可以在全部调查问卷的数据录入完毕,运用事先设计的计算机逻辑错误检查程序进行检查,以防止录入的逻辑错误的产生。当逻辑检查确认数据录入无逻辑错误后,可利用设定的计算机汇总与制表程序自动生成各种分组类,为分析研究准备综合化的数据。

5. 缺失数据处理

缺失数据也称缺失值。数据录入中,若遇到数据缺失,先分析数据缺失的原因,如果有个别问题未作答,或是调查员没有记录造成的,可采用以下方法纠正。

(1) 找一个中间变量代替,如该变量的中间值,或量表的中间值,(1～5 分的可选 3);如是性别变量,可将第一个缺失值用男性数值代替,第二个用女性数值代替,并依次交替。

(2) 用一个逻辑答案代替。如是收入缺失,可依据职业情况和个人能力推断;如是性别缺失,可依据受访者笔迹来推断。

（3）删除处理。一种是把整个样本资料全部删除,适合样本数众多的情况;另一种是在进行缺失样本统计时将该样本删除,适合该变量不重要时的情况。

🎓 课堂讨论：如果缺失值过多,会出现什么情形? 该怎样处理?

思政园地 8-1

2020 年我国国民经济与社会发展统计

2020 年是新中国历史上极不平凡的一年。初步核算,全年国内生产总值 1 015 986 亿元,比 2019 年增长 2.3%。其中,第一产业增加值 77 754 亿元,增长 3.0%;第二产业增加值 384 255 亿元,增长 2.6%;第三产业增加值 553 977 亿元,增长 2.1%。第一产业增加值占国内生产总值的比重为 7.7%,第二产业增加值占国内生产总值的比重为 37.8%,第三产业增加值占国内生产总值的比重为 54.5%。

全年城镇新增就业 1 186 万人,比 2019 年少增 166 万人。年末全国城镇调查失业率为 5.2%,城镇登记失业率为 4.2%。全国农民工总量 28 560 万人,比 2019 年下降 1.8%。其中,外出农民工 16 959 万人,下降 2.7%;本地农民工 11 601 万人,下降 0.4%。

全年居民消费价格比 2019 年上涨 2.5%。工业生产者出厂价格下降 1.8%。工业生产者购进价格下降 2.3%。年末国家外汇储备 32 165 亿美元,比 2019 年年末增加 1 086 亿美元。

三大攻坚战取得决定性成就。按照每人每年生活水平 2 300 元(2010 年不变价)的现行农村贫困标准计算,551 万农村贫困人口全部实现脱贫。党的十八大以来,9 899 万农村贫困人口全部实现脱贫,贫困县全部摘帽,绝对贫困历史性消除。

新产业、新业态、新模式逆势成长。全年规模以上工业中,高技术制造业增加值比 2019 年增长 7.1%,占规模以上工业增加值的比重为 15.1%;装备制造业增加值比 2019 年增长 6.6%,占规模以上工业增加值的比重为 33.7%。全年规模以上服务业中,战略性新兴服务业企业营业收入比 2019 年增长 8.3%。全年高技术产业投资比 2019 年增长 10.6%。

城乡区域协调发展稳步推进。年末常住人口城镇化率超过 60%。分区域看,全年东部地区生产总值 525 752 亿元,比 2019 年增长 2.9%;中部地区生产总值 222 246 亿元,比 2019 年增长 1.3%;西部地区生产总值 213 292 亿元,比 2019 年增长 3.3%;东北地区生产总值 51 125 亿元,比 2019 年增长 1.1%。全年京津冀地区生产总值 86 393 亿元,比 2019 年增长 2.4%。

问题：
(1) 我国国情数据表明了 2020 年的哪些成就?
(2) 国情分析对于国家社会经济发展的意义有哪些?

8.2.2　二手资料整理

二手资料的加工整理是指对文案调查法、网络调查法等方法收集的二手资料进行再加工整理,使之符合调查者对特定的市场问题研究的需要。二手资料有各种不同的来源,它们的收集目的、总体范围、指标口径和计算方法等与现有问题研究的要求可能存在一定的差

别。因此,要使次级资料适用,必须进行再加工整理。二手资料整理的基本程序如图 8-3
所示。

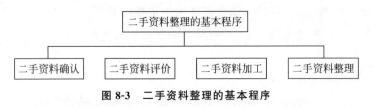

图 8-3　二手资料整理的基本程序

1. 二手资料确认

确认又称甄别,是指对二手资料的真假、准确性、时效性、可靠性等进行检查和判定,以
便从中选定那些可供利用的资料。确认的主要内容包括:确认二手资料原来调查研究的目
的是什么,确认资料收集的方式方法是什么,确认调查的总体范围是什么,确认调查的样本
量有多大,确认指标口径、计算方法和数据分类怎样。通过这些方面的确认来判定二手资料
能否适合当前问题研究的需要,决定其取舍。

2. 二手资料评价

评价是根据当前问题研究的需要,对所选定的二手资料的可利用程度进行评价,以判别
哪些资料可直接利用,哪些资料需要进行再加工处理才能利用。

3. 二手资料加工

加工是对不能直接利用的二手资料进行改造制作,使之符合分析研究的需要。如当二
手资料的总体范围、指标口径、计算方法等因种种原因造成前后时期市场调查数据不可比
时,一般可用加进、减去、换算等方法进行调整。例如,由于行政区域、组织系统、隶属关系、
经营范围变更导致的数据不可比,应以现行的行政区域、组织系统、隶属关系和经营范围为
准,调整过去的统计数据。如果统计数据的计量单位和计价标准前后时期不一致,则应按现
行的计量单位和计价标准进行加工换算。

4. 二手资料整理

二手资料经过确认、评价、加工之后,为了使历史数据和有关资料实现有序化,更好地满
足分析研究的需要,还应对二手资料进行整理。二手资料整理主要包括数据的列表陈示、各
类统计表的汇编、编印资料手册、文献资料的分门别类、归档管理等。

 拓展阅读 8-4

资料整理的人员要求

信息资料的整理与分析是一项专业性、技术性很强的工作。它对信息整理分析人员的
要求很高。一个称职的资料整理人员,除了应该具备一个现代化经营管理人员所必须具备
的思想方面的素养、文化知识方面的素养、经营管理方面的素养、道德品格方面的素养、性格
风度方面的素养和强健的体质外,还必须具有高度的敏感性、广博的知识、广泛的兴趣、较高
的综合分析能力、严谨的作风,要有较深的市场经济知识,懂得现代信息科学的有关指示,掌握
一定的现代信息处理技术和方法。一般而言,要有专职人员承担市场信息的处理分析工作。

课堂自我测评

测 评 要 素	表 现 要 求	已达要求	未达要求
知识目标	能掌握市场调查资料分组、编码的含义、作用		
技能目标	能初步认识资料分组的技术要求		
课程内容整体把握	能概述并认识市场调查资料的整理分析过程		
与职业实践的联系	能描述市场调查资料整理的实践意义		
其他	能联系其他课程、职业活动等		

 # 8.3　市场调查资料分析

任务提示：这是市场调查资料处理的第三课。认识市场调查资料分析的主要工作，特别是从市场调查活动实践意义的角度认识市场调查资料分析的重要作用及其特点，在此基础上，认识市场调查资料分析工作的具体内容，并理解调查资料分析的意义。

重点难点：市场调查资料的图表分析、特点与基本要求。

市场调查资料分析是市场信息处理的重要内容。它是指对市场调查过程中收集到的各种原始数据进行适当的处理，使其显示一定的含义，进而反映不同数据之间以及新数据与原数据之间的联系，并通过分析得出某些结论。数据分析所采用的主要是一些统计技术。那么，数据资料分析的技术有哪些呢？

基于职业成长规律的考虑，我们只介绍市场调查资料的制表分析、市场调查资料的制图分析、市场调查资料的描述分析及统计分析软件 SPSS。

8.3.1　市场调查资料的制表分析

1. 交叉列表分析概述

交叉列表分析是同时将两个或两个以上具有有限类目数和确定值的变量，按照一定顺序对应排列在一张表中，从中分析变量之间的相关关系，得出科学结论的技术。变量之间必须交叉对应，从而使交叉列表中每个结点的值反映不同变量的某一特征，如表 8-5 所示。

表 8-5　AB 公司商品销售统计　　　　　　单位：万元

销售增长	商 品 特 点			行总计
	日用品	耐用消费品	食品	
速度慢	45	24	50	119
速度快	52	63	23	138
列总计	97	87	73	257

从表中很容易分析出各类目的明细数量及其对应总数，简明直观。

交叉列表分析技术在市场调查中被广泛使用，是因为其结果很容易为那些非专业的使用者接受并理解；同时，通过交叉列表分析技术，可以将调查得到的数据资料中复杂的事物变得清晰、条理。

2. 交叉列表分析法的种类

（1）单变量列表。单变量列表也就是只有一个变量对收集的数据产生控制。例如，某高职院校 2020 级汽车营销专业一班学生人数如表 8-6 所示。

表 8-6　某高职院校 2020 级汽车营销专业一班学生人数　　　　单位：名

性　别		合计
男	女	
25	23	48

由于其所表达的内容过于简单，故使用不是很普遍。

（2）双变量交叉列表。双变量交叉列表是最基本的交叉列表分析法，每个单元格中的数字都同时受到两个变量的约束，故反映的信息更多，如表 8-7 所示。

表 8-7　2020 级市场营销专业一班学生人数　　　　单位：名

性别	宿　舍							合计
	103	104	105	106	212	213	214	
男	8	8	7	2				25
女					8	7	8	23
总计	8	8	7	2	8	7	8	48

（3）三变量交叉列表。在实际工作中，双变量交叉列表对于某些信息不能准确分析，这时就需要加入第三个变量，成为三变量交叉列表。该列表可以较详细地反映数据原有两个变量之间的联系，如表 8-8 和表 8-9 所示。

表 8-8　汽车购买者中收入与购买汽车档次的关系

小汽车购买档次	收 入 状 况	
	白领或较高收入	普通工薪阶层
高/%	70	35
低/%	30	65
列总计/%	100	100
被调查者人数	300	500

表 8-9　汽车购买者中收入、性别与购买汽车档次的关系

小汽车购买档次	收 入 状 况			
	男　性		女　性	
	较高收入	普通工薪	较高收入	普通工薪
高/%	85	25	40	50
低/%	15	75	60	50
列总计/%	100	100	100	100
被调查者人数	200	300	100	200

说明：由于引入第三个变量——性别，使原有结论更加准确。

8.3.2 市场调查资料的制图分析

统计图是用各种图形表现统计资料的一种形式。它是以统计资料为依据，借助于几何线、形、事物的形象和地图等形式，显示社会经济现象的数量，其表现在规模、水平、构成、相互关系、发展变化趋势分布状况等方面。它与统计资料的另外两种形式——统计表和文字报告比较起来，其显著优点是：简明具体、形象生动、通俗易懂，易给人以明确而深刻的印象。

图形广泛应用于市场调查资料整理分析、市场调查报告中，并以其形象、直观、富有美感和吸引人的作用受到了特别的重视。通常，只要有可能，就应尽量用图形来帮助理解报告的结果。一张精心设计的图形可能抵得上千余字的说明，可以起到宣传作用、鼓动作用、统计分析作用。

1. 常用制图分析

市场调查中对取得的信息资料，按资料的性质和说明的准确性可分为以下几种。

（1）比较图。比较图用于描述两项事物之间的比较，可适用条形图、面积图（饼图除外）、立体图、线图，如图 8-4 所示。

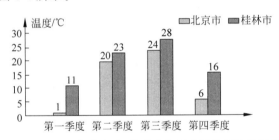

图 8-4 20×3 年北京市、桂林市各季度平均气温比较图

（2）结构图。结构图用于反映总体中各部分与总体的结构关系，可适用饼图。饼图只适用于单选问题，整张饼图总计 100%，每一部分的面积就表示了某个变量对应取值的百分数，即比重。饼图可以是平面的，也可以是立体的。最好将每一部分的说明尽可能直接记在饼形图骨上，当然利用颜色的不同表示各自部分也是好的方法。饼图能够很好地将部分与总体之间的关系表现出来，如图 8-5 所示。

（3）动态图。动态图用于描述与时间相关的事物随时间的变化而变化的状况，主要适用条形图、立体图和线图，如图 8-6 所示。

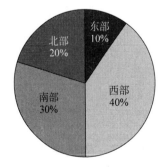

图 8-5 某公司产品在广东省的市场分布

（4）依存关系图。依存关系图主要用于描述两项事物之间的依存变化关系，如图 8-7 所示。

2. 制图规则

（1）统计图的构成。统计图的构成主要包括：①图号、图题；②图目，即在纵轴的侧面

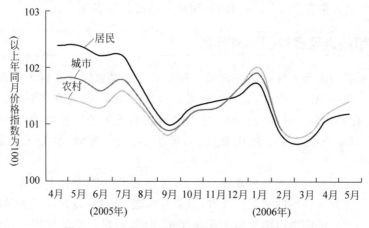

图 8-6　2005—2006 年全国居民消费价格指数图

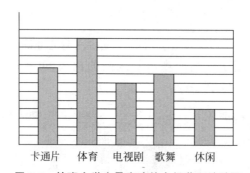

图 8-7　某班小学生最喜欢的电视节目统计图

和横轴的下面所标注的表明不同类别、地点、时间等的文字或数字,说明纵轴、横轴所代表的事项及单位;③尺度线(网络线)或点、尺度数及尺度单位;④说明图例、资料来源等。

(2)制图规则。绘制统计图时,图题要说明资料所属的内容、地点和时间,尺度线与基线垂直,尺度的设置应能包括资料中最大的数值,尺度点之间的距离应相等,各相同距离必须表示相同数值,尺度点过多时,可间隔写。项目较多时最好按大小顺序排列,以使结果一目了然。数据和作图用的笔墨之间的比例要恰当,避免过多或过少的标注、斜线、竖线、横线等,既要清楚又要简明。度量单位的选择要适当,使图形的表现均衡,使所有的差异都是可视和可解释的。作图时最好既使用颜色,又使用文字说明,以便在进行必要的复制时仍能清晰如初。

8.3.3　市场调查资料的描述分析

通过制表、制图分析,可以对市场调查资料进行对比研究,从而得出初步的调查结论。为进一步揭示和描述市场现象特征、问题和原因,还必须运用描述性分析方法和推论性分析方法对数据资料进行科学地分析,以便深入揭示其内涵。本节主要介绍描述性分析的静态分析方法。

简单地说,静态分析就是抽象(忽略)了时间因素和具体变动的过程,静止地、孤立地考察某些市场现象与现象之间的相互关系,常用的方法有集中趋势分析和离散趋势分析。

1. 集中趋势分析

调查资料的集中趋势分析在于揭示被调查者回答的集中程度,通常用最大频数或最大频率对应的类别选项来衡量。数据的集中趋势是指大部分变量值趋向于某一点,将这点作为数据分布的中心,数据分布的中心可以作为整个数据的代表值,也是准确描述总体数量特征的重要内容。如表 8-10 中是描述某高校大学生月均生活费支出的统计数据。

表 8-10　某高校大学生月均生活费支出统计

月均生活费支出/元(变量值)	消费者数/人(次数)	各组人数比重/%(频率)
300～350	11	4.66
351～500	20	8.47
501～750	37	15.68
751～800	46	19.49
801～850	52	22.03
851～900	42	17.80
901～950	21	8.90
951～1 000	7	2.97
合计	236	100

以上资料显示,中部地区大学生月均生活费开支额在 801～850 元附近的各组消费人数较多,这里就是数据分布的中心区域,从整体的数据分布状况来看,数据集中趋向于变量值 801～850 元这一组。其实际意义就是:被调查的大学生月均生活支出大部分集中在 801～850 元。

集中趋势数据的特征是,总体各单位的数据分布既有差异性,又有集中性。它反映了社会经济、市场发展状况的特性,即总体的社会经济数量特征存在差异,但客观上还存在一个具有实际经济意义的、能够反映总体中各单位数量一般水平的数值。描述性统计分析就是用来找出这个数值。描述数据分布中心的统计量,常用的有平均数、众数、中位数等。

(1)平均数。平均数是总体中各单位标志值之和除以单位总数得到的数值,是最常用的集中趋势分析指标。简单的算术平均数的一般公式为

$$\bar{x} = \frac{x_1 + x_2 + \cdots + x_n}{n} = \frac{\sum x}{n}$$

利用平均数,我们可以将处在不同空间的现象和不同时间的现象进行对比,反映现象一般水平的变化趋势或规律,分析现象间的相互关系等。

例 8-5　某公司 2020 年每月销售记录如表 8-11 所示。

表 8-11　某公司 2020 年每月销售记录　　　　　　　　　　单元:万元

1月	2月	3月	4月	5月	6月	7月	8月	9月	10月	11月	12月
33	31	29	28	29	30	33	32	31	28	29	30

$$\bar{X} = \frac{33+31+29+28+29+30+33+32+31+28+29+30}{12} = 30.25(万元)$$

该公司 2020 年月平均销售额为 30.25 万元。

在本例中,30.25 万元充分说明了 2020 年全年的平均销售水平,同时也可与上一年数据进行比较分析,也能为下一年度的经营活动或销售计划制订等工作提供数据准备。

(2)众数。众数是数据中出现次数最多的变量值,也是测定数据集中趋势的一种方法,它克服了平均数指标会受数据中极端值影响的缺陷。

例 8-6 某高职院校在校生每周订外卖次数统计数据如表 8-12 所示。

表 8-12 某高职院校在校生每周订外卖次数统计

订外卖次数	被访问者	订外卖次数	被访问者
1 次	16	5 次	14
2 次	25	6 次	11
3 次	29	7 次	9
4 次	34	小计	138

从表 8-12 中可以看出,每周订外卖 4 次的频数最多,达 34 次,即为众数。据此,我们可以得出结论,大多数在校大学生每周订外卖次数是 4 次。

(3)中位数。中位数是将数据按某一顺序(从大到小,或相反)排列后,处在最中间位置的数值。

例 8-7 某企业委托市场调查公司对顾客在某一时间段内购买其生产的日用品次数进行调查。对 15 个顾客的调查结果按次数排序是:0、0、0、0、1、1、1、1、1、2、2、2、3、7、9,则它们的中位数为 1。

在这次调查中,中位数为 1 说明被调查人群中在本店购买行为的常态为 1 次。

计算中位数很简单,对于 N 个数据,若 N 是奇数,则排序之后的第 $(N+1)/2$ 位置的数据就是中位数;若 N 是偶数,则排序后的第 $N/2$ 位置的数据与 $N/2+1$ 位置的数据的平均值就是中位数。

2. 离散趋势分析

数据的离散趋势分析是指数据在集中分布趋势状态下,同时存在的偏离数值分布中心的趋势。离散趋势分析用来反映数据之间的差异程度。

例 8-8 表 8-10 反映月均生活费开支的数据,大学生的月均开支在 300~1 000 元,虽然其中大多数大学生的月开支都在 750~900 元,但也有一些大学生的开支偏高或偏低,而使数据的分布出现离散状态。对于一组数据规律性的研究,集中趋势是数据数量特征的一个方面,离散趋势则是数据特征的另一方面。集中趋势反映的是数据的一般水平,我们用均值等数值来代表全部数据,但要更加全面地掌握这组数据的数量规律,还应该分析反映数据差异程度的数值。

8.3.4 统计分析软件 SPSS

SPSS(statistical package for the social sciences)即"社会科学统计软件包",是世界著名的数据统计分析软件之一,迄今已有几十年的成长历史,全球约有 25 万家产品用户,它们分布于通信、医疗、银行、证券、保险、制造、商业、市场研究、科研教育等多个领域和行业,是世界上应用最广泛的专业统计软件。在国际学术界有条不成文的规定,即在国际学术交流中,凡是用 SPSS 软件完成的计算和统计分析,可以不必说明算法,由此可见其影响之大和信誉之高。

1. SPSS 的特点

SPSS 具有以下特点。①操作简便,界面友好(主界面如图 8-8 所示)。除了数据录入及部分命令程序等少数输入工作需要键盘键入外,大多数操作可通过鼠标拖曳、单击"菜单""按钮"和"对话框"来完成。②编程方便。具有第四代语言的特点,告诉系统要做什么,无须告诉怎样做。③功能强大。具有完整的数据输入、编辑、统计分析、报表、图形制作等功能。④全面的数据接口。能够读取及输出多种格式的文件。⑤针对性强。SPSS 针对初学者、熟练者及精通者都比较适用。

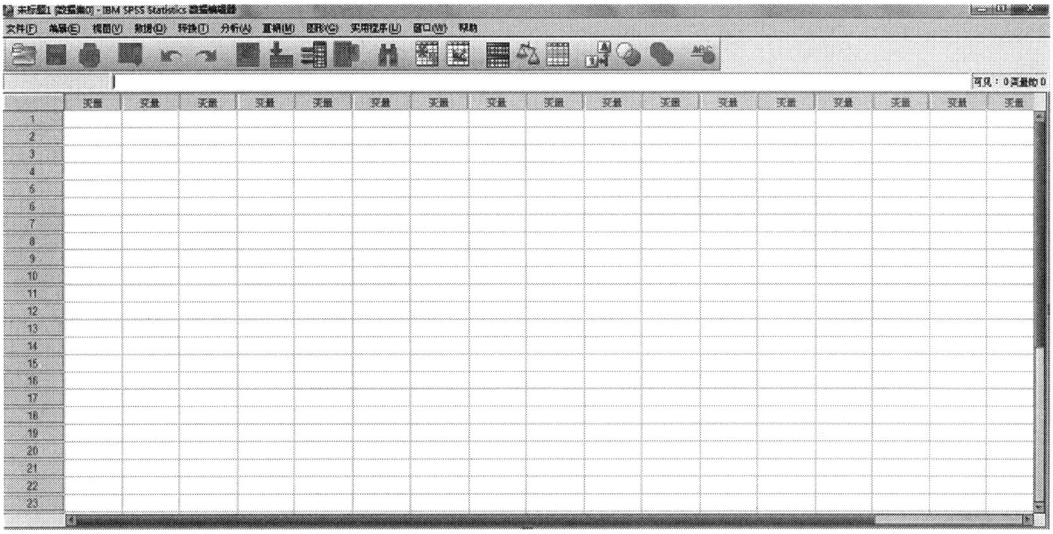

图 8-8　SPSS 主界面

2. SPSS 软件统计分析的基本过程

SPSS 进行数据统计处理的基本过程如下。

(1) 数据录入。将数据以电子表格的方式录入 SPSS 中,也可以从其他可转换的数据文件中读出数据。这一工作分两个步骤:一是定义变量;二是录入变量值。

(2) 数据预分析。原始数据录入之后,要对其进行必要的预分析,如数据分组、排序、平均数、分布图等的描述,已掌握数据的基本特征,保证后续工作的有效性。

(3) 统计分析。按照调查的要求和数据情况确定统计分析方法,对数据进行统计分析。

(4) 统计结果陈示。统计过程结束后,系统会自动生成一系列数据表,其中包含统计处理产生的整套数据,为了能更形象地呈现数据,可利用系统提供的图形生成工具将所得数据陈示出来。

(5) 保存和导出分析结果。数据结果生成后,可利用系统自带的数据格式进行存储,同时也可利用系统的输出功能以常见格式进行输出,以供其他系统使用。

课堂自我测评

测评要素	表现要求	已达要求	未达要求
知识目标	能掌握市场调查资料分析的含义、作用		
技能目标	能初步认识调查资料分析的方法与技术要求		
课程内容整体把握	能概述并认识市场调查资料的分析过程		
与职业实践的联系	能描述市场调查人员分析的实践意义		
其他	能联系其他课程、职业活动等		

 任务8 小结

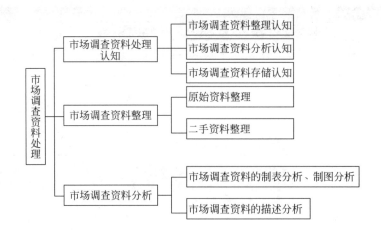

教学做一体化训练

重要术语

市场调查资料整理　编码　分组标志　数量分组标志

课后自测

一、单项选择题

1. 分组是根据研究的需要,按一定的(　　)标志或标准将总体各单位区分为若干组(类)的一种数据加工处理方法。

　　A. 时间　　　　　B. 空间　　　　　C. 标志或标准　　D. 维度

2. 问题已经作答,为每个变量和可能答案给予一个符号或数字代码,则称为(　　)。

　　A. 事后编码　　　B. 事前编码　　　C. 事中编码　　　D. 无序编码

3. 单变量列表也就是只有(　　)对收集的数据产生控制。

　　A. 一对变量　　　B. 一个变量　　　C. 两对变量　　　D. 两个变量

4. 调查资料的集中趋势分析在于揭示被调查者回答的(　　)。

　　A. 正确程度　　　B. 集中程度　　　C. 科学程度　　　D. 合理程度

5. 数据录入中,若遇到数据缺失,应该(　　　)。

 A. 直接删除   B. 直接无视

 C. 先分析原因,再妥善处理   D. 不用录入

二、多项选择题

1. 市场调查资料整理的意义在于(　　　)。

 A. 提高了调查资料的价值   B. 可以激发新信息的产生

 C. 可以对前期工作起到纠偏作用   D. 加速了调查结论的提出

2. 定性调查的优点有(　　　)。

 A. 揭示事物发展的方向及趋势   B. 研究事物规模的大小

 C. 得到有关新事物的概念   D. 提高调查数据的准确性

3. 市场调查资料分析的原则应该是(　　　)。

 A. 针对性   B. 客观性   C. 完整性   D. 变动性

4. 市场调查资料整理应该遵循的原则为(　　　)。

 A. 适用性原则   B. 时效性原则   C. 精确性原则   D. 系统性原则

5. 下列属于访谈员失职的是(　　　)。

 A. 擅自变更,未按原计划进行访问

 B. 改动了问卷上的一些答案

 C. 由于未找到被访谈者,访谈员自行填制了问卷

 D. 访谈员未依据被调查者的心理活动过程进行访谈

6. 描述数据分布中心的统计量,常用的有(　　　)。

 A. 均值   B. 众数   C. 中位数   D. 离差

三、判断题

1. 市场调查资料的整理过程也包含调查人员的思维活动过程。   (　　)

2. 精确性是数据整理的生命,也是整个市场调查获得成功的决定性因素。 (　　)

3. 市场调查资料的审核与鉴别还应该审核或检查访问员。   (　　)

4. 市场调查资料的分析就是将资料进行简单处理,把资料表面显示的内容表达出来,以服务于调查结论。   (　　)

5. 定性分析方法是对收集资料进行逻辑分析。   (　　)

6. 统计图是用各种图形表现统计资料的一种形式。它以统计资料为依据,借助于几何线、形、事物的形象和地图等形式。   (　　)

7. 集中趋势分析属于一种对数据的静态分析方法。   (　　)

四、简答题

1. 市场调查资料整理的过程大致分几步?

2. 如何对问卷进行审核?

3. 编码有哪几种类型?

4. 简述市场调查资料整理和分析的程序。

5. 为什么要审核访谈员?举例说明。

6. SPSS 有哪些特点?

案例分析

某家电经销商为了了解消费者空调购买行为,从某市城镇居民家庭中抽取了1 000户进行问卷调查,并从市统计局收集了有关数据。资料整理如下。

(1) 近10年城镇居民可支配收入,空调拥有量等数据资料。

人均可支配收入/(元/人)	1 592	1 783	2 168	2 817	3 886	4 705	5 052	5 209	5 435	5 818
消费性支出/元	1 294	1 446	1 732	2 194	3 138	3 886	4 098	4 137	4 482	4 800
耐用品支出/元	88	105	128	168	245	269	332	352	394	486
空调拥有量/(台/百户)	108.1	110.8	114.2	117.1	119.5	121.0	122.8	125.1	128.1	132.32

(2) 去年年末不同收入家庭空调拥有量(台/百户)。

收入水平	最低收入	低收入	中等偏下	中等收入	中等偏上	高收入	最高收入
空调拥有量	88.46	116.35	119.32	123.32	140.12	145.32	151.32

(3) 调查的1 000户居民家庭中,计划近三年内购买空调的户数分别53户、89户、58户(1 000户中有868户拥有空调1 316台,132户没有空调)。

(4) 计划购买空调的200户家庭关注空调服务、质量、促销、价格、其他要素的分别为28、144、4、20、4户。

(5) 买空调的200户,准备购买单冷机的23户,冷暖两用的170户,到时再决定的7户;准备购买窗式机的39户;柜机的43户,壁挂机的118户。

(6) 计划购买空调的200户,空调信息来源的渠道分别为报纸刊物90户,电视87户,销售现场8户,朋友同事告知6户,销售人员促销3户,户外广告4户,网络广告2户。

(7) 计划购买空调的200户,考虑购买空调地点分别为:专卖店77户;大型电器商场94户,综合性商场82户,家电连锁店56,厂家直销店48户(有同时选择多个地点的情形)。

(8) 计划购买空调的200户,考虑购买时间选择分别为:夏季86户,冬季60户,厂家促销期42户,春季和秋季12户。

(9) 计划购买空调的200户;空调功率选择分别为:1匹以下7户,1匹41户,1.5匹48户,2匹35户,2.5匹12户,3匹以上的23户,到时视情况而定的34户。

(10) 计划购买空调的200户,空调价位选择分别为:2 000元以下的12户,2 000~3 000元的56户,3 000~4 000元的45户,4 000~5 000元的36户,5 000元以上的30户,到购买时再定的21户。

(11) 居民家庭对空调降低的态度分布为:非常欢迎的482户,无所谓的106户,不欢迎的5户。

(12) 居民家庭对绿色环保空调的看法;符合空调发展方向的252户,符合消费需求的312户;空调的必须要求127户,厂家炒作的112户,不知道的197户。

(13) 居民家庭对变频空调的看法;符合空调发展方向的169户,符合消费者需求的294户;空调的必须要求140户,厂家炒作的99户,不知道的298户。

(14) 居民家庭对静音空调的看法:符合空调发展方向的239户,符合消费者需求的

391户；空调的必须要求210户；厂家炒作的52户,不知道的108户。

(15)居民家庭认为厂家宣传推广对购买决策很有影响的170户,有影响的280户,一般的235户,无影响的15户。

阅读材料,回答以下问题:

(1)你认为上述调查数据处理有何特点,有哪些缺陷?实际工作中应怎样弥补这些缺陷?

(2)根据这些数据,你认为可制作哪些形式的统计表和统计图?

(3)若再次进行同类调查,你能设计出更为完善的调查问卷和数据整理方案吗?

 ## 同步实训

实训名称:市场调查资料分析认知。

实训目的:初步认识市场调查资料分析工作。

实训内容:

(1)设定某一调查主题,如本校、班级同学智能手机、计算机等购买使用情况的调查。围绕这一主题,尝试在班内进行模拟市场调查。

(2)讨论分析调查结果,并将调查结果用图表的方式进行陈示。

实训组织:学生分小组进行模拟调查;汇总、整理数据资料,并用图表的形式将数据进行列示。

实训总结:学生小组交流对调查资料图表列示的认知结果,教师根据讨论报告、PPT演示、讨论分享中的表现分别给每组进行评价打分。

 ## 学生自我学习总结

通过完成任务8的学习,我能够作如下总结。

一、主要知识点

任务8中主要的知识点如下。

(1)

(2)

二、主要技能

任务8中主要的技能如下。

(1)

(2)

三、主要原理

调查资料整理在市场调查活动中的地位与作用如下。

(1)

(2)

四、相关知识点

任务8涉及的主要相关知识点如下。

(1) 调查资料整理与调查结果的关系是：

(2) 调查资料图表分析的意义有：

(3) 调查资料数据的集中趋势说明的特定问题有：

五、学习成果检验

完成任务8学习的成果如下。

(1) 完成任务8学习的意义有：

(2) 学到的知识有：

(3) 学到的技能有：

(4) 你对市场调查资料整理的初步印象是：

市场发展趋势预测

学习目标

知识目标
1. 认识市场预测的含义。
2. 认知市场预测的种类。
3. 认知市场预测的内容。
4. 认知市场预测的原则。

技能目标
1. 能说明定性预测方法。
2. 能说明定量预测方法。
3. 能初步运用市场预测方法。

思政目标
1. 具备国学文化传承意识。
2. 具备用发展眼光看问题的意识。
3. 体会国家"十四五"规划的重要意义。

任务解析

根据市场调查职业工作活动顺序和职业能力分担原则,"市场发展趋势预测"任务可以分解为以下子任务。

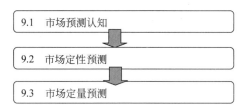

```
9.1  市场预测认知
      ↓
9.2  市场定性预测
      ↓
9.3  市场定量预测
```

课前阅读

《三国演义》赤壁之战中,诸葛亮借东风火烧曹军战船,孙刘联军以弱胜强,大败曹军,三国鼎立由此确立。人们不禁要问,诸葛亮真能借东风吗?

其实,诸葛亮由于家住距赤壁不远的南阳(今湖北襄阳附近),对赤壁一带的天气气候规律的认识比曹、周两人更深刻、更具体。西北风只是气候现象,在气候背景下可以出现东风,这是天气现象。在军事气象上,除了必须考虑气候规律之外,还须考虑天气规律。当时,诸葛亮根据对天气气候变化的分析,凭经验已准确地预测出了出现偏东风的时间。

市场营销活动中,市场预测的作用也非常重要。有一年,市场预测表明,该年的苹果将供大于求,这使众多苹果供应商和营销商暗暗叫苦,他们似乎都已认定:他们必将蒙受损失!可就在大家为即将到来的损失长吁短叹的时候,聪明的 A 却想出了绝招。他想:如果在苹果上增加一个"祝福"的功能,如在苹果上出现"喜""福"等字,准能卖个好价钱!于是,当苹果还长在树上时,他就把提前剪好的纸样贴在了苹果朝阳的一面,如"喜""福""吉""寿"等。果然,由于贴了纸的地方照不到阳光,苹果上也就留下了痕迹。这样的苹果的确前所未有,这样的创意也的确领先于人,果然他的祝福苹果在该年度的苹果大战中独领风骚,赚了一大笔钱。

问题:

(1) 调查与预测的关系是怎样的?

(2) 科学的预测应该建立在什么基础上?

9.1　市场预测认知

任务提示:这是市场发展趋势预测学习的第一课。认识市场预测的基本概念,特别是从市场调查活动实践意义的角度认识市场预测的重要作用及其特点,在此基础上,认识市场预测工作的具体内容,并理解市场预测的意义。

重点难点:市场预测的概念、类型与基本内容。

提到预测,我们首先会想到我国历史上神机妙算的诸葛亮、刘伯温等先贤智者。2010 年南非世界杯时,一只名叫保罗的小章鱼因为准确预测了德国队从小组赛到 1/4 决赛的全部胜负,成为家喻户晓的明星。市场营销活动中,市场发展趋势预测也是一项重要工作。

市场预测是在科学理论的指导下,通过广泛调查取得第一手资料或第二手资料,再运用定性分析和定量分析的方法,对市场今后的发展变化作出质的描述和量的估计。

市场预测与市场调查的区别在于,前者是人们对市场的未来的认识,后者是人们对市场的过去和现在的认识。市场预测能帮助经营者制订适应市场的行动方案,使自己在市场竞争中处于主动地位。与市场调查一样,作为市场研究的重要手段,市场预测本身不是目的,而是服从于营销活动,并且是营销活动的一个有机组成部分。

9.1.1　市场预测的含义

据 1899 年在安阳小屯出土的甲骨文记载,远在 3 000 多年前的我国商代,就通过占卜展望未来,作出行动的决策。公元前 5 世纪的春秋末年,越国范蠡便指出"水则资车,旱则资舟""论其有余不足,则知贵贱,贵上极则反贱,贱下极则反贵"。公元前 6~7 世纪的希腊哲学家塞利斯,通过对气象条件的研究,预测到油橄榄将大丰收,便控制榨油机,到时以出租榨油机而获利。这些虽是仅凭个人的才智、知识和经验所进行的简单预测与决策,但已具有现代市场调查与预测的雏形。

1. 市场预测的概念

预测是根据调查所获得的经过整理的信息、数据、资料以及过去的经验,运用经验、软件程序和决策模型对事物未来的发展趋势作出客观的估计与科学的判断的过程。

重要术语 9-1

市 场 预 测

市场预测是指在市场调查的基础上,运用预测理论与方法,预先对所关心的市场未来变化趋势与可能的水平作出估计与测算的活动过程。

市场预测能够帮助企业决策者掌握市场未来发展趋势,寻找并把握市场机会,作出科学的经营决策。如对企业未来一段时间的生产和销售作出预测,或企业未来所需员工的数量等。但市场预测也有其局限性,它只能描述未来事物变化发展的轨迹,因为影响事物发展的因素错综复杂,有些甚至是不可预测的,同时由于人的客观知识和主观经验的局限性,预测也存在难以控制的风险。

2. 市场预测的类型

市场预测的种类很多,根据不同的标准大致可以分为以下几类。

(1) 按范围大小不同,市场预测可分为宏观市场预测和微观市场预测。宏观市场预测是把整个行业发展的总体情况作为研究对象,研究企业生产经营过程中相关的宏观环境因素。如政治、经济、文化、技术、法律等因素的发展变化趋势及其对本企业经营方向和过程的影响。比如对整体市场的供需量的预测。

🐦 **例 9-1** 2015 年的新闻发布会上,中国汽车工业协会预测 2016 年全年需求量约为 2 385 万～2 429 万辆(全年汽车市场需求量=总销量-出口量+进口量),中国汽车全年销量为 2 374 万～2 418 万辆,增长率为 8%～10%。

微观市场预测是从单个企业角度出发,研究预测市场竞争者地位、企业市场销售量、产品在市场上的占有率等各个要素。

🐦 **例 9-2** 吉利汽车公司 2014 年销售 54.9 万辆汽车,按年增长 14%,好过行业增长水平。据预测,2016 年内地汽车业增长为 6%～8%,公司也将年销量目标定为 58 万辆,按年增长 6%,但增幅较去年放缓。

宏观市场预测与微观市场预测密不可分,宏观市场预测要以微观市场预测为基础,微观市场预测要以宏观市场预测为指导,只有将二者很好地结合起来,才可能作出对企业有利的科学预测。

(2) 按时间长短不同,市场预测可分为长期预测、中期预测和短期预测。长期预测一般是指对 5 年以上的市场发展远景进行预测,如通货膨胀趋势、原料和能源供应的变化对企业及所处经营环境的影响。

🐦 **例 9-3** 欧佩克在其 2012 年的展望报告中预测,当前国际原油市场的供给基本稳定,能够满足市场需求,供需基本平衡。从长期来看,至 2035 年全球原油需求将增长至每天 10 730 桶,较 2011 年的预测下调了 200 万桶。全球超过 90% 的需求增长将来自亚洲。

中期预测一般指 1～5 年的市场发展变化的预测,介于长期预测与短期预测之间。

🦞　**例 9-4**　2014 年 4 月 16 日,美联储公开市场委员会预测,美国失业率将在 2016 年年底降至 5.2%～5.6%,通胀率将升至 1.7%～2%。

短期预测的预测时间一般在 1 年以下,如季度、月份或者几天内的变化情况。

案例 9-1	预测创造财富

在我国,20 世纪 80 年代是录像机,90 年代是计算机和网络。当年比尔·盖茨的预测就是要让每个人的桌上都有一台计算机,每台计算机里都使用他的操作系统。最后他实现了。因此,90 年代做计算机和网络的都赚到了钱。也就是说,在 80 年代,做录像机的都成了百万富翁,到了 90 年代做 PC 和网络的成了千万富翁,甚至亿万富翁。

21 世纪你知道是什么趋势吗? 有一本书非常有名,叫《财富第五波》,它是由世界顶级经济学家、两届美国总统的经济顾问保罗·皮尔泽写的。书里讲道:将来营养保健行业将产生兆亿美元的营业收入。实际上,他预测到 2010 年时,美国将产生近 1 万亿美元的营业收入。在 20 年前是没有保健这个行业的。但 2000 年之后,保健就产生了 2 千亿美元营业额收入,占汽车行业的一半。汽车行业的营业额是 4 000 亿美元。

(资料来源:搜集资料整理改编.)

评析:做企业就是这样的,如果你不知道趋势,如果你做了一个夕阳产业,你会越做越穷。任何一个行业都会有开始、高峰、低潮,这是经济的发展规律。

(3) 按预测方法的性质不同,市场预测可分为定性预测和定量预测。

定性预测是运用相关技术对预测对象的性质进行的分析预测,包括已知现象总结、确定概念,判断其未来的发展。它主要是依靠个人主观经验和直觉进行分析,对事物的性质、市场发展前途进行估计和预测。

定量预测主要是根据市场调查阶段所收集的相关数据信息资料,通过建立适当的数学模型分析过去和现在市场的变化情况,并预测未来市场变化趋势。

(4) 按预测的地域大小不同,市场预测可分为国际市场预测和全国性市场预测。

国际市场预测是指以世界范围内国际市场的发展趋势为对象的市场预测。国际市场预测可以是综合的,也可以是专题的;可以是就整个世界市场的预测,也可以是就具体国际区域市场,甚至是国别市场的预测。

全国性市场预测是以全国范围的市场状况为预测对象的市场预测。全国性市场预测可以是综合市场预测,也可以是专题市场预测。

(5) 按预测内容的繁简不同,市场预测可分为专题市场预测和综合市场预测。

专题市场预测是指市场预测主体为解决某个具体问题而对部分市场状况进行的预测。比如,对市场上某种商品的需求进行预测。

综合市场预测是指市场预测主体为全面了解市场的发展趋势而对市场的各个方面进行的全面预测。相对于专题市场预测而言,综合市场预测涉及市场的各个方面,组织实施相当困难,不但需要投入相当多的人力、物力、费时费钱,对预测人员的要求也相对要高。

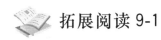 **拓展阅读 9-1**

市场预测的原理

（1）连续性原理。连续性原理又称惯性原理，是指任何事物都会沿着一定的轨迹运动，其发展在时间上都具有连续性，表现为特有的过去、现在和未来这样一个过程。因此，人们可以从事物的历史和现状推演出事物的未来。市场作为客观经济事物，在时间上，它的发展过程也遵循惯性原理，过去和现在的情况会影响市场未来的发展状况，因此，企业在进行市场预测时，必须从收集市场的历史资料和现实资料入手，然后推测出未来市场的发展变化趋势。时间序列预测法的应用就是基于这一基本原理。

（2）类推原理。许多事物相互之间在结构、模式、性质、发展趋势等方面客观上存在类似之处，根据这种类似性，人们可以根据预测对象与已知相似事物在时间上的先后顺序，用已知相似事物的发展历程，通过类推的方法推演出预测对象未来可能的发展趋势。对比分析法就是基于此原理提出的。

（3）相关性原理。相关性原理又称因果原理，是指任何事物都不可能是孤立存在的，都是与周围的各种事物有着或大或小、或直接或间接的联系，这为市场预测带来了一定的科学根据。据此，我们可以在市场预测中利用市场因素之间相互联系、相互依赖、相互影响的关系来判断事物的未来发展方向。事物间的这种相关关系，在具体事物之间常常表现为变化的因果关系和时间上的先后关系。例如，预测生活消费品市场需求量时，可以先预测消费者的收入水平、购买习惯、商品的价格、需求弹性等因素的变化，再预测生活消费品的市场需求量。回归分析预测法就是这一基本原理的应用。

（4）概率推测原理。人们在充分认识事物之前，只知道其中有些因素是确定的，有些因素是不确定的，即存在偶然性因素。市场在发展过程中也存在一定的必然性和偶然性，而且，在偶然性中隐藏着必然性。通过对市场发展偶然性的分析，揭示其内部隐藏的必然性，可以凭此推测市场发展的未来趋势。从偶然性中发现必然性是通过概率论和数理统计方法，求出随机事件出现各种状态的概率，然后根据概率去推测或预测对象的未来状态。

9.1.2　市场预测的内容

市场预测的内容非常广泛，主要包括市场环境预测、市场需求预测、市场供给预测等。

1. 市场环境预测

市场环境预测是在市场环境调查的基础上，运用因果性原理和定性与定量分析相结合的方法，预测国际国内的社会、经济、政治、法律、政策、文化、人口、科技、自然等环境因素的变化对特定的市场或企业的生产经营活动会带来什么样的影响（包括威胁和机会）并寻找适应环境的对策。如人口总量和人口结构的变化对产品的需求会带来什么样的影响；人口老龄化意味着什么样的商机等。

例 9-5　现有资料预测，中国老龄人口到 2025 年将超过 3 亿人；到 2045 年将达到 4 亿人；到 2050 年将达到总人口的 1/3。我国老龄产业产值约 10 000 亿元，其中每年仅老年服饰消费潜力至少有 2 000 亿元，目前市场需求大，供给少，供求关系不平衡，急需专营老年用品的生产销售企业出现。相关人士预测,到 2030 年,有望形成老龄、少儿、成人产业三分天下的格局。

2. 市场需求预测

市场需求预测是在市场需求调查的基础上,运用定性与定量分析相结合的方法,对特定区域和特定时期内的某类市场或全部市场的需求走向、需求潜力、需求规模、需求水平、需求结构、需求变动等因素进行分析预测。由于市场需求的大小决定市场规模的大小,对企业的投资决策、资源配置和战略研发具有直接的重要影响,因此,市场需求预测是市场预测的重点。市场需求预测既包括对现有市场的需求潜力估计,也包括对未来市场的需求潜力的测定。

例 9-6　中国行业研究报告显示,预测到 2015 年,中国的智能手机市场需求规模将达到 1.4 亿部以上,未来市场增速将出现先加速后稳定的态势。从结构来看,不同制式、不同操作系统、不同价格段、不同区域、不同渠道的出货占比将出现不同的变化趋势。

3. 市场供给预测

市场供给预测是指对一定时期和一定范围的市场供应量、供应结构、供应变动因素等进行分析预测。由于市场供给的大小能够反映市场供应能力的大小,以及能否满足市场需求的需要,因而,它是决定市场供求状态的重要变量。

案例 9-2	日本尿不湿大王的市场预测

日本尼西奇公司原是一家生产雨伞的小企业。一次偶然的机会,董事长多博川看到了一份最近的人口普查报告。从人口普查资料获悉,日本每年有 250 万婴儿出生,他立即意识到尿不湿这个小商品有着巨大的潜在市场,按每个婴儿每年最低消费 2 条计算,一年就是 500 万条,再加上广阔的国际市场,潜力是巨大的。于是他立即决定转产被大企业不屑一顾的尿不湿,结果畅销全国,走俏世界。如今该公司的尿不湿销量已占世界的 1/3,多博川本人也因此成为享誉世界的"尿不湿大王"。

启示:多博川从一份人口普查报告中预测到了巨大的商机,从而取得了巨大的成功,这得益于他对市场的敏锐观察力。快速变化的市场要求商家要善于根据新情况、新问题,及时预测其走向,采取相应的对策,做到市场变我也变。

(资料来源:搜集资料整理改编.)

9.1.3　市场预测的方法

市场预测的方法有很多,一般复杂的方法涉及许多专门的技术。对于企业营销管理人员来说,应该了解和掌握的市场预测方法主要有以下几种。

1. 定性预测法

企业经营和管理者在多数情况下不可能很清楚地掌握预测对象的历史或现实的资料,且影响预测对象的因素复杂多变,以致对一些重要的影响因素有时难以进行定量分析。也有时是因为要求在很短时间内迅速作出预测和决策,迫使人们利用经验和直觉进行预测,以期快速反应,抓住商机。

定性预测侧重于在事物发展的性质、原则和方向上进行判定。在实际运用中,常用的方法有专家意见法、集体经验判断法、专家预测法等。

2. 定量预测法

定量预测法是建立在现代数理统计技术上,其应用性很强。它通过建立数学和统计学模型使预测更加精确,预测依据客观真实,可靠性更高,在中短期预测中有非常明显的优势。常用的定量预测法有时间序列预测法、指数平滑预测法、趋势外推法、季节变动法和回归预测法等。

○ **思政园地 9-1**

"十四五"规划的逻辑起点和亮点

中国如何在把握国内国际两个大局的基础上识别机遇和挑战,是谋划下一阶段发展需要关注的重点问题,也是制订"十四五"规划的逻辑起点。

从亮点来看,第一是形成强大的国内市场,构建新发展格局。2021年以来,习近平总书记多次强调构建新发展格局问题。此次全会再次强调"要畅通国内大循环,促进国内国际双循环",表明构建新发展格局已经成为应对当前国内国际新形势的重要战略。我们需要准确理解、全面把握新发展格局的内涵,不能简单将其等同于国内经济单循环,也不是每个地方单独搞经济小循环,更不是省内循环、市内循环、县内循环层层分解。新发展格局,始终以坚持深入参与国际循环为基础、坚持建立国内统一大市场为基础。"两个坚持"是构建新发展格局命题的应有之义,我们必须全面深刻地理解。

第二,推动有效市场与有为政府更好地结合。处理好政府与市场的关系,是构建高水平社会主义市场经济体制的核心问题。建立"有效市场"离不开"有为政府",建设"有为政府"有助于提升市场在资源配置中的有效性,两者是相辅相成、有机统一的关系。只有当政府与市场"两只手"协同共进,才能为高质量发展提供有力保障。党的十八大以来,我国"放管服"改革进一步深化,市场主体活力得到有效激发。今后推动有效市场和有为政府更好地结合,仍需要在多个层面、多个领域继续深化改革,进一步厘清政府"为与不为"的边界,进一步构建市场化、法治化、国际化的营商环境,激发更广泛市场主体的活力。

第三,突出创新在我国现代化建设全局中的核心地位。全会强调,科技创新需要坚持"四个面向",即面向世界科技前沿、面向经济主战场、面向国家重大需求、面向人民生命健康。这四个面向概括了科技创新的根本价值,为我国更加系统地推进创新驱动战略指明了方向。坚持面向世界科技前沿,就是要求我们夯实科技基础,在重要科技领域更多地跻身世界前列。随着科技实力和自主创新能力的提升,中国要在更多重要技术领域成为"领跑者"。坚持面向经济主战场,就是要求我们加强科技供给,加快经济发展动能转换,通过创新驱动与产业升级转型有机结合,有效推动经济高质量发展。坚持面向国家重大需求,就是要求我们强化战略导向,更好地服务创新发展全局,加强事关国计民生的重大科技攻关,让核心技术不再被"卡脖子"。坚持面向人民生命健康,就是要坚持以人民为中心,强调科技创新的最终目的是为广大人民群众服务的。

问题：

（1）我国"十四五"规划是否建立在对未来发展的预测基础上？

（2）我国"十四五"规划对于未来五年的发展意味着什么？

9.1.4　市场预测的步骤

不同主题的市场预测项目虽然在内容、方法等方面会有一定的差异，但这个过程一般包括以下步骤，如图 9-1 所示。

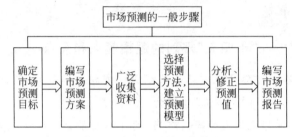

图 9-1　市场预测的一般步骤

1. 确定市场预测目标

确定市场预测目标是进行市场预测的首要问题，只有确定了预测目标，才能知道市场预测要解决什么问题，以便有针对性地开展预测工作，具体界定预测对象内容，科学选择预测方法，确定必要的调查资料，分析预测环境，预算预测经费，编制预测工作进程，合理调配资源，组织实施预测工作计划，以期达到预测结果。

2. 编写市场预测方案

为确保市场预测工作能够有序、如期地完成，需要根据市场预测目标的要求，对如何组建预测工作机构、配备工作人员、确定预测对象的范围与时间、选择预测方法、预算预测经费、控制预测误差和公告预测结果等一系列问题进行全面思考与谋划，这个过程就是预测方案策划。

3. 广泛收集资料

预测资料的数量与质量直接关系到预测结果的质量，因此，资料的收集整理既是市场预测的基础性工作，也是市场预测中一个十分重要的步骤。为做好资料的收集整理工作，预测人员应广泛、系统地收集预测目标所需要的历史和现实数据与资料，并对这些数据与资料进行认真核实和审查，采用科学方法进行加工处理，使之条理化、系统化，得到能为市场预测目标所应用的有价值的资料。

4. 选择预测方法，建立预测模型

市场预测的方法可划分为定性预测方法和定量预测方法两大类，各大类又可细分为多种方法。在选择预测方法时，要根据市场预测目标、占有的预测资料及其可靠程度加以确定，一般应同时采取两种以上的预测方法进行预测，以比较与鉴别预测结果的可信度。在可选用定量预测方法预测时,要以有关经济理论作指导,根据所采用的预测方法建立数学模型,以反映预测目标同各影响因素之间的关系,进而用数学方法确定预测值。

5. 分析、修正预测值

预测人员在预测中无论采用何种适合的预测方法和预测模型,无论怎样精心计算预测值,预测值与实际值之间很难达到完全一致,这是由于预测方法和预测模型不可能包罗所有影响预测对象的因素,更何况预测对象和各种影响因素会随时间、地点、条件的变化而变化,一切处于动态发展之中。因此,预测人员应认真分析客观环境和影响预测对象的因素,全面评价预测值的可信度,如果预测误差较大时,应具体分析原因,及时修正或舍弃预测值。

6. 编写市场预测报告

市场预测报告是对整个预测工作的概括和总结,也是向预测报告的使用者作出的汇报。在市场预测报告中,要清晰、精练地阐述与论证预测目的、预测目标、预测内容、预测方法、预测时间、预测人员、预测结果,以及资料来源、评价建议等,特别是对预测结果应作定性与定量相结合的分析,避免把预测报告做成数据的堆砌。

 拓展阅读 9-2

市场预测的原则

(1) 客观性原则。市场预测是一种客观的市场研究活动,但这种研究是通过人的主观活动完成的。因此,预测工作不能主观随意地"想当然",更不能弄虚作假。

(2) 全面性原则。影响市场活动的因素,除经济活动本身外,还有政治的、社会的、科学技术的因素。这些因素的作用使市场呈现纷繁复杂的局面。预测人员应具有广博的经验和知识,能从各个角度归纳和概括市场的变化,避免出现以偏概全的现象。当然,全面性也是相对的,无边无际的市场预测既不可能也无必要。

(3) 及时性原则。信息无处不在,任何信息对经营者来说,既是机会又是风险。为了帮助企业经营者不失时机地作出决策,要求市场预测快速提供必要的信息。过时的信息是毫无价值的。信息越及时,不能预料的因素就越少,预测的误差就越小。

(4) 科学性原则。预测所采用的资料,须经过去粗取精、去伪存真的筛选过程,才能反映预测对象的客观规律。运用资料时,应遵循近期资料影响大、远期资料影响小的规则。预测模型也应精心挑选,必要时还须先进行试验,找出最能代表事物本质的模型,以减少预测误差。

(5) 持续性原则。市场的变化是连续不断的,不可能停留在某一个时点上。相应地,市场预测需不间断地持续进行。实际工作中,一旦市场预测有了初步结果,就应当将预测结果与实际情况相比较,及时纠正预测误差,使市场预测保持较高的动态准确性。

(6) 经济性原则。市场预测是要耗费资源的。有些预测项目由于预测所需时间长,预测的因素又较多,往往需要投入大量的人力、物力和财力,这就要求预测工作必须量力而行,讲求经济效益。如果耗费过大,效益不高,将使市场预测声誉扫地。如果企业自己预测所需成本太高时,可委托专门机构或咨询公司进行预测。

课堂自我测评

测 评 要 素	表 现 要 求	已达要求	未达要求
知识目标	能掌握市场预测的含义、内容		
技能目标	能初步认识市场预测技术的分类		
课程内容整体把握	能概述并认识市场预测的基本原理		
与职业实践的联系	能描述市场预测的实践意义		
其他	能联系其他课程、职业活动等		

9.2　市场定性预测

任务提示：这是市场发展趋势预测学习的第二课。认识市场定性预测的基本概念,特别是从市场调查活动实践意义的角度认识市场定性预测的重要作用及其特点,在此基础上,认识市场定性预测工作的具体内容,并理解市场定性预测的意义。

重点难点：市场定性预测的概念、类型与特点。

市场营销活动中,对市场发展趋势进行预测时,调查人员有时很难获取一些真正有用的数据。此时,必须依靠人的经验以及分析能力作出一些比较粗略的数量估计。这就属于定性预测的范畴。

9.2.1　定性预测认知

定性预测的早期,主要表现为商品经济欠发达时代,市场相对狭小,信息闭塞,商品交换比较简单,商人和小生产者主要依靠自己的经验对未来市场行情作出估测。在今天,这种方法也在不断地完善,已经突破了传统定性预测方法的局限,而发展成为现代意义上的定性预测方法。

1. 定性预测的概念

定性预测也称为意向预测,是对事物性质和规定性的预测。它并不是基于数量模型而是依靠经验、知识、技能、判断和直觉来作出预测的一种方法。

重要术语 9-2

定 性 预 测

定性预测是指预测者依靠熟悉专门知识、具有丰富经验和综合分析能力的人员、专家,根据已掌握的历史资料和直观材料,运用个人的经验和分析判断能力,对事物的未来发展作出性质和方向上的判断,然后,再通过一定的形式综合各方面的意见,对现象的未来作出预测。

2. 定性预测的特点

定性预测最大的特点在于主要凭借人的经验以及分析能力,着重对事物发展的性质、发展的趋势、方向和重大转折点进行预测。其优缺点主要表现如下。

(1)定性预测的优点。定性预测是一种非常实用的预测方法,特别是在对预测对象的历史资料掌握不多或影响因素复杂,难以分清主次的情况下,几乎是唯一可行的方法。定性预测具有较大的灵活性,易于充分发挥人的主观能动性,且简单迅速,省时省费用。

(2)定性预测的局限。①受制于预测者的经验与能力。定性预测强调从问题质的方向上作出判断,手段是凭借预测者的经验、知识和技能,因此只能得到其问题性质的判断结果。②易受主观因素影响。由于它比较注重人的经验和主观判断能力,从而易受到预测者的知识、经验和能力的制约。③缺乏量的精确性。用此方法得到的结果主要是质的描述,尽管也可以得到数量的信息,但很难确定其结果的可信度,也无法估计其误差大小。

🕮 课堂讨论:为什么说定性预测简单迅速,省时省费用?

9.2.2 个人经验判断预测

定性预测是"有判断力的方法",一般由专家或专门人士进行预测。由于其主要依赖人的经验、分析能力,定性预测的基本方法主要指的是个人经验判断预测法。

1. 经验判断预测法的含义

经验是指由实践得来的知识或技能。经验判断预测法就是利用预测者的经验对所要预测的事物的未来发展作出推断。经验判断预测法是最常见的定性预测方法,在实际中运用非常广泛。

重要术语 9-3

经验判断预测法

经验判断预测法是依赖预测人员的经验和知识以及综合分析能力,对预测对象的未来发展前景作出性质和程度上的估计与推测的预测方法。

---

2. 经验判断预测法的具体应用

经验判断预测法常用的形式包括类比预测法、关联推断预测法、逻辑判断预测法、产品生命周期预测法等。

(1)类比预测法。类比预测法的基本原理是"由此及彼"。如果把"此"看作前提,"彼"看作结论,那么类比思维的过程就是一个推理过程。在现实预测活动中,当预测的变量没有历史数据时,可寻找一个完全掌握了历史信息,且主要性质特点相似的事物作为类比物。这一方法的优点在于,它是一种成本不高但较为全面的预测,且对市场营销和经营人员有较强的实用性。

🖋 **例9-7** 人们喜欢吃水果,有的日用化工厂生产了水果香型牙膏;男女老幼都喜欢吃各式巧克力糖,有的厂家把牙膏也制成巧克力香型,结果销路很好。

(2) 关联推断预测法。关联推断预测法是根据一些已知事物的关联指标(如现象)的发展变化趋势,来判断预测事物未来发展趋势的一种预测方法。现象或指标与事物在时间和变动方向上都有一定的关联关系。这种关系表现为二者发生变化有三种情况:先行发生、同时发生和滞后发生,人们根据其发生的先后不同,将这些指标称为先行指标、平行指标和后行指标。

例 9-8　据中国汽车工业协会统计分析,我国 2013 年汽车产销分别为 2 211.68 万辆和 2 198.41 万辆,机动车保有量持续高速增长,伴随汽车用油的消耗量也呈快速大幅增加,二者表现为平行变化,且正相关;而汽车、电动车等代步工具的销量增长,使摩托车和自行车的销售量不断下降,许多原先生产自行车的企业进入电动车行业,而摩托车制造商则加入汽车的生产行列。

(3) 逻辑判断预测法。经验通常会随着人们的实践活动的增加自然而然地增长,但并不是所有的人都能拥有与预测目标相应的经验,即使有这种经验也不一定能很好地利用这种经验作出准确预测。人们只有运用科学的逻辑思维,才能把以往的经验综合起来作出判断和预测。常用的逻辑判断预测法主要有归纳法和演绎法,以及分析和综合法。

(4) 产品生命周期预测法。产品生命周期是指产品开始投放市场直到被市场淘汰的全过程,可以说没有一种产品是长盛不衰的,只有生命周期的长短不同而已。由于产品在其生命周期的不同阶段有各自的特点,只要了解这些特点,企业就会有针对性地制定相应的市场营销策略。

9.2.3　集体经验判断预测

人们在判断预测过程中发现一个人的经验和知识往往是不够的,可以把多人的经验和知识综合在一起,这就是集体经验判断预测法。

1. 集体经验判断预测法的含义

集体经验判断预测法是由经过挑选的多个预测者组成一个预测小组,通过个体间讨论及相互交流,最后对所要预测的对象作出评价,从而得出预测结果的一种方法。

2. 集体经验判断预测法的操作流程

集体经验判断预测法的操作流程如图 9-2 所示。

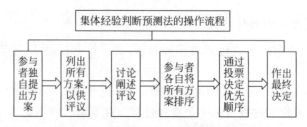

图 9-2　集体经验判断预测法的操作流程

3. 集体经验判断预测法的种类

(1) 意见交换法。意见交换法是指参加预测的人员通过座谈讨论相互交换意见,当场提出个人主观的估计预测值;或者事后提出个人主观的估计预测值,然后由预测主持者集中各方面的意见,综合形成一种或几种预测结果。

(2)意见汇总法。意见汇总法是指在对某事物进行预测时,由企业内部所属各部门分别进行预测,然后把各部门的预测意见加以汇总,形成集体的预测意见的一种判断预测法。

(3)消费者意向调查法。消费者意向调查法是指在调查消费者或用户在未来某个时间内购买某种商品意向的基础上,对商品需求量或销售量作出量的推断的方法。这种方法可以几种消费者或用户购买商品的决策经验反映他们未来对商品的需求状况。

(4)意见测验法。意见测验法是指向企业外部的有关人员(如消费者或用户)征求意见,加以综合分析作出预测推断的一种方法。经常采用的有消费者或用户现场投票法、发调查表征求意见法、商品试销或试用征求意见法。

9.2.4 其他定性预测法

1. 专家意见集合法

专家意见集合法也称为专家会议法,顾名思义,就是根据市场预测的目的和要求,聘请一些专家成立预测小组,企业自身不参加预测,只承担管理和组织工作。企业为专家组提供相关的背景资料,由专家自行预测,并以座谈讨论会的形式对预测对象及其前景的预测结果进行评价。最后,在经过综合专业分析判断的基础上,得出大家认可的市场发展趋势预测结果。常用的具体方法有专家会议法、座谈讨论法、直接头脑风暴法和间接头脑风暴法。

课堂讨论:专家意见集合法为什么要控制人数?不是专家越多,意见越充分,预测越准确吗?

2. 德尔菲法

德尔菲法实际上就是专家小组法,或专家意见征询法。这种方法是按一定的程序,采用背对背的反复征询的方式,征询专家小组成员的意见,经过几轮的征询与反馈,使各种不同意见渐趋一致,经汇总和用数理统计方法进行收敛,得出一个比较合理的预测结果供决策者参考。

这一方法是美国兰德公司在 20 世纪 40 年代首创和使用的,最先用于科技预测,后来在市场预测中也得到广泛应用。

课堂讨论:德尔菲法为什么要采取匿名函询方式?

3. 类推法

类推即类比推理,是由特殊(局部、个别)到特殊的分析推理。它与演绎推理、归纳推理并列为三大推理分析方法。类推原理就是根据事物及其环境因素的相似性,从一个已知的事物的发展变化情况,推测其他类似的事物变化趋势的一种判断预测方法。

根据预测目标和市场范围的不同,可将类推法分为产品类推法、行业类推法、地区类推法和国际类推法几种方法。当然,这样的划分主要是从实用角度出发的,本身并不严谨。

(1)产品类推法。产品类推法是依据产品之间在功能、构造、原材料、规格等方面的相似性,推测产品市场的发展也可能会出现某些相似性。

例 9-9 在中国的合资汽车企业,新产品开发的重点不注重自主创新,往往热衷于把在国外热销的车型引入中国,多数都取得较好的市场效果。如北京现代曾引进"伊兰特"车型,销量长期处于前列。

（2）行业类推法。有不少产品的发展是从某一个行业开始，逐步向其他行业推广，而且每进入一个新行业，往往要对原来的产品进行一些改进和创新，以适应新行业市场的需要。

例 9-10　随着科技发展和人们受教育水平的提高，计算机开始贴近普通民众的日常生活，成为普通家电。于是企业在预测计算机销售时，就不再把它看成高科技工具，而按照家电的观念来看待，很多家电销售企业也开始经销计算机，甚至一些企业把专业服务也省略了，做起直销，取得长足的发展。

（3）地区类推法。同类产品的市场不仅在同行业之间存在时差，而且在不同地区之间这种时差表现得更明显。这种空间和时间上的传递也有一定的规律，找出领先和滞后的地区，并且分析出时差程度，可以很方便地预测许多事物的趋势。

例 9-11　法国时装引领世界服装的潮流，而这种国际流行一般先传到欧美，然后是日韩，接着传递到我国港台地区，进入我国东南沿海一段时期后，才会向中西部延伸。当然，还有许多流行的事物也常遵循着这条路径传递。

（4）国际类推法。国际类推法是地区类推法的一种形式，即根据领先国家的市场发展情况类推滞后国家的市场发展趋势。这里要考虑的影响因素有很多，既有宏观的又有微观的，非常复杂。预测主要是了解大体的情况，而不苛求精准。

在世界上，近现代国家的形成有其历史原因，其现状是西方物质文明和科学文化领先东方，这也是进行类推的前提和基础。

我国在预测人均消费资源、食品和商品时也常以国外发达地区的标准为参照。

课堂自我测评

测 评 要 素	表 现 要 求	已 达 要 求	未 达 要 求
知识目标	能掌握市场定性预测的含义、意义		
技能目标	能初步认识定性预测的方法要求		
课程内容整体把握	能概述并认识市场定性预测过程		
与职业实践的联系	能描述市场定性预测的实践意义		
其他	能联系其他课程、职业活动等		

9.3　市场定量预测

任务提示：这是市场发展趋势预测学习的第三课。认识市场定量预测的基本概念，特别是从市场调查活动实践意义的角度认识市场定量预测的重要作用及其特点，在此基础上，认识市场定量预测工作的具体内容，并理解市场定量预测的意义。

重点难点：市场定量预测的概念、类型与基本内容。

在市场预测活动中，人们通常会觉得定性调查比较模糊、抽象，而需要对市场发展作数量上的精确描述，则必须借助于定量预测。

9.3.1　定量预测认知

定量预测也称统计预测，其主要原理是利用统计资料和数学模型来进行预测。然而，这并不意味着定量方法完全排除主观因素,相反主观判断在定量方法中仍起着重要作用,只不过与定性预测方法相比,各种主观因素所起的作用较小。

1. 定量预测的概念

定量预测是使用历史数据或因素变量来预测需求的数学模型。

重要术语 9-4

定量预测法

定量预测法是根据比较完备的历史和现状统计资料,运用数学方法对资料进行科学地分析、处理,找出预测目标与其他因素的规律性联系,对事物的发展变化进行量化推断的预测方法。

---

2. 定量预测的特点

定量预测的优点:①偏重于数量方面的分析,重视预测对象的变化程度,能作出变化程度在数量上的准确描述。②主要把历史统计数据和客观实际资料作为预测的依据,运用数学方法进行处理分析,受主观因素的影响较少。③可以利用现代化的计算方法进行大量的计算工作和数据处理,求出适应工程进展的最佳数据曲线。

定量预测的缺点:①比较机械,不易灵活掌握。②对信息资料质量要求较高。进行定量预测,通常需要积累和掌握历史统计数据。

3. 定量预测的类型

定量预测的类型主要有时间序列预测法和回归分析预测法。

(1)时间序列预测法。时间序列预测法是以一个指标本身的历史数据的变化趋势,去寻找市场的演变规律,作为预测的依据,即把未来作为过去历史的延伸。时序序列预测法包括平均平滑法、趋势外推法、季节变动预测法等。

时间序列中每一时期的数值,都是由很多不同因素同时发生作用后的综合反映。总的来说,这些因素可分为以下三大类。

① 长期趋势。这是时间序列变量在较长时间内的总势态,即在长时间内连续不断地增长或下降的变动势态。它反映预测对象在长时期内的变动总趋势,这种变动趋势可能表现为向上发展,如劳动生产率提高;也可能表现为向下发展,如物料消耗的降低;也可能表现为向上发展转为向下发展,如物价变化。长期趋势往往是市场变化情况在数量上的反映,因此它是进行分析和预测的重点。

② 季节变动。这是指一再发生于每年特定时期内的周期波动。即这种变动上次出现后,每隔一年再次出现。所以简单地说,每年重复出现的循环变动就叫季节变动。

③ 不规则变动。不规则变动又称随机变动,其变化无规则可循。这种变动都是由偶然事件引起的,如自然灾害、政治运动、政策改变等影响经济活动的变动。不规则变动幅度往往较大,而且无法预测。

(2)回归分析预测法。回归分析预测法是因果分析法中很重要的一种,它从一个指标与其他指标的历史和现实变化的相互关系中,探索它们之间的规律性联系,以此作为预测未来的依据。

9.3.2　定量预测的运用

1. 时间序列预测法的运用

企业中常用的时间序列预测法的形式有以下几种。

(1) 平均数预测法。在市场定量预测方法中,最普遍使用的预测技术便是平均数预测法。在市场预测实践中主要有以下几种应用。

① 简单算术平均法。简单算术平均法的公式为

$$\overline{X} = \frac{\sum\limits_{t=1}^{n} X_t}{n}, \quad (t=1,2,\cdots,n) \tag{9-1}$$

式中,$\overline{X}$ 表示观察值时间序列平均数;n 表示观察时期数;X_t 表示时序列各组观察值。

例 9-12　某企业 20×5 年 1—6 月的销售额如表 9-1 所示,要求预测 7 月销售额。

表 9-1　某企业销售额统计表　　　　　　　　单位:万元

月份	1 月	2 月	3 月	4 月	5 月	6 月	合计
销售额	260	270	240	280	260	250	1 560

解:
$$\overline{X} = \frac{\sum\limits_{t=1}^{n} X_t}{n} = \frac{260+270+240+280+260+250}{6} = 260(万元)$$

因此,预测值可以用过去历史资料的算术平均值代替,预计 7 月销售额为 260 万元。

简单算术平均法预测简便,但是,由于它将预测对象的波动忽略了,不能反映出预测对象的变动趋势,所以,只适用于那些相对波动不大的市场现象预测。

② 加权算术平均法。在进行信息资料处理时,一个重要的因素是考虑时间的影响。信息发生越接近作预测时的时间,它的影响就越大,重要性就越强,可靠性也越高。如何体现出信息的这种特性,方法有很多,利用不同的时期所对应的权数不同,来体现由于时间差异而取得的信息的重要性不同,是一种常用的方法。加权数还可以应用在其他方面。当多个预测者提供的预测结果不同时,根据预测者的能力大小不同或历史效果纪录,也可以利用加权法来体现其重要性的区别。其公式为

$$\overline{X} = \frac{\sum\limits_{t=1}^{n} W_t X_t}{\sum\limits_{t=1}^{n} W_t} \tag{9-2}$$

例 9-13　以例 9-12 资料为例,考虑到信息与现在越接近,影响越大,给每个月加个权数,如表 9-2 所示。

表 9-2　某企业销售额统计表　　　　　　　　单位:万元

月份	1 月	2 月	3 月	4 月	5 月	6 月	合计
权数	1	2	3	4	5	6	21
销售额	260	270	240	280	260	250	1560

解得：$\overline{X} = \dfrac{\sum\limits_{t=1}^{n} W_t X_t}{\sum\limits_{t=1}^{n} W_t} = \dfrac{260 \times 1 + 270 \times 2 + 240 \times 3 + 280 \times 4 + 260 \times 5 + 250 \times 6}{1 + 2 + 3 + 4 + 5 + 6}$

得出：$\overline{X} = \dfrac{\sum\limits_{t=1}^{n} W_t X_t}{\sum\limits_{t=1}^{n} W_t} = \dfrac{5\ 440}{21} = 259$（万元）

（2）移动平均法。移动平均法是通过逐项推移，依次计算包含一定项数的时序平均数，以反映时间序列的长期趋势的方法。由于移动平均法具有较好的修匀历史数据、消除数据因随机波动而出现高点、低点的影响，从而能较好地揭示经济现象发展的趋势，因而在市场预测中得到广泛应用。常用的有一次移动平均法、移动加权平均法和二次移动平均法。本节只讨论一次移动平均法。一次移动平均法通常又称为简单移动平均法。

设时间序列为 $Y_1, Y_2, Y_3, \cdots, Y_t, \cdots$；以 N 为移动时期数（$N \leqslant$ 观察时期数 n），则简单移动平均数 M_t 的计算公式为

$$M_t = \frac{Y_t + Y_{t-1} + \cdots + Y_{t-N+1}}{N} \tag{9-3}$$

通过整理得出

$$M_t = \frac{(Y_{t-1} + \cdots + Y_{t-N+1} + Y_{t-n}) - Y_{t-N} + Y_t}{N}$$

$$= M_{t-1} + \frac{Y_N - Y_{t-n}}{N} \tag{9-4}$$

利用此递推公式(9-4)来计算移动平均数可以减少计算量。

在计算移动平均数时，是每向前移动一个时期就增加一期新的观察值，去掉一个远期观察值，得到一个新的平均数，由于它不断地移动，不断吐故纳新，故称为移动平均法。

移动平均数与算术平均数的区别在于，算术平均数只是一个数字，而移动平均数却不只是一个数字，而是一系列数字，每一个数字都代表一个平均数。这个平均数数列可以平滑数据、消除周期变动和不规则变动的影响，使长期趋势显露出来。在调查报告对数据有较高要求时，一般都会用到这些方法，所以移动平均法的应用非常广泛。

📎 **例 9-14** 某市 20×5 年 1—11 月食用油消费统计情况如表 9-3 所示，预测 12 月的消费量。

表 9-3　食用油消费统计表　　　　　　　　　　　　　单位：吨

月份 t	食用油消费量 Y_t	移动平均观察值 M_t	
		$n=3$	$n=5$
1	195	—	—
2	220	—	—
3	200	—	—
4	195	205	—

续表

月份 t	食用油消费量 Y_t	移动平均观察值 M_t	
		$n=3$	$n=5$
5	185	205	—
6	180	193.3	199
7	185	186.7	196
8	180	183.3	189
9	190	181.7	185
10	230	185	184
11	210	200	193
12	—	210	199

分别取 $n=3$ 和 $n=5$。

当 $n=3$ 时，$M_3 = \dfrac{Y_3+Y_2+Y_1}{3} = \dfrac{200+220+195}{3} = 205$

同理，当 $n=5$ 时，$M_5 = \dfrac{Y_5+Y_4+Y_3+Y_2+Y_1}{5} = \dfrac{185+195+200+220+195}{5} = 199$

2. 回归分析预测法的运用

回归分析预测法是对具有相关关系的变量，在固定一个变量数值的基础上，利用回归方程测算另一个变量取值的平均数。它是在相关分析的基础上，建立相当于函数关系式的回归方程，用以反映或预测相关关系变量的数量关系及数值。因而，回归分析与相关分析都可统称为相关分析。

(1) 回归分析预测的程序。回归分析预测应遵循以下程序。

① 根据预测目标，确定自变量和因变量。明确预测的具体目标，也就确定了因变量。如预测具体目标是下一年度的销售量，那么销售量就是因变量。通过市场调查和查阅资料，寻找与预测目标的相关影响因素，即自变量，并从中选出主要的影响因素。

② 建立回归预测模型。依据自变量和因变量的历史统计资料进行计算，在此基础上建立回归分析方程，即回归分析预测模型。线性回归的一般表达式为

$$y = a + b_1x_1 + b_2x_2 + b_3x_3 + \cdots + b_nx_n$$

通常我们所研究的回归问题是一个因变量与一个自变量之间的关系，称之为简单线性回归。其公式为

$$y = a + bx$$

③ 进行相关分析。回归分析是对具有因果关系的影响因素(自变量)和预测对象(因变量)所进行的数理统计分析处理。只有当变量与因变量确实存在某种关系时，建立的回归方程才有意义。因此，作为自变量的因素与作为因变量的预测对象是否有关，相关程度如何，以及判断这种相关程度的把握性多大，就成为进行回归分析必须要解决的问题。进行相关分析一般要求出相关关系，以相关系数的大小来判断自变量和因变量的相关程度。

④ 检验回归预测模型，计算预测误差。回归预测模型是否可用于实际预测，取决于对回归预测模型的检验和对预测误差的计算。回归方程只有通过各种检验，且预测误差较小，

才能将回归方程作为预测模型进行预测。

⑤ 计算并确定预测值。利用回归预测模型计算预测值,并对预测值进行综合分析,确定最后的预测值。

(2) 回归分析预测的运用。回归分析预测中,主要以一元线性回归预测法为例来进行说明。这是因为多数市场和经济现象都可近似看作是线性变化的,而且,此方法计算简单,适应面较广。

① 一元回归模型。当影响市场变化的诸因素中有一个基本的和起决定作用的因素,且自变量与变量之间的数据分布呈线性趋势时,那么就可以运用一元线性回归方程 $y=a+bx$ 进行预测。其中 y 为因变量; x 为自变量; a、b 均为参数,b 又称为回归系数,其表示当 x 每增加一个单位时,y 的平均值增加量。

② 模型参数的估计。通过最小二乘法,估计一元回归方程中的参数 a、b,求解 a、b 的标准方程为

$$\begin{cases} \sum y_i = na + b\sum x_i \\ \sum x_i y_i = a\sum x_i + b\sum x_i^2 \end{cases} \tag{9-5}$$

解得:

$$\begin{cases} b = \dfrac{n\sum x_i y_i - \sum x_i \sum y_i}{n\sum x_i^2 - \left(\sum x_i\right)^2} \\ a = \bar{y} - b\bar{x} \end{cases} \tag{9-6}$$

此式可改为

$$\begin{cases} a = \bar{y} - b\bar{x} \\ b = \dfrac{\sum (x_i - \bar{x})(y_i - \bar{y})}{\sum (x_i - \bar{x})^2} \end{cases} \tag{9-7}$$

🦅 **例 9-15** 在调查商店周围的交通流量与商店的销售量的影响与关系时,为排除无关因素或个别特殊因素的干扰,调查者分析了广场大小、停车场数量和周边人口特征等相当的 20 家商店进行调查和观察记录,收集到的各商店的平均交通流量和年销售量数据如表 9-4 所示。

表 9-4 交通流量与商店销售量的关系

商店	日均交通流量/千辆 x	年销售量/万元 y	xy	xx
1	62	112.1	6 950.2	3 844
2	35	76.6	2 681	1 225
3	36	70.1	2 523.6	1 296
4	72	130.4	9 388.8	5 184
5	41	83.2	3 411.2	1 681
6	39	78.2	3 049.8	1 521
7	49	97.7	4 787.3	2 401

续表

商店	日均交通流量/千辆 x	年销售量/万元 y	xy	xx
8	25	50.3	1 257.5	625
9	41	77.3	3 169.3	1 681
10	39	83.9	3 272.1	1 521
11	35	89.3	3 125.5	1 225
12	27	58.8	1 587.6	729
13	55	95.7	5 263.5	3 025
14	38	70.3	2 671.4	1 444
15	24	49.7	1 192.8	576
16	28	65.7	1 839.6	784
17	53	120.9	6 407.7	2 809
18	55	99.7	5 483.5	3 025
19	33	88.4	2 917.2	1 089
20	29	88.3	2 560.7	841
平均值	40.8	84.33		

此问题可通过回归分析来解决,先计算 $\sum x_i y_i$,$\sum x_i^2$,$\bar{x}$ 和 $\bar{y}$ 得:

$$\sum x_i y_i = 73\,540.30$$

$$\sum x_i^2 = 36\,526$$

$$\bar{x} = 40.80$$

$$\bar{y} = 84.33$$

将这些数据代入回归方程中得:

$$b = \frac{n \sum x_i y_i - \sum x_i \sum y_i}{n \sum x_i^2 - \left(\sum x_i\right)^2} = \frac{73\,540.3 - 20 \times 40.8 \times 84.33}{36\,526 - 20 \times 40.8^2} = 1.46$$

$$a = \bar{y} - b\bar{x} = 84.33 - 1.46 \times 40.8 = 24.76$$

于是得出年销售量与交通量的关系如下:

$$\hat{y} = 24.76 + 1.46x$$

 课堂自我测评

测 评 要 素	表 现 要 求	已 达 要 求	未 达 要 求
知识目标	能掌握市场定量预测的含义、意义		
技能目标	能初步认识定量预测的方法要求		
课程内容整体把握	能概述并认识市场定量预测过程		
与职业实践的联系	能描述市场定量预测的实践意义		
其他	能联系其他课程、职业活动等		

任务9小结

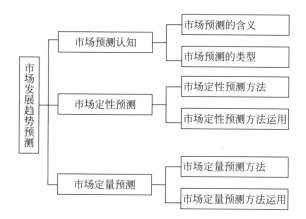

教学做一体化训练

重要术语

市场预测　定性预测　经验判断预测　定量预测

课后自测

一、单项选择题

1. 长期预测是指(　　　)以上的预测。

  A. 1年　　　　　　B. 3年　　　　　　C. 5年　　　　　　D. 1月

2. 定性预测主要是依靠个人(　　　)进行分析,对事物的性质、市场发展趋势进行估计和预测。

  A. 科学知识　　　　　　　　　　B. 客观经验

  C. 主观经验与直觉　　　　　　　D. 实践经验

3. 定性预测也称为(　　　),是对事物性质和规定性的预测。

  A. 主观预测　　　B. 意向预测　　　C. 目标预测　　　D. 意见预测

4. 定量预测通过建立(　　　),使预测更加精确,预测依据客观真实,可靠性更高。

  A. 调查假设　　　　　　　　　　B. 数学和统计模型

  C. 操作程序　　　　　　　　　　D. 长期趋势预测

5. 德尔菲法预测的关键环节是(　　　)。

  A. 组织严密　　　　　　　　　　B. 选择合适的专家

  C. 轮询的次数多少　　　　　　　D. 专家的独立性和保密性

6. 时间序列预测法是以一个指标本身的(　　　)的变化趋势,去寻找市场的演变规律,作为预测的依据。

  A. 权数　　　　　　B. 指数　　　　　　C. 系数　　　　　　D. 历史数据

二、多项选择题

1. 相对于专题预测而言,综合预测(　　)。
   A. 涉及市场的各个方面
   B. 组织实施相当困难
   C. 需要投入相当多的人力、物力
   D. 对预测人员的要求也相对要高
   E. 通常只在大型的市场研究项目中才采用

2. 在实际运用中,定性预测常用的方法有(　　)。
   A. 专家意见法
   B. 集体经验判断法
   C. 专家预测法
   D. 时间序列法

3. 按预测的时间长短不同,市场预测可分为(　　)。
   A. 长期预测
   B. 中期预测
   C. 短期预测
   D. 定性预测

4. (　　)适合作长期预测。
   A. 定量预测
   B. 定性预测
   C. 消费者调查预测
   D. 计算机预测

5. 移动平均数是(　　)。
   A. 一个数字
   B. 一组数列
   C. 一组拟合的数字
   D. 算术平均数

6. 下列有关简单算术平均法的说法正确的是(　　)。
   A. 当时间序列因素影响较大时使用
   B. 当预测者重要程度不同时可使用
   C. 操作简单,预测便捷快速,费用低
   D. 可作长期趋势预测

三、判断题

1. 市场预测是市场调查的基础。　　　　　　　　　　　　　　(　　)

2. 市场预测中,信息越及时,不可预料的因素就越少,预测的误差也越小。　(　　)

3. 市场之所以可以被预测,是因为人们通过长期积累的丰富经验,逐步掌握了市场变化规律。　　　　　　　　　　　　　　　　　　　　(　　)

4. 定量预测要比定性预测科学、精确。　　　　　　　　　　　　(　　)

5. 定性预测方法比定量预测方法更容易掌握,而不需预测者较系统地掌握数理和统计分析方面的学科知识与技能。　　　　　　　　　　　　　　(　　)

6. 加权平均数可以体现预测者的重要程度和信息资料的时序差异。　(　　)

7. 实际预测中,采用的方法不同,对信息资料的要求也可能不同。　(　　)

四、简答题

1. 市场预测的作用是什么?
2. 什么是定性预测?
3. 专家会议法中的专家是如何界定和选取的?
4. 时间序列预测法的平均法有哪几种?各适用于什么情况下的预测?
5. 什么是回归分析预测?

✎ 案例分析

案例:2014 年全球电商市场五大趋势预测

据市场研究公司 Forrester Research 最新发表的研究报告称,在过去的一年里,全球电子商务收入大幅度增长。2014 年也将如此。在未来的一年里,随着更多的品牌厂商规划自己的全球路线图和开始执行自己的国际电子商务战略,全球电子商务收入将增长。消费者的在线购物习惯将继续发展,提供新的商业机会。

Forrester Research 在报告中讨论了将出现的一些电子商务的重要性,指出将在 2014 年的消费者时代中获得增长势头的 8 个趋势。下面是 2014 年值得关注的全球电子商务五大趋势。

(1) 移动流量和销售将继续增长。在 2014 年,在线流量和通过移动设备下订单的总数的比例在全球的每一个市场都将增长。Forrester 预计越来越多的品牌厂商将建立新的移动网站和应用以便对这种趋势作出回应。

(2) 品牌厂商将越来越多地指望市场进行在线销售。在 2014 年,品牌厂商将继续向市场迁移以扩展其在线市场份额和比较快地实现营收增长。例如,在中国,天猫等市场可能成为许多品牌厂商的一个进入点。

(3) 全球各地的零售商需要规划关键的在线购物日期。向新的全球市场扩张的美国和欧洲的品牌厂商必须像在自己的家乡市场一样规划关键的与电子商务有关的日期。例如,在中国,2013 年"光棍节"一天的在线销售收入就达 57 亿美元。

(4) 随着厂商和零售商为品牌厂商提供新的优惠条件,进入新市场将更加容易。随着时间的推移,在品牌厂商向新的全球市场扩张的时候,越来越多的运营商将成为一个单个的联络点。

(5) 对于许多商家来说,全球市场中的盈利性仍然是难以捉摸的。最后,在 2014 年,向国际上扩张的许多品牌厂商,特别是推出向消费者直销的网站的品牌厂商,将仍然很难实现盈利。

(资料来源:中国行业网,2014-01-03)

阅读材料,回答以下问题:

(1) 市场预测的原理在这里得到了怎样的体现?

(2) 从分类看,这属于市场预测的哪一种类? 分别用到了哪些方法?

 ## 同步实训

实训 1:市场发展趋势预测认知

实训名称:市场预测认知。

实训目的:初步认识市场预测工作。

实训内容:

学生分组,寻找一些非常著名的预测故事,讨论并分析其中的一些细节,看是否体现了市场预测的原理。如果发现预测失败,试分析在预测过程中出现了哪些纰漏。

实训组织:学生分小组,根据特定目的,讨论并对故事经过进行分析;讨论故事主人公预测过程的科学性、资料来源以及结果的合理性。

实训总结:学生小组交流对预测故事的分析讨论结果,教师根据讨论报告、PPT 演示、讨论分享中的表现分别给每组进行评价打分。

实训 2:定性预测认知

实训名称:短期市场预测。

实训目的:初步认识短期市场预测工作。

实训内容:

(1) 网络收集我国成品油定价形成机制,注意关注这一机制中的影响因素的变化,自己尝试对成品油价格的变化作出预测估计。

(2) 讨论分析预测结果,并将预测结果进行分享。

实训组织:学生分小组,收集相关信息;可以运用集体讨论的方式,得出每个小组的预测结果。

实训总结:学生小组交流对所观察经济现象变化的预测结果。教师根据讨论报告、PPT 演示、讨论分享中的表现分别给每组进行评价打分。

 ## 学生自我学习总结

通过完成任务 9 的学习,我能够作如下总结。

一、主要知识点

任务 9 中主要的知识点如下。

(1)

(2)

二、主要技能

任务 9 中主要的技能如下。

(1)

(2)

三、主要原理

市场发展趋势预测在市场调查活动中的地位与作用如下。

(1)

(2)

四、相关知识点

任务 9 涉及的主要相关知识点如下。

(1) 市场预测与市场调查的关系是:

(2) 定性预测主要解决的特定问题有:

(3) 定量预测主要解决的特定问题有:

五、学习成果检验

完成任务 9 学习的成果如下。

(1) 完成任务 9 学习的意义有:

(2) 学到的知识有:

(3) 学到的技能有:

(4) 你对市场发展趋势预测的初步印象是:

任务 ⑩

市场调查报告编写与跟进

学习目标

知识目标

1. 认识市场调查报告的作用。

2. 认识市场调查报告的特征。

3. 认识市场调查报告的结构。

4. 熟悉市场调查报告的内容。

技能目标

1. 能掌握市场调查报告的编写要求。

2. 能掌握口头调查报告的技巧。

3. 能编写简单的市场调查报告。

思政目标

1. 能够平衡企业、客户、社会的利益。

2. 爱岗敬业、创新有为的职业精神。

3. 求真务实、团结协作的航天精神。

任务解析

根据市场调查职业工作活动顺序和职业能力分担原则,"市场调查报告编写与跟进"任务可以分解为以下子任务。

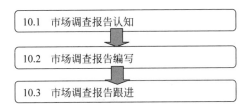

10.1　市场调查报告认知

10.2　市场调查报告编写

10.3　市场调查报告跟进

课前阅读

战国时代,有一个叫公明仪的音乐家,他能作曲也能演奏,七弦琴弹得非常好,弹的曲子优美动听,很多人都喜欢听他弹琴,人们很敬重他。

公明仪不但在室内弹琴,遇上好天气,还经常带着琴到郊外弹奏。有一天,他来到郊外,春风徐徐吹着，垂柳轻轻动着，一头黄牛正在草地上低头吃草。公明仪一时来了兴致，摆上琴，拨动琴弦，就给这头牛弹起了最高雅的乐曲《清角之操》。老黄牛在那里却无动于衷，仍然一个劲地低头吃草。

公明仪想，这支曲子可能太高雅了，该换个曲调，弹弹小曲。老黄牛仍然毫无反应，继续悠闲地吃草。公明仪拿出自己的全部本领，弹奏最拿手的曲子。这回呢，老黄牛偶尔甩甩尾巴，赶着牛虻，仍然低头闷不吱声地吃草。

最后，老黄牛慢悠悠地走了，换个地方去吃草了。

公明仪见老黄牛始终无动于衷，很是失望。人们对他说："你不要生气了！不是你弹的曲子不好听，是你弹的曲子不对牛的耳朵啊!"最后，公明仪也只好叹口气，抱琴回去了。

我们知道这是成语"对牛弹琴"的由来。人们用"对牛弹琴"来比喻对愚蠢的人讲深刻的道理，或对外行人说内行话，白白浪费时间；现在也用来讥笑人说话不看对象。

问题：

（1）在编写市场调查报告时，要注意什么？

（2）市场调查报告的主要目的是什么？

10.1　市场调查报告认知

任务提示：这是市场调查报告编写学习的第一课。认识市场调查报告的基本框架以及编写的主要工作，特别是从市场调查活动实践意义的角度认识市场调查报告的重要作用及其特点，在此基础上，认识市场调查报告编写工作的具体内容，并理解市场调查报告编写工作的意义。

重点难点：市场调查报告的作用、内容与特点。

市场调查报告是调查活动过程的产品，也是调查过程的历史记录和总结。在市场调查过程中，我们运用多种方法收集到了丰富的数据资料，得出相关结论，最终还要撰写成调查报告。

10.1.1　市场调查报告的含义

提到市场调查报告，我们都知道这是一种记录调查结论的文体。那么，规范的市场调查报告的概念是怎样的呢？

1. 市场调查报告的概念

简单来讲，市场调查报告就是市场调查人员的最终工作成果。从确定调查目标、调查方案制订，一直到实施调查收集资料，并经过整理分析后，形成阶段性结论，在去粗取精的基础上形成的总体结论。

重要术语 10-1

市场调查报告

市场调查报告就是在对调查得到的资料进行分析整理、筛选加工的基础上,记述和反映市场调查成果的一种文书。市场调查报告是一项市场调查项目最终成果的主要表现。它可以有多种形式,可以是书面形式,也可以是口头形式,或者同时使用书面和口头的形式,还可以是其他形式,如计算机软盘或信函等电子版形式。

2. 市场调查报告的作用

归纳起来,市场调查报告的作用有以下三点。

(1)市场调查报告是调查结果的表述。调查者通过调查策划、收集市场信息,并对所收集到的市场信息进行处理,最终形成了某种结果。市场调查报告就是记录这一过程的相关信息以及结果的一种书面的载体。

(2)市场调查报告是委托方希望获取的结果。通常情况下,市场调查的委托方对一个市场调查项目最为关心的就是市场调查报告。在某种意义上讲,市场调查项目的委托方提出项目的直接目的,就是获得满意的市场调查报告,为将来的经营决策提供有价值的参考。

(3)市场调查报告是市场调查项目质量的标志。市场调查策划采用的方法、技术、组织过程、资料处理等是衡量市场调查质量的重要方面,但市场调查报告无疑是最重要的。市场调查报告是调查活动的有形产品。当市场调查项目完成以后,市场调查报告就成为该项目的历史记录和证据之一。作为历史资料,它还有可能被重复使用,从而大大提高其价值。

3. 市场调查报告的特点

市场调查报告具有以下特点。

(1)市场调查报告具有针对性。针对性包括调查报告选题的针对性和阅读对象的针对性两个方面。紧扣调查目的展开的调查,才可能形成具有较多实践意义的市场调查报告;阅读对象不同,关注的问题也不同。根据不同的阅读对象,市场调查报告的重点也有所不同。

(2)市场调查报告具有时效性。这里所指的时效性也包含两方面的意思:调查活动开展的时效性和调查报告出具的时效性。市场调查活动滞后,原定的调查目的就会失去其意义;市场调查报告的出具拖延,也会丧失应有的决策参考价值。

课堂讨论:为什么要强调市场调查报告的时效性?

(3)市场调查报告具有科学性。市场调查报告作为决策的重要依据,它可能成为一份价值巨大的参考文件,关系到企业经营的成败。这就需要报告的编写者除了掌握科学收集、整理资料的方法外,还应该会利用科学的分析方法,以得出科学的结论,使阅读者感受到对整个调查项目的重视程度和对调查质量的控制程度。

(4)市场调查报告具有创新性。市场调查报告的创新性也包含两个方面。首先指调查报告的内容要求。调查者应该具有创新意识,调查报告应从全新的角度去发现问题。其次,指调查报告的形式应该做到创新。市场调查报告的编写应该注意语言的使用,以唤起阅读者的兴趣;结构紧凑、逻辑严谨,以增强阅读者的信任等。

10.1.2　市场调查报告的结构与内容

市场调查报告最终的服务对象是阅读者,为了能够将信息及时、准确和简洁地传递给这些受众,在报告本身的结构安排、写作手法上应该有一个大致的标准。

1. 市场调查报告的结构

一般来讲,书面调查报告的结构、内容以及风格等很大程度上取决于调查的性质,项目的特点,撰写人和参与者的性格、背景、专长和责任。但是,一份标准的调查报告都应有一个相对固定的结构与内容组成,即包括介绍、正文和附件三大部分,各个部分又各有章节、细目。

(1) 介绍部分。介绍部分是向读者说明报告主要内容的部分,对于不需要深入研究报告的人员来说看介绍部分即可了解调查的概况。同时介绍部分也提供了深入阅读全文的检索方法和主要提示。调查报告的介绍部分应包括封面、目录、摘要、调查概况和主要结论。

(2) 正文部分。正文是调查报告的核心部分,一般由开头、主体、结束语三部分组成。这是市场调查报告中的主要内容,是表现调查报告主题的重要部分。这一部分的写作直接决定调查报告的质量高低和作用大小。主体部分要客观、全面地阐述市场调查所获得的材料、数据,用它们来说明有关问题,得出有关结论;对有些问题、现象要作深入分析、评论等。总之,主体部分要善于运用材料来表现调查的主题。

(3) 附件部分。附件是指调查报告正文包含不了或没有提及,但与正文有关必须附加说明的部分。它是对正文报告的补充或更详尽说明。附件主要包括调查方案、抽样技术方案、调查问卷、数据整理表格、数据分析表格和其他支持型材料。

2. 市场调查报告的内容

市场调查报告一般包括以下内容。

(1) 封面。封面部分一般包括项目名称(标题);调查单位名称、地址、电话号码、网址和 E-mail;报告接受人或组织;报告提出日期等,如图 10-1 所示。

一般来讲,封面是书面文件的"第一印象",市场调查报告也不例外。市场调查报告封面的设计一定要与调查项目所涉及的领域、主题相吻合,体现出鲜明的专业形象,这样才能够引发阅读者的兴趣和好奇心。报告标题语言使用应该简洁明了,标题内容必须清楚地说明是关于什么的报告。如果属于机密,一定要在封面某处表明,同时要标明档案号或成果号,以方便管理或查阅。

```
┌─────────────────────────────┐
│   2020 年上海市居民餐饮消费情况   │
│          调 查 报 告            │
│                             │
│  调查单位_____      │
│  通信地址_____      │
│  电话_____        │
│  E-mail_____        │
│  报告提出日期_____     │
│  报告主送单位_____     │
└─────────────────────────────┘
```

图 10-1　市场调查报告封面

标题的写法一般有以下三种形式。

① 直叙式标题。直叙式标题指反映调查意向或指出调查地点、调查项目的标题。例如,《北京市中高档商品房需求的调查》等。

② 总结式标题。总结式标题指表明观点式标题,即直接阐明作者的观点、看法,或对事物作出判断、评价的标题。如《当前我国汽车产能过剩不容忽视》。

③ 提问式标题。提问式标题指以设问、反问等形式,突出问题的焦点和尖锐性,吸引读

者阅读、思考。如《城市居民为什么热衷于储蓄而不消费》。

（2）摘要。报告摘要又称经理览要。这部分内容主要是为没有大量时间充分阅读整个报告的经理主管人员准备的，它在整个报告中的地位非常重要。另外，也有一些阅读者不具备太多专业知识，同时对复杂论证过程也不太关注，他们只想尽快见到调查报告的主要结论，以及知道应该进行怎样的市场操作。所以，报告摘要的书写也是非常重要的一环。一般来讲，报告摘要的书写有以下要求：从内容来讲，要做到清楚、简洁和高度概括，其目的是让阅读者通过阅读摘要不但能了解本项目调查的全貌，同时对调查结论也有一个概括性的了解；从语言文字来讲，应该通俗、精练，尽量避免应用生僻的字句或一些专业性、技术性过强的术语。摘要是市场调查报告中的内容提要。

摘要包括的内容主要有为什么要调查；如何开展调查；有什么发现；其意义是什么；如果可能，应在管理上采取什么措施等。摘要不仅为报告的其余部分规定了方向，同时也使管理者在评审调查的结果与建议时有一个大致的参考。

报告摘要举例如下。

中药在瑞士的市场前景调查报告摘要

本报告描述的是关于中药在瑞士市场的前景调查的结果，我们组织的这次调查从以下几个方面对市场前景作出分析。

（1）市场容量。瑞士是一个仅有700万人口的小国，人口数量虽少，但医疗卫生和社会保险体系非常发达，作为一个高工资、高福利的国家，瑞士在医药卫生方面的开支相对较高，且20年来一直持续上升。瑞士人口老龄化严重（65岁以上人口占总人口的15%），从整个社会的情况来看，多数老年人生活优裕富足，因此，除一般的治疗型药物外，对名类保健型药物有着长期稳定的需求。瑞士本身是一个医药生产大国，拥有世界领先的医药化学技术和诺华、罗氏等著名医药化工生产企业，药品种类相对集中于特定领域，抗病毒药、呼吸系统疾病药物、头孢类抗生素、皮肤病药、骨科疾药、心血管病药等，这些药品生产企业的主要导向是出口。据统计，瑞士十大化工医药企业的产品总量中仅3%供应瑞士市场，其他均出口到世界各大洲。而瑞士市场上外国进口药占据很大比例，主要是美国和欧洲产品。

（2）市场前景。瑞士药品市场容量不大，竞争非常激烈。那么，传统中药品种即使在瑞士成功注册，最终又能否为瑞士人所接受和认同，从而进一步推广呢？对这一点，也必须先期作出市场预测。随着东西文化、科学交流的增多，中药的疗效已开始为越来越多的西方人所认同。例如，在瑞士，人们对人参已不陌生，包括制药业巨子罗氏公司在内的数家瑞士制药企业均已研制生产出人参胶囊，市场销售情况良好。早在1969年，瑞士就创办了"瑞士针灸及中医协会"，该协会由瑞士一批对中国传统医学感兴趣的医药界人士发起和组织，目的在于研究和推广中国医术、针灸等。另外，在瑞士的数家药店中，已有中药在长期销售。

（3）产品价格。瑞士物价总水平高，药品也不例外，相同品质同类西药的售价通常比中国市场上高出数倍。所以，中国药品一旦进入瑞士市场，将可望获得充足的利润空间，同时也有助于提高中国对瑞士出口产品的附加值。

（3）报告目录。跟我们的教材一样，市场调查报告也需要有一个非常清晰的目录，目的也是方便阅读和查询资料。市场调查报告的目录应该包含调查活动的各项内容，通常要求列出各项内容的标题、副标题名称及页码。市场调查报告的结论部分内容较多，又非常重要,为了方便阅读,可将其分项编排到目录中。整个目录的篇幅不宜过长,以一页为宜。

有些报告为了适应不同的阅读者,会在里面应用大量的图表、附录、索引和展品,可以单独为这些内容编制一页目录,做法和前面的目录相似,列出图表号、名称及在报告中所在的页码。调查报告目录举例如下。

<h2 style="text-align:center">调查报告目录</h2>

(4) 引言。调查报告的引言也称"序言",是书面报告正文的开始,这一部分内容主要是说明问题的性质,简述调查目标和具体调查问题,并对报告的组织结构进行概括。其作用是向报告阅读者提供进行市场研究的背景资料及其相关信息,如企业背景、企业面临的市场营销问题、产品市场现状、调查目的等,使阅读者能够大致了解进行该项市场调查的原因和需要解决的问题,以及必要性和重要性。

引言部分内容可能会与调查报告中的其他部分出现重复,一般来讲,编写者要注意详略得当。引言部分尽量高度概括,其他部分可以展开详细描述。引言举例如下。

关于中国羊绒制品市场前景调查报告中的引言

中国是世界最大的羊绒生产国,产量占世界的 2/3 以上。1980 年中国羊绒产量为 4 005 吨,2001 年中国羊绒产量为 10 968 吨,为 1980 年产量的 2.74 倍,年平均增长 4.4%。中国质量最好的羊绒产自内蒙古西部的鄂尔多斯草原和乌拉特草原,这是内蒙古羊绒主产区之一。

多年来,国内羊绒原料及制成品的出口量一般占销售总量的 60% 以上,但是,出口量波动大,出口价格差别也很大。1997 年羊绒平均出口价为每千克 67 美元,1998 年降为 52 美元,1999 年降为 47 美元,2000 年升为 80 美元,2001 年回落为 77 美元。中国年出口羊绒衫 800 多万件,价值近 6 亿美元,平均每件 62.5 美元,折合人民币 517 元,低于目前国内市场中高档羊绒衫的价格。

羊绒的主要进口国和地区是美国、日本、欧盟。因国际市场波动较大,羊绒制品的外销订单预期不会有大幅增长。受全球宏观经济趋紧的影响,加上 1999 年和 2000 年国内羊绒制成品出口量较多,超过了国际市场正常的需求量,致使外商形成库存。此外,部分企业将含绒量较低的劣质羊绒制品出口到国外,引发多起退货索赔事件,导致外商进货十分谨慎……

目前国际市场上的羊绒衫有 3/4 是中国产品,但真正挂中国品牌的不到 20%。中国有资源优势、产品优势,却没有品牌优势。更为严重的是,国内羊绒企业几乎完全依靠代理商出口,形成多头出口,以量取胜,压价竞销,使中国羊绒制品在国际市场上的售价一直高不起来,羊绒制品的价格仅仅是英国苹果牌羊绒制品的 1/4,是意大利劳罗皮亚娜牌羊绒制品的 1/3,将利润水平压低到了最低,有时不得不亏本履约,而外商则坐收渔人之利。

(5)调查技术与样本描述。在调查技术与样本描述部分,阅读者应该能大致了解到调查目的是如何逐步实现的。本部分主要在对整体方案概括的基础上,对调查方案实施中所采用的方法及样本抽取过程进行翔实、客观、公正的记录。其具体内容包括调查所需信息的性质、原始资料和二手资料的收集方案、问卷设计、标尺技术、问卷的预检验和修正技术、抽样技术、信息的收集、整理和分析、应采用的统计技术以及缺失值的处理方法等。考虑到阅读者的情况,报告的撰写者应当尽量将这些内容以一种非专业性的、易理解的文字表述出来,如果有非常专业的内容,则应放在附录里。

这个部分可以包括对二手资料收集过程的描述,主要目的是描述获得原始资料的方法,并说明采用这些方法的必要性,比如为什么要采用焦点小组方法。如果信息的收集用到抽样调查,应该说明实施的是概率抽样还是非概率抽样,为什么采用这种抽样方式,目标总体的定义(地区、年龄、性别等)是什么,采用的抽样框是什么。总之,要有足够的信息使阅读者判断样本资料的准确性和代表性。调查技术与样本描述举例如下。

调查技术与样本描述

此次《中国最具影响力的科技领袖》调查,共发出选票 135 张,收回有效选票 110 张,选票回收率 81.5%。

候选人:本次调查的候选人名单由本刊编辑部与业内学者、专家共同推荐,60 位候选人为 2001—2002 年度国内著名科技企业的最高领导者。

评选人：此次填写有效选票的评选人来自四个领域，包括IT企业的中高层管理人员、工程技术人员；业界人力资源专家，高等院校知名学者、教授；证券、投资分析师；国内主要财经、IT媒体总编、主编和首席记者。

参与本次调查的部分企业：IBM(中国)、联想、网通、清华同方、思科(中国)、爱立信、神州数码、SAP、趋势科技、三星电子、环球资源。

参与本次调查的部分专家学者来自：北京大学光华管理学院、中国人民大学金融系、中央财经大学。

参与本次调查的国内主要财经类媒体高层来自：《中国经营报》《21世纪经济报道》《经济观察报》《三联生活周刊》、北京电视台。

选票计算：候选人总得票数由四个分项提名次数相加得出，每个分项中候选人的提名先后顺序权重相同，四个分项指标权重相等，由此统计计算出得票最高的前20位科技领袖。四个分项指标的统计也由提名次数相加得出，由此计算出每一项得票最高者。

(6) 调查结论、建议与局限。这一部分是调查报告的主要内容，也是阅读者最为关注的部分。在这里，调查人员要说明调查获得哪些重要结论，根据调查的结论应该采取什么措施。结论和建议应当采用简明扼要的语言，使读者明确题旨，加深认识，能够启发读者思考和联想。

调查结论与建议一般有以下几种表现形式：①说明，即经过层层剖析后，综合说明调查报告的主要观点；②推论，即在对真实资料进行深入细致的科学分析的基础上，得出报告的结论；③建议，即通过分析，形成对事物的看法，在此基础上，提出建议和可行性方案；④展望，即通过调查分析展望未来前景。

调查结论与建议部分包含的内容可能有市场规模、市场份额和市场趋势，也可能是一些只限于形象或态度的资料。为了使结论的表现更加鲜活，更能吸引阅读者的注意，市场调查报告要有一定程度的一般化概括，可以借鉴数据图表资料以及相关的文字说明，同时对图表中数据资料所隐含的趋势、关系或规律也应该加以客观地描述和分析。对于一些重点内容可以引用一些权威资料，以增加市场调查结论的可靠性与科学性。

结论有时可与调查结果合并在一起，但要视调查项目的大小而定。一般而言，如果调查项目小、结果简单，可以直接与调查结果合并成一部分来写。如果调查项目比较大、内容多，则应分开写为宜。

重要术语 10-2

市场调查的局限性

市场调查的局限性是指在市场调查活动中，由于调查时间、调查组织及调查实施上的种种限制，可能会使调查结论存在一定的误差，有些误差可能较小，有些可能比较严重。

作为市场调查报告的编写人员一定要充分考虑局限性，并进行详细披露。这样做，一方面可以降低自己的职业风险；另一方面也提醒管理决策人员注意不要过分地依赖调查结果，或将结果用于其他项目。

课堂讨论：调查局限性的说明在报告中是可有可无的吗？

（7）附件。调查报告附件一般是指报告正文中没有提及，但与正文有关、必须加以说明的部分。附件主要体现为资料的列示。如市场调查活动中的所有技术性细节，也可包括信息来源、统计方法、详细表、描述和定义以及相关的参考文献等。

拓展阅读 10-1

市场调查报告编写中经常出现的问题

篇幅过长：报告篇幅过长会导致"信息超载"，使阅读者很难有信心阅读下去。

解释不充分：调查者只是简单重复一些图表重的数字，而不进行解释工作。

偏离目标：报告中堆满了大量与调查目标无关的资料。

过度使用定量技术：过度使用统计技术资料常常会引发阅读者对调查报告质量的怀疑。

虚假的准确性：在一些小样本中，引用数字保留两位以上小数，将造成对准确性的错觉。

调查数据单一：调查重点集中在单一数据上，并依次回答客户的决策问题。

资料解释不准确：调查者在进行资料解释时出现了错误。

虚张声势的图表：一些艺术化的图表尽管引人注目，但却不能履行它的使命。

（资料来源：小卡尔•迈克丹尼尔.当代市场调研[M].范秀成，译.北京：机械工业出版社，2000.）

 课堂自我测评

测评要素	表现要求	已达要求	未达要求
知识目标	能掌握市场调查报告的含义		
技能目标	能初步认识市场调查报告的结构与内容		
课程内容整体把握	能概述并认识市场调查报告的框架		
与职业实践的联系	能描述市场调查报告的实践意义		
其他	能联系其他课程、职业活动等		

10.2 市场调查报告编写

任务提示：这是市场调查报告编写学习的第二课。认识市场调查报告的编写要领以及编写工作的基本要求，特别是从市场调查活动实践意义的角度认识市场调查报告编写的注意事项，在此基础上，认识市场调查报告编写工作的原则要求，并理解市场调查报告编写工作步骤。

重点难点：市场调查报告的原则、步骤与基本要求。

在调查报告编写之前，调查人员应该与项目委托人进行良好的沟通，以了解其对调查报告的预期，如报告的形式、最希望获取的信息、最期待的结论、最不想看到的结论等。只有掌握了这些信息,调查人员在编写报告时才有可能最大限度地满足委托人的要求。但是,这并不意味着调查人员一定要迎合委托方的要求而放弃职业操守。对于委托方关注的问题重点叙述,相关内容也不应该遗漏或忽视;对于委托方最不愿意看到的结论,调查人员一定要严格遵守职业道德,如实披露。但可在文字处理上讲究策略,采取谨慎的态度,使委托人能够接受为宜。

10.2.1　市场调查报告编写的原则

市场调查报告编写应遵循以下原则。

1. 客户导向

市场调查报告为客户而写,为客户服务,替客户解决实际问题,通过报告实现市场调查与客户间的有效沟通,满足客户的咨询需求。

2. 实事求是

市场调查报告必须符合客观实际,以客户价值为第一目标,坚持科学调查、科学分析得出结论,而不能为迎合客户胃口,挑他们喜欢的材料写,或者为其他商业利益弄虚作假。

3. 突出重点

市场调查报告在全面系统地反映客观事物的前提下,突出重点,尤其是突出调查目的,实现报告的针对性、适用性,提高报告的价值。

4. 精心安排

整个市场调查报告要精心组织,妥善安排其结构和内容,给人以完整的印象;报告内容简明,写作风格有趣,图表数字表达准确。

◉ 思政园地 10-1

新时代的航天精神

为国担当是航天精神的价值核心。对于航天人来说,祖国的需要就是人生的选择。航天人始终以献身航天、科技报国为己任,把强烈的爱国情怀体现在岗位上,落实在行动中。

大力协同是航天工程的显著特征。航天工程是规模宏大、高度集成的系统工程,涉及的科学领域广泛,参与的单位和人员众多。以载人航天工程为例,工程涉及众多技术领域,全国数千个单位、十几万科技大军参与其中。只有团结协作、同舟共济,才能将最优势的力量、最宝贵的资源凝聚在一起。在航天事业发展的每一个历史阶段和重大转折关头,航天人都提倡讲大局、讲原则、讲风格、讲团结,提倡互谅互让、主动支援、主动担责,引导科研人员牢固树立整体观念、全局观念和"一盘棋"思想,培育形成了完备的系统工程管理思想、理论和方法。正是依靠大力协同、同舟共济的团队精神,我们才能在短时间内取得历史性突破,实现了"一代人干成了几代人的事"的壮举。

自主创新是航天精神的灵魂所在。创新是一个民族进步的灵魂,是一个国家兴旺发达的不竭源泉,也是中华民族最鲜明的民族禀赋。航天事业起步时,有人讥笑中国:"中国人穷得连裤子都穿不上,还搞导弹!"然而,中国航天人"人穷志不短",硬是靠自己的双手把导弹研制出来了。正是靠着航天人这种自强自信、勇于创新的精神,使我们取得了一个又一个航天辉煌成就。从"两弹一星"到"载人航天"再到"探月工程"所取得的成就,最根本的一点,就是中国航天事业始终坚持自力更生、自主创新。

勇攀高峰是航天人的不懈追求。航天人勇于登攀的进取精神,体现在为了祖国的航天事业不畏艰险的顽强拼搏上,体现在刻苦攻关不断攀登世界航天技术的新高峰上,体现在开拓创新不断创造航天事业发展的新成就上。勇攀高峰是航天人远大的志向、顽强的精神和无所畏惧、勇往直前的英雄气概的彰显。众所周知,航天科技是技术密集度高、尖端科技聚集的高科技事业,难度大、风险大。我国航天事业之所以能够取得举世公认的巨大成就,与航天人勇于攀登的拼搏精神和进取意识密不可分。航天人面对科技高峰不畏难,面对尖端技术敢攻关,以强烈的事业心和进取心,勇于创新,铸造一流,追求卓越,奋力占领航天科技的制高点。

问题:

(1) 为什么说协作、创新、勇攀高峰是新时代航天精神的概括?

(2) 作为一项团队活动,市场调查应该借鉴哪些航天精神?

10.2.2 市场调查报告编写的步骤

市场调查报告的编写工作主要有以下几个步骤。

1. 明确市场调查的目的、方法和实施情况

这是撰写市场调查报告的第一步。每一份市场调查报告都有明确的撰写目的和针对性,即反映情况、指出原因、提出建议,从而为社会或企业的决策部门制定或调整某项决策服务。而市场调查报告撰写的目的,其依据或实质就是市场调查的目的,两者具有一致性。

因此,在撰写市场调查报告前,明确市场调查目的,市场调查报告才能紧扣主题,揭示出的内容才真正符合需要。

除了明确市场调查目的外,一份完整的市场调查报告还必须交代该项市场调查所采用的方法,比如选样、资料收集、统计整理是怎样进行的等;还必须陈述该项市场调查具体的实施情况,比如有效样本数量及分布、操作进程等。因此,在撰写市场调查报告前,掌握市场调查的方法以及实施情况也是必不可少的。

2. 落实写作材料

一份市场调查报告是否具有较高的决策参考价值,很大程度上取决于它在写作时拥有材料的数量及质量。

整理与本次调查有关的一手资料和二手资料,还必须对所取得的各种相关资料加以初步的鉴别、筛选、整理以及必要的补充,从质量上把好关,争取使撰写的材料具有客观性、针对性、全面性和时效性。

整理统计分析数据,要认证研究数据的统计分析结果,可以先将全部结果整理成各种便于阅读比较的表格和图形。在整理这些数据的过程中,对调查报告中应重点论述的问题自然会逐步形成思路。

对难于解释的数据,要结合其他方面的知识进行研究,必要时可针对有关问题找专家咨询或进一步召开小范围的调查座谈会。

值得指出的是,准备落实材料时,切忌遗漏以下两方面。

(1)忽视对反面材料的收集。在各类调查尤其是产业调查、销售渠道调查及消费者调查中,不注意听取反面意见而导致决策失误的教训是很多的。

对于客观存在的反面意见,如果不注意听取,这种市场调查所取得的材料,不仅是不全面的,而且是虚假的,其危害程度比不进行调查还要严重。

(2)重视经营活动的微观材料,忽视经济背景的宏观材料。市场调查涉及的内容,一般是围绕一类或一种产品或某一市场营销活动进行的微观调查。通过微观调查得出的结论,尤其是其中的对产品市场或对该营销活动的预测性意见,如果不根据经济背景的宏观材料进行检验或校正,往往会出现偏差。

3. 确定报告类型及阅读对象

调查报告有多种类型,如一般性报告、专题性报告、研究性报告、说明性报告等。一般性报告就是对一般调查所写的报告,要求内容简单明了,对调查方法、资料分析整理过程、资料目录等作简单说明,结论和建议可适当多一些;专题性报告是为特定目的进行调查后所写的报告,要求报告详细明确,中心突出,对调查任务中所提出的问题作出回答;研究性报告是指针对某一方面问题进行研究所写的报告,要求详细收集资料并进行分析,澄清事实真相,判明问题的原因与性质,并提出解决办法;说明性报告是指针对某一事物进行说明的报告,这种报告是以正在发生、发展的一些现实生活为对象进行调查后所形成的,人们可以通过它了解和认识事物的客观情况。

一般情况下,为企业所作的调查的报告大部分是一般性报告和说明性报告。

此外,编写调查报告还必须明确阅读对象,阅读对象不同,他们的要求和所关心的问题的侧重点也不同。比如调查报告的阅读者是公司的总经理,那么他主要关心的是调查的结论和建议部分,而不是大量的数字分析等。但如果阅读的对象是市场研究人员,他所要了解的是这些结论是怎么得来的,是否科学、合理,即他更关心的是调查所采用的方式、方法,数据的来源等方面的问题。所以在撰写报告前要根据具体的目的和要求来决定报告的风格、内容和长短。

4. 构思报告

撰写市场调查报告与其他报告或写作一样,在动笔前必须有一个构思过程,也就是借助调查所收集的资料,初步认识调查对象,经过判断推理提炼出报告主题。在此基础上,确立观点,列出论点和论据,考虑文章的内容与结构层次,拟定提纲。

(1)借助调查所收集的资料,初步认识调查对象。也就是说,通过调查所获得的来自客观的数据信息以及其他相关材料,初步认识调查对象。在此基础上,经过对调查对象多侧面、多层次的深入研究把握调查对象的一般性规律。

(2)提炼报告主题。也就是说,在认识调查对象的前提下确立主题,即报告的主基调。主题的提炼是构思阶段异常重要的一环,其准确与否直接关系到最终报告的方向性。因此,主题的提炼应力求准确,在此基础上还应该深刻、富有创见性。

(3)确立观点、列出论点和论据。在主题确立后,对收集到的大量资料,经过分析研究,逐渐消化、吸收,形成概念,再通过判断、推理把感性认识提高到理性认识,最后列出论点、论据,得出结论。

（4）考虑文章的内容与结构层次。在以上环节完成之后,构思基本上就有个框架了。在此基础上,考虑报告正文的大致结构与内容,一般来说应考虑的基本内容包括调查出的及所要解决的问题;调查采用的方法与技术;调查所获得的主要数据或信息以及这些数据或信息说明什么问题,理由是什么;解决问题的建议及理由,考虑相应的文章结构层次。通常而言,报告一般分为3个层次,即基本情况介绍、综合分析、结论与建议。

5. 选择材料

市场调查报告的材料可分为两种:一种是从调查中获得的,但还未经整理、鉴别、筛选的材料,这是素材;另一种是通过整理、鉴别、筛选后写进文章的材料,这是题材。

应当指出的是,市场调查报告的材料同一般文章尤其是文学作品的材料不同。市场调查报告的题材是对素材进行审核鉴定、整理统计、分析综合而成的,绝不允许"艺术加工"。市场调查报告材料的选择应十分严格,特别要注意以下几点。

（1）材料的真实性。对写进文章的材料,必须进行去粗取精、去伪存真的选择。

（2）数据的准确性和精确性。市场调查报告往往是从数据中得出观点,由数据来证实观点,因此数据的差错或不精确,必然影响观点的正确性。

（3）材料要有个性。写进调查报告的材料,主要应当是这一个项目在这一次调查中发现的有价值的材料。如果材料缺乏个性,那么调查报告也失去了应有的价值。

6. 编写市场调查报告

在落实材料的基础上,根据规范要求编写市场调查报告,并组织好市场调查报告必需的附件,附在报告后面。

 拓展阅读 10-2

调查报告编写中的技巧

（1）行文立场。调查人员的道德风险是报告行文立场的一个重要影响因素,所以,在编写调查报告时,调查人员要有严格的职业操守,尊重事实,反映事实。

（2）语言要求。调查报告的语言应该精确、凝练,任何不必要的东西都应该省略。报告中使用的文字和语句必须简洁、清晰、贴切、通俗、流畅。

（3）文法要求。市场调查报告主要用概括叙述,概略地陈述调查过程和情况,不需要对事件的细枝末节详加铺陈。市场调查报告的叙述主体是写报告的单位,叙述中用第一人称"我们"。为行文简便,叙述主体一般在开头部分中出现的,以后各部分中可省略。

（4）形式要求。为了加强调查报告的可读性,可以在报告中适当地插入图、表、画片及其他可视性较强的表现形式。但是,数量不应过多,否则会出现喧宾夺主的情形。

（5）逻辑要求。调查报告应该结构合理、逻辑性强。调查报告的书写顺序应该按照调查活动展开的逻辑顺序进行,做到环环相扣,前后呼应。

（6）外观要求。调查报告的外在视觉效果也是吸引阅读者兴趣的关键所在。调查报告中所用字体、字号、颜色、字间距等应该细心地选择和设计,文章的编排要大方、美观、有助于阅读。另外,调查报告应该使用质地好的纸张打印、装订,封面应选择专门的封面用纸。

思政园地 10-2

中国市场研究需要创新

看看飞利浦在纽约、伦敦或东京的商店里出售的电动剃须刀,它们看起来都很相像。但去上海或者像烟台这样的中国城市,你会看到一些不同的东西。在那里,产品设计源自当地创新,并且是为中国消费者量身打造的。

一家跨国公司愿意调整其产品来服务一个大市场,这不足为奇。正如飞利浦的一名高管所说,中国一个二线城市拥有的潜在市场可能都比大多数欧洲国家更大。令人惊讶的是,一些跨国公司不觉得有必要在许多大国进行这种市场特异性创新,但在中国却这样做了。

过去三年来,研究人员进行了两项企业创新的大规模代表性调查。第一项研究调查了八个国家的创新做法,其中大多数是高度发达国家。第二项研究专门针对中国的创新实践,包括在中国从事业务的本国企业和外国企业的创新实践。调查发现,在中国,创新是截然不同的。在世界其他市场,各企业采取了一种相似的企业创新方式。但在中国从事经营的企业,不管是本国的还是外国的,在市场中都选择了一条不同的道路。在这个市场里,快速增长正在为许多行业带来大量新客户,而先进的数字基础设施,包括各种数字平台,提供了接触客户的手段。

针对中国市场的产品创新,反映了一种让创新思想更贴近客户的取向,从而推动更加以市场为主导的创新。这种情况不仅发生在制造业和消费品领域,也发生在其他许多产业中。

研究表明,在某种程度上,选择这种创新方式本身就是市场驱动的。即使在中国国内,企业在为国内市场从事生产时会比它们从事出口时进行更多的市场主导创新。平均来说,同它们将所有产品用于出口的时候相比,在完全为国内消费从事生产时,它们使用的市场主导创新资源要多46%。

许多在华经营的外国企业还必须学会开发利用中国丰富的数字平台。中国有着世界上最先进的数字平台。即使是该市场的新手,比如地板护理产品生产商、总部设在美国的必胜公司,也学会了利用淘宝直播平台掌握客户的想法和需求,从而在新冠疫情期间保持了面对困境的复原能力。

中国的市场是如此与众不同,中国市场研究需要的创新也是如此。

问题:

(1) 中国市场表现怎样?

(2) 为什么说中国市场研究也需要创新?

10.2.3　市场调查报告提交的方式

市场调查报告征得各方意见并进行修改后就可以定稿并提交。市场调查报告提交的方式主要包括书面提交与口头提交。

1. 书面提交

调查人员将定稿后的调查报告打印为正式文稿,而且要求对报告中所使用的字体、字号、颜色、字间距等进行细心选择和设计,文章的编排要求大方、美观、有助于阅读。另外,报告应该使用质地较好的纸张打印、装订,封面应选择专门的封面用纸,封面上的字体大小、空白位置应精心设计,因为粗糙的外观或一些小的失误和遗漏都会严重影响阅读者的兴趣,甚至信任感。

如果市场调查项目是由客户委托的,则往往会在报告的目录前面附上提交信(即一封致客户的提交函)和委托书(即在项目正式开始之前客户写给调查者的委托函)。一般地说,提交信中可大概阐述调查者承担并实施项目的大致过程和体会(但不提及调查的结果),也可确认委托方未来需要采用的行动(如需要注意的问题或需要进一步做的调查工作等)。而委托书则授权调查者承担并实施调查项目,并确认项目的范围和合同的时间内容等。有时候,提交信中还会说明委托情况。

2. 口头提交

绝大多数市场调查项目在准备和递交书面报告之前或之后都要作口头陈述,它可以简化为在使用者组织的地点与经理人员进行的一次简短会议,也可以正式到向董事会作报告。不管如何安排,有效的口头陈述均应以听众为中心,充分了解听众的身份、兴趣爱好、教育背景和时间等,精心安排口头陈述的内容,将其写成书面形式,也可以使用各种综合说明情况的图表协助表达;可以借助投影仪、幻灯片或大型图片等辅助器材,尽可能"直观地"向全体目标听众进行传达,以期取得良好的效果。

如有可能,应从市场调查人员当中抽选数人同时进行传达,各人可根据不同重点轮流发言,避免重复和单调。而且,还应留出适当时间,让听众有机会提出问题。

 课堂自我测评

测 评 要 素	表 现 要 求	已达要求	未达要求
知识目标	能掌握市场调查报告编写的原则		
技能目标	能初步认识市场调查报告编写的步骤		
课程内容整体把握	能概述并认识市场调查报告编写的基本技巧		
与职业实践的联系	能描述市场报告编写的实践意义		
其他	能联系其他课程、职业活动等		

 10.3　市场调查报告跟进

任务提示:这是市场调查报告编写学习的第三课。认识市场调查报告跟进工作的具体内容,特别是从市场调查活动实践意义的角度认识市场调查报告跟进的重要作用及其特点,在此基础上,认识市场调查报告跟进工作的具体要求,并理解市场调查报告跟进工作的意义。

重点难点:市场调查报告的自评、完善、解释。

　　完成调查报告的编写后应该明白:精心的服务将创造后续的销售机会。对于专业从事市场调查的公司来说,还需要做好市场调查报告的跟进工作。

　　专业从事市场调查的公司在服务的过程中会接触大量的客户。签约仅仅代表客户关系的开始,如果不能保障良好的后续服务,就很难留住客户。为客户服务的第一要务就是做好市场调查报告的跟进工作。市场调查报告跟进主要包括市场调查报告自评、市场调查报告完善、市场调查报告解释等工作。

10.3.1　市场调查报告自评

1. 评价报告由来和背景

　　报告中应该写明项目提出的由来和理由,项目的提出者和委托者,项目的承担者等。评价这一部分的表格内容如表 10-1 所示。

表 10-1　项目背景评价表

项目名称:　　　　　　　　　　年　月　日　　　　　　　　委托单位:

序号	评价项目	问　　题	评价结果
1	项目由来	报告是否清楚地描述项目的提出和委托者?	
2	项目目的	报告是否清楚地描述项目的目的和应该完成的任务?	
3	项目执行	报告是否清楚地描述项目的承担者?	
4	⋮		

2. 评价报告中市场调查设计

　　报告中应清楚地描述市场调查的规划、所用的方法、对象和样本、分析技术等。这些设计内容应该是与调查目标相适应的。评价这一部分时应注意的主要问题如表 10-2 所示。

表 10-2　市场调查设计的评价

项目名称:　　　　　　　　　　年　月　日　　　　　　　　委托单位:

序号	评价项目	问　　题	评价结果
1	总体	是否有一个完整的、描述清楚的调查设计?	
2	目的	调查设计是否与市场调查项目的目的相一致?	
3	设计技术	调查设计中是否存在会导致产生偏差的地方?	
4	设计技术	是否存在为了迎合赞助人而导致产生偏差的地方?	
5	设计技术	调查设计是否已对那些可能影响市场调查结果的各种外部因素进行控制?	
6	设计技术	被调查对象能否准确地回答调查设计所提出的有关问题?	
7	设计技术	调查设计中是否对该市场调查项目的市场调查对象作了精确的描述?	
8	设计技术	设计的调查样本结构是否能有效地代表该项目的市场调查对象?	
9	设计技术	调查报告是否具体阐明了所用样本的类别以及样本选择的方法?	
10	设计技术	市场调查报告是否具体描述了数据分析的方法?	
11	设计技术	报告的附件中是否已经包括了调查询问表、现场调查指导、抽样指导及其他一些能反映市场调查设计和实施过程的材料?	
⋮	⋮	⋮	

3. 评价市场调查过程的实施

评价这部分内容的主要操作是看各种信息是否由合格的人员,运用与市场调查目的相适应的、合适的方法,仔细地收集汇总。

评价这一部分内容的主要问题有:市场调查报告是否清楚地描述了资料收集过程? 是否包括了“质量控制”过程? 市场调查报告是否详细说明直接从中收集资料的样本部分? 具体的调查人员在收集资料的过程中是否采取措施,尽量降低可能发生的偏差?

4. 评价市场调查报告的可靠性和适用性

评价报告的可靠性要看样本规模是否已在报告中解释,而且,样本规模应该足够大,以便使收集的资料具有可靠性。市场调查报告的可靠性评价如表 10-3 所示。

表 10-3　市场调查报告的可靠性评价

项目名称:　　　　　　　　　　　年　月　日　　　　　　　委托单位:

序号	评价项目	问　　题	评价结果
1	样本规模	样本规模是否能够使所收集的资料具有较高的代表性和可靠性?	
2	误差控制	选样中可能产生的偏差是否已加以限制?	
3	误差说明	抽样过程中的误差是否得到说明?	
4	误差度来源	对主要的市场调查结果,其报告中所列的误差允许值是否直接基于市场调查所得的数据分析?	
5	资料时间	市场调查报告是否明确说明资料是什么时候收集的?	
6	结果运用	市场调查报告是否明确说明除了那些直接的资料,市场调查结果是否可供应用?	
7	对象代表程度	市场调查报告提供的资料中,是否说明了有些对象未被充分代表?	
8	调查限制	如果市场调查结果的使用有所限制,那么在报告中是否明确说明,或者什么事情,在什么时候,在什么条件下可供使用?	
⋮	⋮	⋮	

5. 评价解释和结论

评价这部分内容主要看调查报告中所涉及的所有假设、判断、结论、建议等是否做到了明确说明。评价这一部分时,应该注意的主要问题有:市场调查报告中所包含的内容是否采用简单明确、直接的语言进行说明? 报告中使用的测量方法是否合理? 是否把市场调查所得的各种真实资料同那些基于这些资料所作的解释进行公开与公正说明? 在分析某些事物产生的原因和预测发展趋势时是否严格按照事实根据客观公正地进行?

6. 评价报告的公正性

评价市场调查报告的公正性主要看报告是否对市场调查过程和结果进行诚实、公开、完整的叙述,应该注意的主要问题有:调查报告是否对市场调查的过程作了充分、直率的描述? 所有的相关资料或结果是否都得到了反映?

10.3.2　市场调查报告完善

通过对市场调查过程与结论的评价,我们要注意反馈回来的信息。这种反馈应该是多方面的和多向的。即不仅要反馈成绩,而且要反馈存在的问题;不仅要反馈市场调查实施过程中的情况,也要反馈结果出来后的情况;不仅要反馈总体方面的情况,也要反馈各局部的情况。

1. 接受企业的反馈

作为专业调查公司,当我们向客户解释调查结果后,应该由市场开发部与项目负责人一起倾听收集客户的反馈意见。由项目负责人汇总整理后,把用户的意见反馈给项目具体实施者。通过对项目结果的评价和反馈,使调查本身得到完善,动态优化整个市场调查工作。

2. 将自评结果反馈给调查结果使用者

作为客户企业,对调查结果的反馈会传达给调查公司内调查项目的具体实施者;而作为市场调查公司,也应该由项目执行者把有关情况反馈给使用者。通过反馈,一方面使有关各方对情况加深了解。另一方面也使调查者增加知识和经验,同时也十分有益于委托企业更好地应用调查结论,为做好经营决策工作、指导经营活动提供条件。

10.3.3 市场调查报告解释

市场调查人员在向委托方管理人员解释市场调查报告时,应做好以下工作。

1. 报告解释准备

(1)了解报告听众。在进行报告解释之前,市场调查公司负责报告解释的小组必须认真分析和了解听取报告对象的特点。既要掌握听众们的身份、文化水平、兴趣爱好,更要了解和掌握听众们的需要及其关注点,以及他们对市场调查问题的熟悉程度及以后对决策的参与程度等,从而为确定解释的内容、重点、形式等提供依据。

(2)精心准备解释报告的内容。解释市场调查报告要以市场调查的结果为基础,以准确解释有关情况为基本出发点。但是具体来说,针对不同的听众及其不同的要求,解释的内容、侧重点应该有所不同。

(3)编列解释内容大纲。在进行报告解释之前,应将解释的内容写成书面材料,并要有一个汇报大纲。这样,就能事先周密准备好汇报的内容,哪些是该解释的,哪些是不该解释的,能有充分的时间思考。有了书面材料,也能防止口头解释时忙中出错,使解释人心中有数。准备书面材料时,还可以对有些内容进行补充和进一步加工,使汇报更加完善。有时,口头解释用的书面材料也可以散发给听众,散发的时间可以在解释之前、之中,也可以在之后,应视具体情况灵活确定。

(4)进行解释前演练。在正式解释之前最好进行演练。演练是一种很好的准备过程,不但使解释人员熟悉汇报的内容,而且可以完善汇报的内容、形式。演练一定要和正式汇报一样对待,可以邀请部分专业人士对演练情况进行评估,也可以借用现代化的设备,比如录像机、录音机等,把演练情况实录下来,仔细进行分析,并给予改进完善。

2. 选择调查报告解释教具

经验表明,人们在听取市场调查报告解释时,借助某些直观教具的效果明显比不用直观教具好。

（1）选择字板。在解释地点树立一块用粉笔书写的黑板,解释人员在解释过程中随时书写一些重要的、疑难的或数字型的材料,使听众能够直观地了解市场调查报告。这是一种简单易用、采用较多的辅助手段。此外,磁性板或粘贴板也较多地被选用。它们的共同特点是能快速地把事先准备好的材料吸附或粘贴在板上演示出来,但使用的灵活程度不如黑板。

（2）选择翻板。设计由一定数量组成的、能自如灵活地一页一页翻转的、用特制的支架支撑的硬板纸子,事先把在解释过程中欲向听众展示的材料写或画在纸上,并按解释时的先后顺序排列好,在解释时,翻转到合适的页,即可向听众展示相应的辅助材料,使用方便,效果较好。为了加深听众的印象,可以在某些地方做一些彩色的记号,也可以在解释时让翻板出现空白的纸页,便于听众的注意力集中于解释者,也给解释人员以发挥的机会。

（3）选择投影仪。在解释报告时,利用投影仪把预先准备好的画面适时地在屏幕或墙上显示出来,所准备投影的内容可以是文字、图表,也可以是复杂的画面。此外,讲话者也可以即时地把所要显示的内容在投影用的塑料片上写下即可显示出来,它比粉笔在黑板上写要方便得多。

随着科技的发展,某些投影软片的内容,比如图表,可以用专门的计算及软件制作,并直接由计算机输出已制好的投影软片。目前,彩色的投影软片也已能制作,制作的方法日趋先进和方便,而实物投影器的问世和广泛使用,将使投影变得更为方便。

（4）选择幻灯片。把需要在解释时向听众展示的有关内容用照相机拍摄下来,制成幻灯片,在向听众作报告时用幻灯机投影出来,具有较好的效果。特别是彩色的效果更好。其不足之处是制作相对复杂,且不能在解释的同时像投影仪那样当场写下并投影出来。

（5）选择录放设备。摄录和放像设备的逐渐普及,使录放设备开始成为重要的直观教具。可以把需要在口头解释时向听众显示的有关内容摄制成带,解释时进行放映。这种手段比幻灯片又大大进了一步,效果更好。不过,其制作更复杂一些,代价也更大些。

随着科学技术的发展,多媒体技术将越来越普及,计算机的使用越来越广泛,采用多媒体辅助解释被广泛地应用,其使用效果将更好。

3. 解释报告的注意事项

（1）选择解释现场。要注意对解释现场的选择、布置。现场的大小应与出席人数相适应,过大或过小的场所均不利于取得好的效果。现场的空气、温度、光线都应精心布置。解释人的位置、听众的位置应布置得当。

（2）注意与听众的交流互动。要注意解释人在作解释时,切不可照本宣读、埋头读稿。解释人的眼睛要始终保持与听众的接触和交流,要学会抓住听众的注意力,语言要生动,注意声调、快慢、停顿等技巧的应用,还应该允许听众提问。

（3）合理运用肢体语言。要注意表情和形体语言的使用,表情要丰富,要富有变化;要恰当地应用各种形体语言,既配合口头的解释,使听众更好地理解有关信息,又能使解释生动有趣。

（4）注意结尾的完美。为了取得好的效果,要注意有一个强有力的结尾。此外,客户单位高层领导亲自到场,以显示解释的重要性,也对解释效果有较大益处。

（5）对调查报告负面结果的解释。在市场调查活动中,调查结果可能与委托方预期正好相反,这时,就出现了对负面结果的解释。市场调查人员应该采取不回避负面结果、客观公正的立场,如实汇报调查的负面结论。同时,只要有可能,在解释汇报时,也应列举一些正面的事实,避免使市场调查报告成为完全负面的结果。此外,要强调指出应采取哪些措施和对策,预防或减弱那些可能出现的问题。

 课堂讨论:调查报告解释人员回避了负面结果会有什么样的后果?

 拓展阅读 10-3

解释市场调查报告的意义

绝大多数市场调查项目要求市场调查者对其结果进行解释。

解释可以起到辅助书面报告的作用,帮助客户加深理解书面报告的内容,解释某些无法用书面语言阐述清楚的内容,回答客户心中的疑虑以及阅读书面报告后仍存在的问题。对某些仅采取口头报告形式作为市场调查结果的情况下,口头报告是否有效就决定了整个项目的效果。

不管在何种形式下,解释均占有十分重要的作用,决不能低估。特别是许多客户的经营管理人员,他们主要是根据听取解释所获得的信息作出决断的。

所以,专业调查公司必须对解释报告给予充分的重视。西方发达国家中,人们在开展市场调查时,项目的委托方和承担方都十分重视对项目结果的解释环节,这是值得我们借鉴的。

 课堂自我测评

测评要素	表现要求	已达要求	未达要求
知识目标	能掌握市场调查报告解释预测的含义		
技能目标	能初步认识市场调查报告解释的工作准备、技术		
课程内容整体把握	能概述并认识市场调查报告的解释工作		
与职业实践的联系	能描述市场调查报告解释的实践意义		
其他	能联系其他课程、职业活动等		

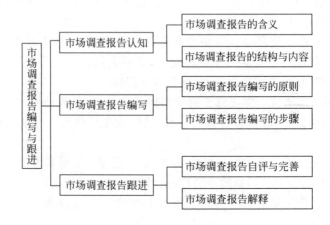 **任务 10 小结**

教学做一体化训练

重要术语

市场调查报告　市场调查的局限性

课后自测

一、单项选择题

1. 市场调查报告的特点不包括(　　)。

　　A. 针对性　　　　　　B. 新颖性　　　　　　C. 时效性　　　　　　D. 灵活性

2. 作为市场调查报告的编写人员,一定要充分考虑局限性,并进行(　　)。

　　A. 详细披露　　　　　B. 隐蔽处理　　　　　C. 淡化处理　　　　　D. 美化处理

3. 报告摘要又称经理览要,主要是为没有大量时间充分阅读整个报告的(　　)准备的。

　　A. 顾客　　　　　　　B. 消费者　　　　　　C. 管理人员　　　　　D. 上级部门

4. 调查人员的(　　)是报告行文立场的一个重要影响因素,调查人员要有严格的职业操守,尊重事实,反映事实。

　　A. 道德风险　　　　　B. 经营风险　　　　　C. 职业风险　　　　　D. 其他

5. 说明性报告是指针对某一事物进行说明的报告。这种报告是以正在发生、发展的一些(　　)为对象进行调查后所形成的。

　　A. 现实生活　　　　　B. 理想生活　　　　　C. 网络生活　　　　　D. 虚拟生活

二、多项选择题

1. 市场调查报告的特点有(　　)。

　　A. 科学性　　　　　　B. 针对性　　　　　　C. 及时性　　　　　　D. 纪实性

2. 关于编写市场调查报告的语言要求有(　　)。

　　A. 篇幅应该足够长

　　B. 语言应该精确、凝练

　　C. 可以面面俱到,使报告内容尽量完整无缺

　　D. 杜绝晦涩难懂的语句、俚语和陈词滥调

3. 市场调查报告在营销管理活动中的作用有(　　)。

　　A. 可作为委托方营销管理活动的参考文件

　　B. 证明调查人确实履行了合同

　　C. 可以用来衡量调查工作开展的质量

　　D. 可以作为企业历史资料供以后参考

4. 市场调查报告的外观要求有(　　)。

　　A. 所用字体、字号、颜色、字间距等应该细心地选择和设计

　　B. 文章的编排要大方、美观、有助于阅读

　　C. 封面选择专门的封面用纸

D. 报告的外观应当是专业化的

5. 市场调查报告的类型有(　　)。

A. 专题性报告　　　　B. 一般性报告　　　　C. 研究性报告　　　　D. 说明性报告

三、判断题

1. 市场调查报告中限制性或局限性的存在,会影响其信任度,所以报告中尽量不要披露。　　　　　　　　　　　　　　　　　　　　　　　　　　　　　　　　　　(　　)

2. 市场调查报告必须能像一个参考文件一样发挥作用。　　　　　　　　　　　(　　)

3. 市场调查报告中一些无关紧要的信息被称作"噪声超载"。　　　　　　　　　(　　)

4. 市场调查报告的结论是能够把研究结果有效地传达给读者的某一种或某一系列的陈述,而不是一定经过统计分析得出的数字。　　　　　　　　　　　　　　　　　(　　)

5. 市场调查报告中可以用大量的图表来代替文字性的说明工作。　　　　　　　(　　)

6. 市场调查报告的提交过程就是沟通的过程。　　　　　　　　　　　　　　　(　　)

四、简答题

1. 简述市场调查报告的含义。

2. 为什么说市场调查报告是衡量一项市场调查项目质量水平的重要标志?

3. 怎样理解市场调查报告的时效性和可以作为历史资料的说法?

4. 为什么说市场调查报告的编写要求较高?

5. 作为委托单位,如果要决定使用一份调查报告作决策依据,应该考虑哪些问题?

案例分析

ABC 市居民家庭饮食消费状况调查报告

为了深入了解本市市民家庭在酒类市场及餐饮类市场的消费情况,特进行此次调查。调查由本市某大学承担,调查时间是 20×5 年 7 月至 8 月,调查方式为问卷式访问调查,本次调查选取的样本总数为 2 000 户。各项调查工作结束以后,该大学将调查内容予以总结,其调查报告如下。

一、调查对象的基本情况

1. 样品类属情况

在有效样本户中:工人 320 户,占总数比例 18.2%;农民 130 户,占总数比例 7.4%;教师 200 户,占总数比例 11.4%;机关干部 190 户,占总数比例 10.8%;个体户 220 户,占总数比例 12.5%;经理 150 户,占总数比例 8.52%;科研人员 50 户,占总数比例 2.84%;待业户 90 户,占总数比例 5.1%;医生 20 户,占总数比例 1.14%;其他户型 260 户,占总数比例 14.77%。

2. 家庭收入情况

本次调查结果显示,从本市总的消费水平来看,相当一部分居民还达不到小康水平,大部分人的人均收入在 1 000 元左右,样本中只有约 2.3% 的消费者收入在 2 000 元以上。因此,可以初步得出结论,本市总的消费水平较低,商家在定价的时候要特别慎重。

二、专门调查部分

1. 酒类产品的消费情况

（1）白酒比红酒消费量大。分析其原因，一是白酒除了顾客自己消费以外，用于送礼的较多，而红酒主要用于自己消费；二是商家做广告也多数是白酒广告，红酒的广告很少。这直接导致白酒的市场大于红酒的市场。

（2）白酒消费多元化。

① 从买酒的用途来看，约 52.84% 的消费者用来自己消费，约 27.84% 的消费者用来送礼，其余的是随机性很大的消费者。买酒用于自己消费的消费者，其价格大部分在 20 元以下，其中 10 元以下的约占 26.7%，10~20 元的占 22.73%。从品牌上来说，稻花香、洋河、汤沟酒相对看好，尤其是汤沟酒，约占 18.75%，这也许跟消费者的地方情结有关。

从红酒的消费情况来看，大部分价格也都集中在 10~20 元，其中，10 元以下的占 10.23%。价格档次越高，购买力相对越低。从品牌上来说，以花果山、张裕、山楂酒为主。

送礼者所购买的白酒的价格大部分选择在 80~150 元（约 28.4%），约有 15.34% 的消费者选择 150 元以上。这样，生产厂商的定价和包装策略就有了依据，定价要合理，又要有好的包装，才能增加销售量。从品牌的选择来看，约有 21.59% 的消费者选择五粮液，10.8% 的消费者选择茅台。另外，对红酒的调查显示，约有 10.2% 的消费者选择 40~80 元的价位，选择 80 元以上的约 5.11%。总之，从以上的消费情况来看，消费者的消费水平基本上决定了酒类市场的规模。

② 购买因素比较鲜明。调查资料显示，消费者关注的因素依次为价格、品牌、质量、包装、广告、酒精度，这样就可以得出结论，生产厂商的合理定价十分重要，创名牌、求质量、巧包装、做好广告也很重要。

③ 顾客忠诚度调查表明，经常换品牌的消费者占样本总数的 32.95%，偶尔换品牌的消费者占样本总数的 43.75%，对新品牌的酒持喜欢态度的消费者占样本总数的 32.39%，持无所谓态度的消费者占样本总数的 52.27%，明确表示不喜欢的消费者占样本总数的 3.4%。可以看出，一旦某个品牌在消费者心目中形成，是很难改变的，因此，厂商应在树立企业形象、争创名牌上狠下功夫，这对企业的发展十分重要。

④ 动因分析。动因主要在于消费者自己的选择，其次是广告宣传，然后是亲友介绍，最后才是营业员推荐。不难发现，怎样吸引消费者的注意力，对于企业来说是关键。怎样做好广告宣传，消费者的口碑如何建立，将直接影响酒类市场的规模。而对于商家来说，营业员的素质也应重视，因为其对酒类产品的销售有一定的影响作用。

2. 饮食类产品的消费情况

本次调查主要针对一些饮食消费场所和消费者比较喜欢的饮食进行，调查表明，消费有以下几个重要的特点。

（1）消费者认为最好的酒店不是最佳选择，而最常去的酒店往往又不是最好的酒店，消费者最常去的酒店大部分是中档的，这与本市居民的消费水平是相适应的，现将几个主要酒店比较如下。

泰福大酒店是大家最看好的，约有 31.82% 的消费者选择它；其次是望海楼和明珠大酒店，都是 10.23%；然后是锦花宾馆。调查中我们发现，云天宾馆虽然是比较好的，但由于这个宾馆的特殊性,只有举办大型会议时使用,或者是贵宾、政府政要才可以进入,所以调查中作为普通消费者的调查对象很少会选择云天宾馆。

(2) 消费者大多选择在自己工作或者居所周围的酒店,在酒店的选择上有很大的随机性,但也并非绝对如此。例如,长城酒楼、淮扬酒楼,也有一定的远距离消费者惠顾。

(3) 消费者追求时尚消费,如对手抓龙虾、糖醋排骨、糖醋里脊、宫保鸡丁的消费比较多,特别是手抓龙虾,在调查样本总数中约占 26.14%,以绝对优势占领餐饮类市场。

(4) 近年来,海鲜与火锅成为本市饮食市场的两个亮点,市场潜力很大,目前的消费量也很大。调查显示,表示喜欢海鲜的约占样本总数的 60.8%,喜欢火锅的约占 51.14%,在对季节的调查中,喜欢在夏季吃火锅的约有 81.83%,在冬天的约为 36.93%,火锅不但在冬季有很大的市场,在夏季也有较大的市场潜力。目前,本市的火锅店和海鲜馆遍布街头,形成居民消费的一大景观和特色。

三、结论和建议

1. 结论

(1) 本市的居民消费水平还不算太高,属于中等消费水平,平均收入在 1 000 元左右,相当一部分居民还没有达到小康水平。

(2) 居民在酒类产品的消费上主要是用于自己消费,并且以白酒居多,红酒的消费比较少。用于个人消费的酒品,无论白酒还是红酒,其品牌以家乡酒为主。

(3) 消费者在买酒时多注重酒的价格、质量、包装和宣传,也有相当一部分消费者持无所谓的态度,对新牌子的酒认知度较高。

(4) 对酒店的消费主要集中在中档消费水平上,火锅和海鲜的消费潜力较大,并且已经有相当大的消费市场。

2. 建议

(1) 商家在组织货品时要根据市场的变化制定相应的营销策略。

(2) 针对消费者较多选择本地酒的情况,政府和商家应采取积极措施引导消费者的消费,实现城市消费的良性循环。

(3) 由于海鲜和火锅消费的增长导致城市化管理的混乱,政府应加强管理力度,对市场进行科学引导,促进城市文明建设。

(资料来源:宿春礼.市场推广管理文案[M].北京:经济管理出版社,2003.)

阅读材料,回答以下问题:

(1) 讨论报告的几个组成部分。

(2) 试着对每个部分作出评价。

(3) 如果你觉得结构与内容存在不当,你会修改哪些地方?

 同步实训

实训名称:市场调查报告编写。

实训目的:初步认识市场调查报告的编写技巧。

实训内容:学生分组,根据前期安排的小型调查,尝试编写一份市场调查报告,讨论并

　　分析其中的一些结构安排技术与核心内容确定的细节,讨论分析评价报告编写的满意度。

　　实训组织:学生分小组,根据不同市场调查目标及资料情况,讨论并整理,形成一份规范的市场调查报告;讨论这些报告的优缺点,并在各组之间分享。

　　实训总结:学生小组交流调查报告编写结果,教师根据讨论报告、PPT 演示、讨论分享中的表现分别给每组进行评价打分。

 # 学生自我学习总结

　　通过完成任务 10 的学习,我能够作如下总结。

一、主要知识点

> 任务 10 中主要的知识点如下。
> (1)
> (2)

二、主要技能

> 任务 10 中主要的技能如下。
> (1)
> (2)

三、主要原理

> 市场调查报告编写在市场调查活动中的地位与作用如下。
> (1)
> (2)

四、相关知识点

> 任务 10 涉及的主要相关知识点如下。
> (1) 市场调查报告与市场调查活动的关系是:
> (2) 报告编写技巧主要解决的特定问题有:
> (3) 报告解释主要解决的特定问题有:

五、学习成果检验

> 完成任务 10 学习的成果如下。
> (1) 完成任务 10 学习的意义有:
> (2) 学到的知识有:
> (3) 学到的技能有:
> (4) 你对市场调查报告编写的初步印象是:

参 考 文 献

[1] 伊冯娜・麦吉温.市场调研实务[M].李桂花,等译.北京:机械工业出版社,2017.

[2] 卡尔・迈克丹尼尔.市场调研精要[M].范秀成,杜建刚,译.北京:电子工业出版社,2015.

[3] 小卡尔・迈克丹尼尔.当代市场调研[M].10 版.李桂花,等译.北京:机械工业出版社,2018.

[4] V.库马尔.国际营销调研[M].陈宝明,译.北京:中国人民大学出版社,2005.

[5] 赵轶,韩建东.市场调查与预测[M].北京:清华大学出版社,2007.

[6] 赵轶.市场调查与预测[M].2 版.北京:清华大学出版社,2011.

[7] 赵轶.现代市场调查与预测[M].北京:高等教育出版社,2012.

[8] 赵轶.市场调查与分析[M].2 版.北京:清华大学出版社,2015.

[9] 赵轶.高职财经管理类专业工作过程导向课程开发[M].北京:高等教育出版社,2009.

[10] 魏炳麟,等.市场调查与预测[M].大连:东北财经大学出版社,2002.

[11] 李国强,苗杰.市场调查与市场分析[M].北京:中国人民大学出版社,2005.

[12] 龚曙明.市场调查与预测[M].北京:清华大学出版社,北京交通大学出版社,2005.

[13] 陈启杰.市场调研与预测[M].上海:上海财经大学出版社,2007.

[14] 酒井隆.图解市场调查指南[M].郑文艺,等译.广州:中山大学出版社,2008.

[15] 石井荣造.市场调研[M].陈晶晶,译.北京:科学出版社,2006.